BIBLIOTHÈQUE D'ÉDUCATION NATIONALE

HISTOIRE
D'UN

PATRIOTE

(LÉON GAMBETTA)

PAR

CHARLES SIMOND
LAURÉAT DE L'ACADÉMIE FRANÇAISE

60 portraits et illustrations.

« La France et Gambetta se sont
trouvés d'accord pour nous garder
un drapeau, pour nous conserver
l'honneur. »

H. BRISSON, *Discours prononcé
aux funérailles.*

PARIS

Librairie d'Éducation nationale

A. PICARD ET KAAN, ÉDITEURS

11, RUE SOUFFLOT, 11

Propriété réservée.

HISTOIRE D'UN PATRIOTE

(LÉON GAMBETTA)

4ᵉ série.

1

LÉON GAMBETTA

1. Gambetta étudiant. — 2. Gambetta jeune avocat.
3. Gambetta en 1870. — 4. Gambetta président de la Chambre.

(D'après les photographies de Carjat.)

COLLECTION PICARD

BIBLIOTHÈQUE D'ÉDUCATION NATIONALE

HISTOIRE

D'UN

PATRIOTE

(LÉON GAMBETTA)

PAR

CHARLES SIMOND

LAURÉAT DE L'ACADÉMIE FRANÇAISE

60 portraits et illustrations.

« La France et Gambetta se sont trouvés d'accord pour nous garder un drapeau, pour nous conserver l'honneur. »

H. BRISSON, *Discours prononcé aux funérailles.*

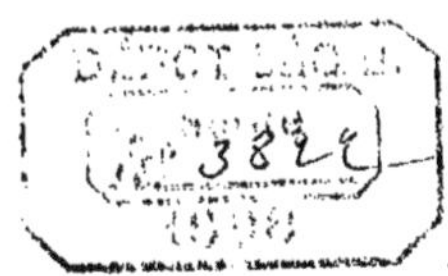

PARIS

Librairie d'Éducation nationale

A. PICARD ET KAAN, ÉDITEURS

11, RUE SOUFFLOT, 11

Propriété réservée.

*Il a été tiré vingt-cinq exemplaires de cet ouvrage sur papier teinté,
au prix de 10 francs.*

INTRODUCTION

La vie de Gambetta n'a pas été écrite jusqu'ici dans le sens spécial que nous avons voulu donner à cet ouvrage dont l'objet est d'offrir à la jeunesse française le plus mémorable exemple de patriotisme qui puisse lui être mis sous les yeux. Quelque jugement, en effet, que la postérité porte sur l'homme qui, dans les circonstances les plus difficiles traversées par la France au cours de toute son histoire, fut, de l'aveu unanime, le sauveur de l'honneur national, cette grande figure se dressera toujours, inoubliable, au-dessus des événements et des opinions de partis, comme le symbole de la démocratie confiante dans la légitimité de ses droits et forte de ses principes affirmés par la volonté du peuple. Elle restera la plus superbe expression du civisme républicain, puisant dans l'invincible attachement au devoir, dans la foi intransigeante des serments, dans le courage indémenti soutenu par la fermeté de l'espoir et l'énergie de la résolution, cette intrépidité fière, ininterrompue et féconde, qui fait front à la fatalité pour en conjurer les orages et les coups, élève toutes les âmes et maintient debout le drapeau.

Beaucoup d'autres ont raconté, en se plaçant à des points de vue divergents, cette brève existence si activement remplie et si prématurément achevée par une mort inopinée que Victor Hugo appela, d'un mot très juste, une disparition. Aussi presque tous les matériaux et documents de cette biographie, passionnante à tant d'égards, ont-ils été publiés et diversement commentés. Il y avait, toutefois, sous ce rapport, encore une lacune à combler : les travaux inspirés par la vie de Gambetta ont eu tous un caractère politique; on s'est attaché à ne considérer en lui que le dictateur de 1870, l'orateur parlementaire de la fin de l'Empire et de la troisième République (1), le chef de gouvernement; et, soit que l'on ait fait l'apologie de ses actes et de ses idées, soit qu'on les ait combattus avec impartialité ou villipendés avec une véhémence systématique,

(1) Voir l'*Histoire de la troisième République par* E. Zevort, (Paris, F. Alcan).

on n'a pas présenté sa carrière, retracée historiquement, comme une des leçons les plus propres à dicter aux générations sur lesquelles se fonde l'avenir, cet intègre amour de la patrie dont il demeure la plus noble et la plus grandiose personnification.

Il y a dans nos annales des pages de deuil que la jeunesse française doit relire souvent et qui ne sauraient jamais cesser d'être pour elle un enseignement. Il faut qu'elle se souvienne toujours de ces faits auxquels, nous ses aînés, nous avons assisté, et que l'Année terrible revive ineffaçablement et constamment à son esprit comme nous l'avons vue. Il est utile et salutaire de lui redire, afin qu'elle y songe en tout temps, ce qui fut, à cette époque de désastres et de douleurs, réalisé par la ténacité et la loyauté d'un ardent patriote ne voulant point que la France, vaincue à cause de l'impéritie et de la trahison, fût livrée sans merci à la discrétion du vainqueur.

Gambetta fit sortir de terre des légions, organisa la résistance suprême après la défaite, improvisa tout avec rien, quand on croyait à l'écrasement inéluctable. Il permit au pays de se ressaisir, d'envisager la situation avec sang-froid, de substituer à l'affolement et au désespoir le calme et la confiance. Il ne fut pas le libérateur, parce qu'il était impossible, après la capitulation de Paris, de refouler les envahisseurs jusqu'en Allemagne; mais la France lui dut d'avoir assuré la sauvegarde de sa dignité devant l'Europe. Grâce à lui, elle conserva, sinon l'intégralité de son territoire démembré par les traités subis, du moins la cohésion de ses forces, qui donna plus tard le moyen de cicatriser ses blessures, alors si affreusement ouvertes, et de travailler, quand les armées étrangères eurent définitivement évacué le sol français, à rendre à celui-ci sa vigoureuse fertilité.

Il y avait, après Sedan et Metz, deux victoires à remporter : l'une, matérielle, sur l'ennemi, en le rejetant, si on le pouvait encore, au delà de nos frontières ; l'autre, morale, sur la France elle-même en ne la laissant pas s'affaisser et souscrire à sa déchéance. Le premier résultat ne fut pas obtenu parce qu'il était trop tard. Gambetta échoua dans son entreprise d'enlever aux Allemands leurs avantages stratégiques. Les sacrifices auxquels il fit appel, la bravoure qu'il stimula, l'indomptable attitude dont il ne se départit pas un seul instant, ne suffirent point pour déterminer en faveur de nos armées un retour de succès. Il succomba dans cette tâche en dépit de tous ses efforts, mais il en accomplit une autre : le torrent d'éloquence qui déborda de son âme brûlante pénétra jusqu'au cœur du peuple et en remua puissamment toutes les fibres. Il combattit et paralysa toutes les réactions néfastes, les intentions criminelles qui auraient concouru à faire de la France comme une plaine nivelée et stérile.

Lorsque la tempête eut cessé, il consacra son talent et sa vie à relever la grandeur française, en répandant au sein de ces *nouvelles couches sociales* dont il était issu et dont il proclama et dirigea l'avènement, cette lumière qui préserve des surprises, apprend à se défier des intrigues comme des entraînements, initie à la connaissance des droits, à la conscience des responsabilités et, en assurant la stabilité des institutions par la vue claire des périls, seconde l'éducation républicaine.

Il montra qu'un peuple ne meurt point, quand la flamme de la pensée ne s'éteint pas en lui, quand elle s'alimente par le travail et l'instruction, quand, au milieu des conflits, il reste en possession de son intelligence, force supérieure à tout, et la développe par les conquêtes de sa raison.

Dans d'admirables discours, vibrant d'enthousiasme patriotique et électrisant les masses, il traça le programme de la lutte acharnée qu'il fallait poursuivre contre l'ignorance, source de toutes les erreurs, cause de tous les revers, de tous les maux, et il jeta ce cri retentissant : « Il faut refaire la France! » Il la refit, en signalant les adversaires du dehors et ceux du dedans, en leur faisant face partout où ils se rencontraient soit ouvertement avec audace, soit hypocritement sous le masque.

Cette bataille sans trêve des douze dernières années de sa vie le trouva infatigablement sur la brèche. Mais il s'efforça, dès le lendemain de la paix de Francfort, de faire comprendre que si le salut de la France était dans son organisation et son indépendance intellectuelles, il ne fallait pas séparer celles-ci de la sagesse politique. De même qu'il avait fait preuve d'une fougue sans égale devant l'invasion ennemie, de même il déploya, une fois ce danger éloigné, un zèle non moins persévérant à défendre la république, sans laquelle, comme il le disait, la France ne peut être vraiment en sûreté.

Pierre à pierre il rebâtit ainsi l'édifice national, en demandant à tous ceux qui étaient sincères d'y travailler avec lui. Et ce fut un ouvrier qui ne connut point le repos. Semblable à ces prédicateurs de croisades qui jadis allaient de ville en ville, animant les populations et les entraînant, il multiplia les harangues, les conférences, les prédications laïques et républicaines.

L'orateur populaire n'enlevait cependant aucun moment à

l'œuvre de l'orateur politique : si, dans ses cours de démocratie faits sur tous les points de la France, tantôt devant une assemblée de bourgeois ou d'ouvriers, tantôt devant un auditoire de paysans, il prodiguait avec une verve intarissable les conseils de bon sens, de modération, de calme, de travail, pour amener progressivement par la souveraineté électorale éclairée le triomphe pacifique des doctrines qu'il jugeait les seules vraies, on le voyait aussi à la Chambre toujours prêt à toutes les discussions où il importait que sa parole et son autorité exerçassent leur influence.

« Nul n'avait, a-t-on dit excellemment, reçu de la nature des dons plus magnifiques ; nul ne sut mieux comment on parle au peuple et comment on le convainc ; » — « nul, a-t-on ajouté, ne se montra comme lui surabondant de foi dans le pays, dans la démocratie, dans l'avenir, qu'il s'obstina, jusqu'à la dernière heure, à prévoir juste et réparateur pour la patrie. Jamais ensemble de qualités les plus diverses et les plus riches n'a été réuni à ce point dans un même homme. Patriote, qui ne passa jamais un jour sans songer à l'Alsace et à la Lorraine, il rêvait toutes les gloires pour la France dont il ne prononçait le nom qu'avec un tressaillement religieux : la grandeur extérieure et la grandeur intérieure, le resplendissement artistique et littéraire comme la force scientifique et commerciale. Politique, il avait toutes les clairvoyances, toutes les prudences, toutes les audaces, toutes les habiletés. Orateur, il possédait toutes les puissances, habile à s'adresser tour à tour à la raison et à la passion, tour à tour familier et véhément, emporté et railleur, plein d'arguments saisissants et de traits superbes, pressant et dominateur, le plus ardent et le plus logique, toujours éclatant de verve et d'enthousiasme ; aucun genre d'éloquence ne lui était étranger et il était égal dans chacun aux plus illustres. L'homme privé n'excitait pas moins de dévouement et d'amour que l'homme public n'excitait d'admiration... Ce n'est pas seulement l'âme de la Révolution qui a palpité en Gambetta : c'est l'âme même de la France. »

Évoquer cette âme, rappeler ses élans vers la liberté qui fut son idéal, si haut et si large, redire les pensées qui bouillonnaient et bondissaient en elle, toutes se rapportant à la Patrie, apprendre ainsi à la jeunesse française, dont il fut un des plus glorieux représentants, comment et pourquoi elle doit s'appliquer à lui ressembler, tel est le but de ce livre, où toute la parole est laissée aux faits indissolublement liés à l'histoire nationale.

Charles SIMOND.

Paris, mars 1898.

HISTOIRE D'UN PATRIOTE

(LÉON GAMBETTA)

CHAPITRE PREMIER

L'ENFANCE ET LES ÉTUDES

Une prédiction. — Cahors. — Gênes. — La première leçon maternelle. — Armand Carrel. — L'évolution d'une âme. — L'accident. — Le séminaire de Montfaucon. — Tata Jenny. — La vocation. — Au lycée. — Une manifestation antibonapartiste. — Études et lectures. — Le *Thucydide* de l'inspecteur. — Proudhon. — Palmes et couronnes. — L'Italie. — Leopardi.

I

Un peu avant janvier 1835 vinrent s'établir à Cahors deux Italiens, qui ouvrirent chacun une boutique, l'un vendant de la poterie et de la faïence, l'autre de l'épicerie, des comestibles, des pâtes d'Italie, des liqueurs et des essences. Ils étaient frères et s'appelaient Gambetta, l'aîné Joseph-Nicolas, le second Michel. Nés à Celle-Ligure, dans la province de Gênes, ils appartenaient à une famille aisée qui possédait quelque bien : leur père, dont la fortune était assez importante pour la placer chez un notaire, ne les avait pas laissés partir les poches et les mains vides.

L'épicier, Joseph-Nicolas, fit rapidement de bonnes affaires. Entendu au commerce, laborieux, connaissant la valeur de l'ordre dans la conduite de la vie, sympathique, très méridional par l'extérieur et l'allure, l'esprit vif, le langage pittoresque, alerte, l'intelligence bien meublée, il se créa en très peu de temps une bonne clientèle.

En 1837, quoiqu'il n'eût que vingt-trois ans, il était déjà assez bien posé dans le pays pour pouvoir prétendre à la main d'une « héritière ». Son mariage avec la fille du premier pharmacien de la ville, Mlle Madeleine-Oréasie Massabie, qui avait un an de moins que lui, le fit entrer dans l'une des vieilles familles bourgeoises du Haut Quercy.

Il y avait alors à Cahors, dit la légende qui est restée dans toutes les bouches, une tireuse de cartes d'autant plus en renom qu'elle était fort bien vue du préfet du Lot et de la préfète. Nanette la Nivernaise, — c'était le nom qu'on lui donnait, — passait pour avoir la prescience de l'avenir. Elle lisait dans le grand jeu et le petit jeu, dans le marc de café et les lignes de la main, ce qui arriverait aux familles, et quelques-unes de ses prédictions s'étant réalisées à la lettre, on la considérait comme un oracle dans tout le département. Aussi n'était-il point, dans les trois arrondissements à la ronde, une jeune fille, à la veille de prendre époux, qui n'allât en secret questionner l'habile cartomancienne sur ce que le sort lui réservait; et celle qui, mariée, se voyait sur le point de devenir mère, ne manquait pas d'interroger Nanette pour savoir d'avance les destinées de l'enfant attendu.

Un jour donc, tout au commencement de novembre 1837, trois ou quatre jeunes femmes de Cahors, toutes un peu superstitieuses comme on l'a toujours été plus ou moins dans ce vieux Midi, entrèrent ensemble chez la devineresse pour se faire dire la bonne aventure. Mme Madeleine Gambetta était du nombre. Une d'elles, d'humeur enjouée, proposa, avant l'apparition

de la sibylle, de mettre l'infaillibilité de son savoir à
l'épreuve par une petite supercherie, et ce fut la jolie
épicière qui s'en chargea.

— Je voudrais bien, lui dit-elle un peu troublée
quand Nanette lui prit la main, savoir si je me marierai
bientôt.

Son trouble était causé par son mensonge innocent :

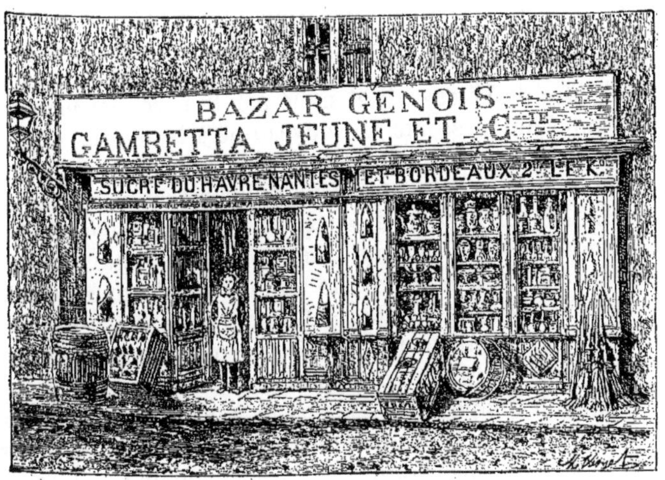

Maison de Léon Gambetta, à Cahors.

elle avait retiré son alliance de son doigt et fixait, toute
rouge, les yeux sur la Nivernaise.

La tireuse de cartes la regarda, pendant quelques
instants, avec un malicieux sourire d'incrédulité sur
les lèvres.

— Ah! madame, répondit-elle enfin, vous ne m'en-
pêcherez pas, en mettant votre anneau de mariage
dans votre poche, de voir la vérité et de vous la pré-
dire. Dans cinq mois d'ici, jour pour jour, — retenez
bien la date, — vous aurez un garçon, et l'année
d'après, ce sera une fille... Mais attendez, ne retirez

pas la main : le garçon deviendra un grand homme et vous pourrez être fiers de lui.

Cette prophétie, dont l'authenticité n'est pas mise en doute à Cahors, à Figeac, à Gourdon, mais qui fut probablement imaginée quelque trente-cinq ou quarante ans plus tard, est couramment racontée dans le Quercy. Quoi qu'il en soit, le 2 avril 1838, à huit heures du soir, vint au monde l'enfant qui, d'après les paroles vraies ou apocryphes de la clairvoyante du Lot, serait un jour un homme illustre. Dans l'acte de naissance inscrit, le lendemain 3 avril 1838, sur le registre de l'état civil et signé par le père, par la sage-femme qui présenta le nouveau-né à la mairie, Catherine Bouyssan, par les témoins, Pierre Valet et Martin Combelle, tous deux anciens militaires et par l'adjoint Jean-Michel Berton, il reçut les noms de Léon-Michel Gambetta. Ses parents demeuraient à cette époque dans la maison qui porte aujourd'hui le n° 11 de la rue du Lycée et qui donnait alors sur la Place-Royale. En 1839, naquit la petite fille, promise également par Nanette, et qui fut appelée Benedetta.

Joseph-Nicolas Gambetta associa peu de temps après sa femme à sa maison d'épicerie, et alla s'installer dans un magasin plus grand sur la place de la Cathédrale. Le nouvel établissement prit pour enseigne *Bazar Génois*. Sur la devanture un rapin peignit des pains de sucre, des inscriptions indiquant le bon marché des produits vendus. Une grande porte vitrée donnait accès dans la boutique où l'on pouvait voir assis, presque toute la journée, à son petit bureau, le commerçant diligent dont le profil bien accentué trahissait, au premier aspect, l'origine italienne.

II

Cahors, chef-lieu du Lot et capitale du Haut Quercy, n'est qu'une ville de moyenne étendue. La presqu'île qu'elle occupe avec ses 13 600 habitants a, dans sa plus grande longueur, de la Tour-des-Pendus aux ruines du Pont-Romain, moins de 1500 mètres de parcours et sa largeur n'en atteint nulle part 900 Tout son territoire comprend à peine 120 hectares de superficie dont un quart reste en jardins. Mais le sol et les pierres y vibrent partout en rappelant de glorieux souvenirs. Depuis vingt siècles les plus belles pages de nos annales du Midi se sont écrites en caractères ineffaçables sur ces rocs abrupts et rougeâtres aux lignes sévères où s'assied, découpant hardiment sa silhouette mauresque sous un ciel d'un bleu idéal, l'antique cité gauloise qui fut, avec Uxellodunum, le dernier rempart de l'indépendance de nos aïeux, dans leurs luttes épiques contre César.

A la base du rocher surplombant que couronne l'amphithéâtre des hautes maisons à terrasses, ombragées de lierre, tapissées de glycines et embaumées de senteurs de géranium et de verveine, jaillit encore aujourd'hui de la grotte profonde et sombre la « divonne », la source divine, verte, diaphane et pure, qui donna jadis à ce site sauvage et poétique son nom romain *Divona Cadurcorum*. Elle s'épanche en cascade dans le Lot, reflétant en ses eaux d'émeraude, jaunies ou rougies par les torrents, ces pentes fières ou mélancoliques, en apparence inaccessibles, sur lesquelles s'élèvent les témoins historiques : la gigantesque tour carrée de Jean XXII, avec ses fenêtres accouplées; le clocher gothique de Saint-Barthélemy; le Château-du-Roi; la cathédrale romano-byzantine: la tour hexagonale à toit pyramidal du collège Pélegri, la maison de Henri IV, la Barbacane. A l'horizon, vu du milieu du pont Valentré, ce joyau archéologique comme l'appelle Michelet, se déroule un panorama qui charme les regards par une belle journée de juillet : les coteaux ensoleillés rappelant un paysage algérien ; le manoir de Mercuès, résidence des anciens évêques de Cahors, au sommet d'une âpre colline ; les châteaux de Roussillon et d'Arcambal ; l'Ermitage ; le mont Saint-Crécy avec son castel du treizième siècle, et son église du quinzième perchée sur une haute pointe ; le rideau de châtaigniers séculaires ; la plaine de Hordes ; la vallée de Saint-Georges ; la merveilleuse chute d'eau du Pech d'Angély tombant avec fracas en une immense nappe d'argent.

Ce décor était encore plus pittoresque, il y a cinquante ans, lorsque le vandalisme utilitaire n'avait pas fait tomber sous le marteau ou la pioche du démolisseur tant d'autres monuments du passé de Cahors : le théâtre romain des Cadurques, les portes fortifiées, le portail Alban, le portail Garrel, ce qui restait de la murette de défense, le vieux pont construit sur la voie de Toulouse à Divona. La ville basse, avec ses percées de belles rues, ses alignements de beaux quais, ne se dessinait pas alors telle qu'on la voit maintenant, et la ville haute conservait, avec son lacis de ruelles grimpantes enchevêtrées, étroites, irrégulières, ses passages voûtés et ses culs-de-sac ténébreux, cette physionomie du moyen âge qui ne se retrouve plus que dans le fouillis étrange des habitations entassées du quartier des Badernes.

III

Au cours des siècles, le Haut Quercy s'illustra par des faits héroïques. Cahors, Luzech, Capdenac, Duravel,

Puy étaient déjà célèbres avant notre ère sous des noms celtiques, quand ce pays appartenait aux Eleutètes Cadurques, alliés de ces Arvernes qui, sous Vercingétorix, formaient la plus puissante tribu de la Gaule méridionale. Luctérius et Drappès, les chefs des Cadurques, agissant de concert avec l'intrépide roi des Arvernes et non moins courageux que lui, auraient sans doute, après avoir infligé une défaite décisive à Cassianus, lieutenant de César, obligé ce dernier lui-même à lever le siège de l'imprenable Uxellodunum, sans la trahison d'Epasnactus. La résistance opposée par cette place forte aux assiégeants ne fut pas moins admirable que celle d'Alésia : Drappès se laisse mourir de faim plutôt que de capituler; Luctérius, livré à l'ennemi par le traître, brave d'un regard de mépris le vainqueur qui lui fait couper les poings; les assiégés, tombés au pouvoir des Romains, subissent avec une force d'âme stoïque la mort, récompense suprême de leur patriotisme.

Cette énergie inébranlable s'affirme d'une manière éclatante à toutes les époques où les descendants des Cadurques eurent un rôle dans l'histoire. Toutes les invasions, ouragans de fer et de feu, les assaillirent successivement : au cinquième siècle, les Visigoths; au sixième, les Francs sous Théodebert, qui réduit Cahors en cendres; puis, les Sarrasins, qui dévastent la ville à peine rebâtie; les Normands, qui, à leur tour, la mettent à sac. Les ducs d'Aquitaine la maintiennent sous leur domination durant cent ans; les comtes de Toulouse, pendant quatre cents, courbent les âmes sous le joug sans pouvoir briser leur constance; et quand, au cri de révolte des Albigeois, l'espoir de la liberté renaît dans les cœurs, voici qu'un nouveau flot de conquérants accourt : les Anglais. Le Haut Quercy s'arme pour les repousser; toute la population, hommes, femmes, vieillards, enfants, est debout. A Cahors, les habitants jurent de mourir tous, s'il le faut, comme Drappès, pour ne pas se rendre. Vaine résolution : le roi de France a

cédé la ville à l'étranger et ce roi est celui que l'Église
canonisera : saint Louis. En 1287, Cahors et le Haut
Quercy reviennent à la couronne de Philippe le Bel,
deux ans après l'avènement de ce prince qui avait dû
commencer par laisser la province, comme fit son
prédécesseur Philippe le Hardi, en gage à l'Angleterre. Cahors n'avait, toutefois, rien abdiqué de son
ardeur patriotique, et telle était son impétuosité belli-
queuse, que ses évêques mêmes la partageaient : lorsqu'ils officiaient solennellement dans leur cathédrale,
revêtus de leurs insignes sacerdotaux, ils faisaient
déposer sur l'autel leur armure, leur gantelet, leur
heaume et leur épée.

La guerre de Cent ans rouvrit une période funeste
pour le Haut Quercy. Le traité honteux de Brétigny livra
toute l'Aquitaine aux Anglais. Comme les bourgeois de
Calais, les consuls de Cahors s'humilièrent : ils remirent
les clefs de la ville à Jean Chandos; mais cette résignation souleva des clameurs générales d'indignation.
A la voix de l'archevêque de Toulouse, Gaufrède de
Vayrols et des évêques Bertrand de Cardailhac et Béju
de Castelnau, les habitants de Cahors chassèrent l'ennemi. Ce ne fut malheureusement qu'une victoire d'une
heure : la bravoure succomba sous le nombre. La ville
fut reprise le même jour et de cruelles représailles lui
firent expier son attachement à la patrie française. Sa
délivrance n'eut lieu qu'en 1428.

Au siècle suivant sévirent les haines de religion. Le
Haut Quercy redevint le théâtre des combats et des
calamités. Henri de Navarre prit Cahors d'assaut en 1580,
pendant la guerre des Amoureux, mais la défense des
murailles fut acharnée. La ville, commandée par le
sénéchal de Vezins, soutint la lutte pendant cinq jours
et quatre nuits. Le Béarnais, qui avait dû rudement
payer de sa personne, fit son entrée par la brèche, et
l'on a conservé la maison où il se reposa, la cheminée
sous laquelle il s'assit pour dicter la proclamation rendant justice à l'admirable valeur des habitants. Sous

Le pont Valentré, à Cahors. (D'après une photographie.)

Louis XIII et Richelieu, l'unité politique de la France se cimente. On centralise le pouvoir. Les états généraux ne sont plus convoqués; on supprime les états provinciaux. Ceux du Haut Quercy, rendu à la couronne par les efforts de l'évêque Hébrard de Saint-Sulpice, sont abrogés en 1673; et, à partir de cette date, l'histoire de cette province se confond avec celle du royaume ou de la république.

Cahors a gardé néanmoins tous ses traits distinctifs. Le sang des Cadurques n'a pas cessé de couler, généreux, inappauvri, dans les veines de sa population. Tous les échos redisent ici les exploits des ancêtres. C'est un milieu où chacun se sent avec droit l'héritier d'une vaillante origine. L'atmosphère qu'on y respire est celle de l'héroïsme toujours prêt au devoir. Les mots qui enflamment et les idées qui transportent y ont une signification concrète. Le dévouement à la patrie n'y est pas une abstraction : cent générations en ont donné la preuve. On pourrait dire que le terrain du Haut Quercy tout entier est ensemencé de patriotisme, et que le germe de cette passion magnanime n'y meurt jamais. Une mystérieuse prédestination y fait naître, en effet, ces hommes supérieurs par la volonté, suscités pour les grands événements, sachant par la parole et l'exemple exalter les esprits, inspirer aux nobles sentiments des actes glorieux, enflammer les viriles audaces en s'élançant à la tête d'une armée ou d'une nation sur le théâtre du danger, et, fougueux, chevaleresques, téméraires, agrandissant encore leur prestige par l'adversité.

Tels furent, au dix-neuvième siècle, ces trois Quercitains, qui gravèrent en traces profondes leur nom dans la mémoire de la France, tous trois ne devant leur illustration qu'à eux-mêmes, portés par les circonstances et par leur caractère décisif aux premiers rangs, l'un maréchal de France, l'autre roi, l'autre dictateur, tous trois morts jeunes, presqu'au même âge, en pleine fleur de la vie : Bessières,

Murat, et, comme on le verra dans la suite de ce livre,
Léon Gambetta.

IV

On ne saurait nier que la loi de l'atavisme exerce
son influence sur certaines destinées, qui incarnent, en
quelque sorte, avec des traits vigoureusement accen-
tués, les qualités bien significatives de leurs diverses
origines. Lorsqu'on les étudie sous ce rapport, dans ce
que l'on pourrait appeler leurs différentes racines, on
s'explique mieux les impulsions qui les ont fait mouvoir, le rôle auquel elles furent comme fatidiquement
appelées, ces forces secrètes et prodigieuses qu'elles
purent faire agir et dont tout ce qu'elles accom-
plirent a été pour ainsi parler la résultante. Plus que
tout autre, Léon Gambetta eut ces précieux avantages
de la naissance qui concourent à donner une direction
aux existences. Issu de deux races qui marquèrent
avec éclat dans l'histoire et dont l'empreinte fut surtout le patriotisme, il eut le feu brûlant de ses aïeux
cadurques et génois, en rappelant, sous plus d'un
aspect, ces grandes physionomies patriotiques : Luctérius et André Doria. Comme le défenseur d'Uxellodunum, il posséda cette opiniâtreté qui n'abdique
devant aucun péril et lutte jusqu'à la dernière heure,
sans accepter aucun compromis, sans laisser aux événements aucun pouvoir sur l'âme robuste et fière.
Comme le sauveur de Gênes au seizième siècle, il
jeta aux ennemis de la patrie un défi héroïque et plaça
l'avenir du peuple sous la garantie de l'honneur. Apôtre
de la liberté, il ne vécut que pour la liberté, lui donna
tous ses efforts et sa dernière pensée, se passionnant
pour elle, la montrant à tous comme l'étoile du pays.

Entre sa carrière et celle d'André Doria que de
rapprochements à établir! Ils voient l'un et l'autre,

dans leur enfance, le despotisme triompher par un
de ces coups de main qui surprennent une nation, et,
dès ce moment, ils sentent sourdre en eux la révolte
contre l'oppression. Toute l'ambition de leur première jeunesse se concentre sur le travail qui doit les
préparer aux combats, et quand ceux-ci commencent,
ils sont armés et prêts, n'ayant dès lors qu'un but :
l'affranchissement de la république, dont ils sont
tous les deux les champions.

André Doria, héros, homme d'État, la plus belle
figure morale de Gênes et de son siècle, l'idole de
ses concitoyens, qui ne démentirent jamais leur admiration et leur reconnaissance pour lui, l'homme idéa-
lement intègre déposant la dictature quand il aurait
pu, sans obstacle et sans opposition, s'arroger tout
pouvoir, s'appliquant avec le plus noble désintéres-
sement à ne faire prévaloir que l'autorité absolue d'une
constitution si sagement élaborée qu'elle subsista sans
aucun changement pendant deux cent soixante-dix
ans, jusqu'à la fin de l'autonomie de la République, —
quel modèle grandiose propre à exciter l'émulation,
et combien il dut attirer, en lui donnant l'essor, l'imagination vive, chaleureuse, de celui dont le cerveau
entra de bonne heure en fermentation au récit de la
merveilleuse épopée de ses ancêtres!

V

Joseph Gambetta avait reçu de l'instruction. Il parlait plusieurs langues et sa conversation s'émaillait
des souvenirs de ses lectures, d'allusions heureuses,
de saillies originales, de trouvailles d'improvisations,
qui rendaient sa société agréable. C'était un beau di-
seur, ayant promptement sur les lèvres le mot juste,
la repartie fine, quelquefois acérée, aimant volontiers

à discourir, à commenter, au milieu de ses amis, l'article récent du journal, à donner son opinion sur le gouvernement et l'administration, s'exprimant avec l'entrain méridional, qui marie la gaieté communicative au verbe abondant et imagé. On citait l'incomparable facilité de son esprit saisissant vite une difficulté, la démêlant avec aisance, indiquant le parti à prendre,

Joseph Gambetta en 1883.

très résolu, franc d'attaque et de riposte, délié, tout naturellement doué de dialectique, d'éloquence même, et sachant lancer à propos dans une discussion de ces remarques critiques semblables à de petites flèches bien choisies qui partent vite et, sans s'émousser, percent sûrement. Il avait une petite bibliothèque de quelques livres de chevet, parmi lesquels il donnait la préférence aux œuvres d'Armand Carrel, que sa femme prenait sur son conseil pour apprendre à lire à son fils.

L'ancien rédacteur en chef du *National*, que Sainte-

Beuve appelle le Junius de la presse française, était,
à cette époque, un des écrivains politiques dont on
parlait le plus en France, autant à cause de son duel
fatal avec Émile de Girardin et de sa mort tragique
que parce qu'il avait inauguré contre le règne amené
par la révolution de Juillet une opposition tenace
qui devait rouvrir le chemin à la république. Sa popularité était grande dans la bourgeoisie, surtout en
province, et le Midi, tout particulièrement, le lisait en
s'enfiévrant. Comme Paul-Louis Courier qu'il avait contribué beaucoup à faire connaître, il ajoutait l'ironie à
un rare talent d'écrire. Sa phrase, chaude et nerveuse
à la fois, produisait de l'effet sans y viser. Violente et
vigoureuse fréquemment, sans être jamais déclama-
toire, elle n'était pas seulement véhémente par l'accent,
mais, aussi, singulièrement impressive par le raisonnement serré et si exact qu'on le regardait comme inattaquable. On savait que l'homme d'action avait égalé
en courage l'homme de plume; que le journaliste avait
tenu l'épée pour la liberté avant d'être le plus redoutable adversaire du fameux ministère Polignac; que
traduit, en 1824, à vingt-quatre ans, devant un conseil
de guerre pour avoir combattu en Espagne contre le
duc d'Angoulême et condamné à mort, il avait dû, en
revision, son acquittement à l'énergie de son attitude.
On n'oubliait pas qu'au lendemain des ordonnances
de Charles X, il avait fait du *National* le centre de
ralliement de la résistance, et qu'après la chute des
Bourbons de la branche aînée, il avait protesté contre
l'avènement de la branche cadette et de Louis-Philippe, favorisé par Thiers et Mignet; qu'en se séparant
avec éclat de ces derniers, jusque-là ses auxiliaires,
il avait, dans son journal, laissé entièrement à son
influence, donné le premier plan à l'opinion républicaine; et l'on se rappelait ses ardentes polémiques
contre l'hérédité de la pairie, une des barrières à renverser avant de pouvoir agir contre le trône même.
Il restait, quoique disparu, un de ces chefs dont on

entend encore la voix dans ses échos et dont on continue à suivre les inspirations, même quand ils ne sont plus là. Ses écrits, où se retrouvait sa personnalité, gardaient toute leur influence, et on y recourait comme à des conseils toujours sages, parce qu'ils ont été dictés par une conscience ferme, incapable de transactions et de capitulations.

VI

Ces toutes premières lectures de Léon Gambetta, faites sous le regard maternel, ne furent sans doute point sans action sur son caractère. Il serait peut-être exagéré de dire qu'elles eurent une certaine part dans les causes déterminantes de la direction de sa vie vers la politique, mais il serait inexact de soutenir qu'elles ne gravèrent aucune trace en lui. De même que le chêne se forme dans le gland où tout ce qui vient en aide à l'activité et à la force de la sève est assimilé, de même pour l'enfance aucune impression n'est infertile. C'est une plante dont chaque radicelle a sa fonction, sans que le tribut apporté se perde, et en qui le bienfait reçu se reconnaît toujours dans la suite. L'esprit de l'enfant, surtout quand il est remarquablement doué, s'ouvre de bonne heure aux excitations généreuses de l'atmosphère intellectuelle qu'il respire. Tout parle à son observation et à son imagination. Tout verse sur cette jeune âme encore si ductile un rayon qui, suivant les circonstances, nuit ou vivifie. Tout y concourt à la trempe des ressorts. Il se fait dans ce cerveau un travail incessant de sollicitation, d'incitabilité, d'intuition ineffaçable, qui donne progressivement l'élan aux facultés, et cette opération, quoique échappant au contrôle plus tard, est toute féconde, agissante, motrice, non seulement au temps où elle se produit, mais dans tout le développement de la pensée. A mesure que celle-ci agrandit son domaine, en élève le niveau, les premiers ferments qui l'ont pénétrée accusent leurs tendances, et c'est d'eux que vient le plus souvent la hardiesse de son vol. Cette puissance qu'elle semble tirer d'elle-même et qui s'augmente en se dépensant n'est intarissable, même sous son apparence de spontanéité, que parce qu'elle jaillit d'une source demeurée profonde et vive, née de toutes ces perceptions, de toutes ces émotions, qu'on croit fugitives, sans remarquer qu'elles sont en réalité autant d'étincelles couvant sûrement sous la méditation, jusqu'au jour où le jet de flamme, que nous nommons l'intelligence, paraît, s'élance, monte, tourbillonne, trouve sa route et la suit.

VII

A vrai dire, l'enfant lui-même est inconscient de ces diverses influences qui le conduisent vers son but, encore inconnu, à cet âge, de ceux dont il est entouré. En dépit de la prédiction de Nanette la Nivernaise, rien ne révélait, vers 1847, dans Léon Gambetta, le petit prodige annoncé avant sa naissance. Il ne se distinguait par aucun trait bien caractérisé des gamins de huit ou neuf ans, comme lui, avec lesquels, pour peu qu'il pût s'échapper, il bayait aux corneilles dans les vieilles rues de Cahors. Très espiègle, il mettait le jeu et l'école buissonnière au-dessus de toutes les leçons, et sa plus grande préoccupation, quand on l'avait enfermé dans le petit cabinet attenant au magasin, qui lui servait de salle d'études, était de guetter le moment où son père, interrogé par un client, ne le surveillait plus du regard. Aussitôt il se glissait furtivement dehors, et une fois sur la place du Marché, il partait à toutes jambes pour aller baguenauder au bord du Lot, ou se planter devant la Tour de Jean XXII et attendre la sortie de l'homme qui habitait alors le Château du Pape, et qui était le bourreau.

Il touchait à sa neuvième année, quand, un jour, il entra, pendant une de ses fugues, dans l'atelier du coutelier Galtié, un ami de ses parents. Il voulait regarder de près comment on perce un trou dans un manche de couteau. L'instrument employé par l'ouvrier était une sorte d'archet formé d'une corde à boyau s'enroulant autour d'un foret et le faisant tourner avec une très grande vitesse. L'enfant suivait ce mouvement d'un regard curieux et attentif, quand tout à coup il poussa un cri de douleur : l'archet s'était brisé et la pointe de fer du foret projeté avec force l'avait atteint à l'œil droit.

La blessure parut grave au pharmacien chez qui on s'empressa de le conduire. On constata toutefois que l'œil n'était pas crevé et l'on crut que le mal disparaitrait avec des lotions et un collyre. Mais l'inflammation qui s'était produite persista au point que Joseph Gambetta jugea prudent de faire avec son fils le voyage de Toulouse pour consulter un oculiste. Ce dernier n'indiqua pas un traitement efficace et la maladie empira. Il se forma ce que l'on appelle en médecine un glaucome. Le globe de l'œil éprouva une tension extraordinaire en grossissant démesurément. La souffrance presque ininterrompue était accompagnée de maux de tête. La pupille s'élargit, offrant au fond un reflet verdâtre. La vue avait de brusques obscurcissements auxquels succédait comme une soudaine apparition de toute la gamme du prisme remplacée un instant après par des ombres indécises, et la douleur, très vive dans ces moments, ne cessait qu'avec le sommeil. Le médecin déclara, au bout de quelques semaines, que l'œil droit était perdu, mais il déconseilla d'en faire l'ablation, de peur d'affecter également l'œil gauche et de provoquer une cécité complète (1).

______

(1) Le glaucome ne se guérit pas, ou fort rarement. Tôt ou tard l'abla-

L'enfant, très courageux, ne se plaignait que fort rarement, et, quoique borgne, n'en était pas moins, au milieu de ses camarades, le boute-en-train de tous les jeux. Les autres petits garçons de Cahors l'aimaient beaucoup à cause de sa franchise, de son humeur toujours vive et de son empressement à se faire le champion déclaré des battus ou des opprimés. Souvent il se jetait au milieu d'une bataille de gamins de sa connaissance, prenant parti pour le plus faible et se faisant écouter ou obéir par ceux qui abusaient du droit du plus fort. On le reconnaissait de loin à la taïole rouge qui lui servait de ceinture, à l'animation de son geste, et il ne se passait pas de semaines que son père ne dût intervenir dans un combat livré par Léon contre un ennemi ayant la supériorité du nombre, tous les gens du marché faisant cercle autour d'eux.

Ces parties de pugilat renouvelées décidèrent Joseph Gambetta, un beau jour, à mettre l'émule d'Horatius Coclès au petit séminaire de Montfaucon. C'était la première fois qu'on le séparait de sa mère. Il en eut le cœur gros, et une larme coula sur sa joue quand il apprit la décision paternelle, mais il la savait irrévocable et dévora son chagrin.

VIII

La séparation ne fut pas de longue durée. Ces murs élevés qu'il ne pouvait franchir, et qui le retenaient prisonnier, cette discipline en opposition avec son naturel indépendant, cette mainmise que l'on voulut,

tion de l'œil devient nécessaire. Gambetta subit cette opération en 1867. C'est l'oculiste Welcker, assisté du docteur Fieuzal, un des spécialistes les plus estimés de Paris, qui la pratiqua et elle réussit complètement. La vue de Gambetta était sauvée, sans qu'il y eût à redouter une complication, mais il eut un œil de verre.

dès son arrivée, exercer sur son intelligence en la pliant à la méthode ecclésiastique, cette différence entre la sévérité des maîtres qu'il connaissait encore trop peu pour pouvoir s'attacher à eux et les caresses maternelles dont il était tout à coup privé, l'ennui de ne plus voir sa petite sœur Benedetta, surtout l'obligation de se soumettre à une règle qu'il avait ignorée jusqu'alors, lui rendirent le séjour de Mont-faucon aussi désagréable que devait le trouver un enfant de son âge et de son caractère remuant. Aussi n'avait-il qu'une pensée : trouver le moyen de revenir à Cahors.

Il avait alors dix ans. Les impressions sont mobiles en cette toute jeune efflorescence des idées. Son père et sa mère comptèrent sur le temps pour l'accoutumer à sa nouvelle vie; mais ils durent bientôt s'avouer que le petit séminaire n'était pas l'établissement qui lui convenait. Chaque fois qu'ils allaient le voir, ils n'obtenaient de lui qu'une parole triste ou maussade, et lorsqu'ils le quittaient, il les suppliait, en étouffant ses sanglots, de le retirer au plus vite, pour mettre fin à son exil et à sa captivité. On a raconté souvent qu'il alla jusqu'à les menacer, dans un accès de colère enfantine, de se crever l'œil gauche si on le laissait plus longtemps dans cette pension toute noire, où rien ne lui parlait de ses premiers jeux et de ses premières joies. Il écrivait à sa mère des lettres désespérées qui débordaient de griefs et qu'il renouvelait toutes les semaines, demandant qu'on l'embarquât plutôt immédiatement comme mousse sur un navire, car son rêve était de devenir marin.

Ses instances réitérées seraient, malgré leur accent si sincère, restées peut-être infructueuses devant l'inflexibilité de son père qui ne prêtait pas l'oreille à ses prières et à ses récriminations, s'il n'avait eu un appui dans sa tante Jenny Massabie, la sœur aînée de Mᵐᵉ Gambetta. *Tata* idolâtrait son petit neveu, le gâtait, le soutenait en toute circonstance, le considérant déjà comme le grand homme prédit par Nanette, ne parlant de lui qu'avec des larmes dans les yeux, ne comprenant pas qu'on lui fît de la peine, s'insurgeant contre la ténacité paternelle et conspirant avec la tendresse maternelle pour arriver à ses fins qui étaient de ravoir Léon auprès d'elle.

Joseph Gambetta respectait trop sa belle-sœur pour la contrarier en lui opposant une obstination inaccessible à tout raisonnement. Il aimait, lui aussi, beaucoup son fils et il lui en coûtait, sans qu'il voulût en faire ouvertement l'aveu, de ne plus l'avoir sous ses yeux et près de son cœur. Tata le savait bien, et ne manquait point, quand le sujet revenait sur le tapis, c'est-à-dire tous les jours, d'invoquer cet argument sans réplique :

— Qui peut donner de meilleurs conseils à cet enfant que vous-même, mon beau-frère? disait-elle. Et puis n'est-ce point une barbarie de faire un proscrit de ce pauvre petit, qui devrait être d'autant plus choyé que cet accident fera de lui un malheureux aveugle, si nous ne veillons pas personnellement sur sa vue?

Elle plaida sa cause avec tant de persistance et d'émotion qu'avant la fin de l'année scolaire, Léon gagna son procès.

— Je veux bien, avait fini par dire le père, mais à une condition, c'est que, dès le lendemain de son retour ici, il entrera au lycée.

IX

Les quelques mois passés à Montfaucon n'avaient pas été sans profit pour l'enfant. Son esprit, naturellement si ouvert, s'était plu aux livres et aux leçons. Autant on l'avait vu, avant son départ pour le petit séminaire, rebelle à toute lecture et à toute étude suivie, autant il se montrait maintenant studieux, désireux de savoir, impatient de s'instruire, apportant dans ce nouvel élan tout l'entrain de son tempérament déjà singulièrement ardent.

Ce fut lui-même qui demanda, dès la rentrée des classes, en 1849, d'être interne, parce que de cette manière il pourrait lutter plus avantageusement pour les bonnes places. On s'empressa de satisfaire, cette fois, à son désir, qui concordait avec celui de son père, car, malgré son zèle, les bords du Lot et leurs belles promenades l'invitaient encore quelquefois à se donner, sans avis de personne, un congé extraordinaire, l'indépendance reprenant le dessus sur l'émulation.

Un autre rêve d'avenir avait remplacé dans son imagination toujours en effervescence sa vision des courses aventureuses sur l'Océan. Un jour Joseph Gambetta, ayant affaire au tribunal, y avait emmené son fils. On jugeait, à ce moment, un criminel et l'avocat avait la parole. Cette scène, d'un puissant effet dramatique, ce jury dont le verdict pouvait faire tomber la tête de cet homme au pouvoir de la justice, et sans doute déjà attendu par le bourreau, ces juges en robe rouge, cet auditoire suspendu aux lèvres du défenseur, l'attitude de ce dernier, le feu de sa parole, le frémissement de la salle sous l'action de son éloquence, tout ce qui, dans cette enceinte, frappait les yeux et touchait l'âme, concourait à remuer le petit collégien. Lorsqu'il revint à la maison, il dit avec conviction à sa mère :

— Je ne veux plus être marin.

— Et que seras-tu?

— Avocat.

X

En attendant que sa véritable vocation se dessinât, on lui fit suivre la septième. Dès les premières compositions, il s'assit au banc d'honneur et ne s'en laissa pas souvent déloger. Il y n'avait pas seulement pour lui une question d'amour-propre à conserver son rang : dans son ambition enfantine, il se considérait comme un capitaine qui a pris sur l'ennemi une position, et se juge engagé par devoir d'honneur à y rester.

Il était d'ailleurs très laborieux, et les seuls pensums qu'il s'attirât de temps à autre n'avaient pour motif que les bouillantes explosions de sa nature toute chaude du soleil méridional. La réflexion dont il faisait preuve dans ses études et qui lui valait les éloges de ses professeurs, contrastait avec son exubérance dans les préaux de récréation où les pions n'avaient d'interpellations que pour lui. Tranquille, appliqué, méditatif dans la classe, il redevenait dans la cour le poulain échappé, oubliant maîtres et règlements pour se livrer avec une vraie passion aux jeux de force ou d'adresse, tenant, comme nous le disons aujourd'hui, le record de tous les exercices physiques, ne permettant à personne de le devancer dans les luttes de vitesse, et conduisant une partie de barres avec une furie endiablée.

Il exerçait sur ses condisciples un ascendant qui était plus accepté que subi. On le savait toujours prêt à entrer, de tout prime-saut, dans une de ces idées qui hantent les têtes des collégiens excités par les bruits du dehors et qui sont mises à exécution, en dépit des surveillants. Quand arriva, dans le quartier des internes du lycée, par un journal qu'un externe avait apporté en classe, la nouvelle du coup d'État du 2 décembre 1851, il y eut une sorte de commotion. On décida aussitôt qu'il fallait protester contre ce fait. Léon Gambetta et ses camarades organisèrent une manifestation. On fabriqua, grâce à des complicités extérieures, un mannequin à l'effigie du prétendant. On le traîna, corde au cou, dans la « cour des moyens » et, après avoir dansé autour de ce simulacre de l'homme néfaste, on le brûla au chant de *la Marseillaise*. Il y eut une pluie de consignes qui éteignit cette flamme juvénile, mais « on fit bravement sa retenue » pour prouver qu'on avait conscience de son opinion.

XI

Ces incidents, secrètement pardonnés par le censeur, un bon républicain, qui savait faire la part des fièvres en les réprimant à temps, ne se répercutaient pas dans le travail du jeune élève : Gambetta, sans être ce que l'on nomme communément un piocheur, ne négligeait aucune des branches du programme. Il avait, d'ailleurs, une facilité prodigieuse pour saisir d'un mot ce qu'on lui enseignait, et sa mémoire, tout à fait étonnante, venait merveilleusement en aide à cette intuition des connaissances.

Son professeur de troisième, M. Kirch, était enchanté de lui.

— C'est une intelligence supérieurement douée, disait-il, et admirablement apte à tout comprendre. Je ne serais pas surpris de le voir arriver haut et loin.

Aussi fondait-on sur Léon des espérances pour les succès de concours. Il secondait ces vues par une extrême souplesse à s'assimiler tout le bagage scolaire, sans se priver de pousser des pointes dans les domaines qui ne faisaient pas partie de l'enseignement du lycée. Il lisait tous les volumes qui lui tombaient sous la main, et la bibliothèque des internes n'en contenait pas un qu'il ne sût en quelque sorte par cœur. Ses lectures n'étaient toutefois pas dirigées par le hasard. De lui-même il recourait à l'avis des professeurs et choisissait ses livres de loisir suivant un certain ordre. C'étaient, — ce qui surprendra chez une organisation intellectuelle aussi vive, — le plus souvent des ouvrages sérieux; et il ne se contentait pas de les feuilleter, mais en faisait l'objet de ses méditations.

Rien ne le rebutait dans ces provisions successives de savoir, et les difficultés mêmes que pouvaient lui offrir tels où tels auteurs le stimulaient.

Dès la troisième, il était un des « forts », traduisant le latin et le grec à livre ouvert, et se distinguant, dans les devoirs écrits, où la pensée et l'inspiration avaient leur marque, par une abondance de trouvailles et de réminiscences qui éveillaient quelquefois la défiance du professeur, tant il y avait déjà dans ce jeune cerveau de ressource et d'acquisition.

L'inspecteur général, M. Alexandre, qui était un helléniste remarquable, voulut un jour se convaincre de cette sûreté et multiplicité de connaissances que lui avait signalées le proviseur de Cahors. Dans une de ses tournées, il arriva inopinément au lycée et pénétra, sans se faire annoncer, dans la classe de Léon Gambetta, au moment où l'on commençait la leçon de grec.

L'élève, assis à son banc d'honneur, expliquait Thucydide. L'inspecteur général, à quelque distance de lui, l'écoutait attentivement, en fixant les yeux sur le livre que le jeune interne tenait dans ses mains. Il eut un soupçon. L'explication donnée était si précise, la traduction si exacte, l'assurance du lycéen si imperturbable, qu'il lui parut impossible de s'en tirer avec cette facilité sans quelque auxiliaire.

— Il a sans doute, pensa-t-il, une traduction juxtalinéaire, et se joue avec aplomb de ma crédulité.

Puis, élevant la voix :

— C'est très bien, mon ami, dit-il en souriant, mais vous êtes peut-être trop familiarisé avec votre édition. Tenez, prenez celle-ci.

Et, tirant d'une des vastes poches de sa longue redingote, un exemplaire du *Thucydide* de Krüger, il l'ouvrit et y chercha un passage offrant certaines épines.

— Venez ici près de moi, mon ami, ajouta-t-il, je vous entendrai mieux.

Léon Gambetta se leva, sans la moindre hésitation, prit le petit volume des mains de l'inspecteur, lut le

texte grec, en donna imperturbablement la traduction
en français, et reçut les félicitations de M. Alexandre,
qui n'en revenait pas.

Le palmarès du lycée de Cahors, de 1849 à 1856,
contient les mentions des prix qu'il remporta d'année
en année. En rhétorique, il ne fut que le second en
discours français; mais il était assez bon juge de son
travail et assez franc du collier pour ne pas approuver
le classement des compositions laissé à l'appréciation
arbitraire du professeur. Ses condisciples, qui avaient lu
son discours, le trouvaient supérieur à celui de l'élève
nommé avant lui. A tort ou à raison, il se crut victime
d'une injustice, et quand, à la distribution des prix, on
appela son nom, il ne répondit pas et n'alla point chercher sa récompense.

Ce coup de tête fut très commenté dans la ville. On
en fit un événement local, et Cahors, ce jour-là, se
sépara en deux camps : ceux qui donnaient raison au
maître, et ceux à qui ne déplaisait point cette petite
manifestation dans un pays où l'opposition a toujours
trouvé des adhérents.

XII

En 1856, Léon Gambetta faisait sa philosophie. Le
lycéen de dix-huit ans tenait les promesses de l'enfant.
Il avait reconquis tous ses avantages scolaires. La
vigueur de sa pensée s'accentuait dans ses disserta-
tions. Il y apportait une rare souplesse de dialectique,
et aucun de ses devoirs n'était « bâclé ». Les spéculations psychologiques le captivaient. Ce qu'il écrivait
ne se bornait pas à un récrépissage de quelques pages
de ses manuels : il y révélait un fonds bien à lui et des
vues qui n'étaient pas empruntées, toujours claires,
souvent ingénieuses et sagaces, en même temps qu'une
grande habileté à faire usage des artifices de l'argu-

mentation. Parfois son professeur se demandait d'où il tirait tout cela.

Un jour de congé, le maître et l'élève se rencontrèrent, en suivant, chacun en sens opposé, la route de Cabrerets, au fond d'un val sauvage. Le silence qui enveloppait ce chemin tracé à travers des masses granitiques énormes favorisait le recueillement. Léon Gambetta lisait un livre, et en avait un autre sous le bras.

— Vous voilà bien absorbé, jeune homme, questionna le professeur. Je parie qu'aucun de vos camarades n'aura fait comme vous et que tous profitent du beau soleil pour se promener en s'amusant. Vous paraissez plongé dans votre lecture. Quel est donc l'auteur qui vous intéresse tant?

Gambetta le lui nomma : c'était Proudhon. Les deux volumes avaient pour titre : *Système des contradictions économiques*. Il les possédait depuis deux ans, les avait achetés à Toulouse, pendant une excursion de vacances, sur ses économies, et en disséquait, comme eût fait un anatomiste, la structure logique.

Le redoutable publiciste, qui devait alors sa renommée retentissante à la fougue violente de ses doctrines, était pour lui avant tout un lutteur, curieux à étudier en ses coups et ripostes. Le jeune philosophe l'observait dans cette subtile gymnastique de la discussion, affranchie des théories conventionnelles, et aussi nouvelle par la hardiesse du paradoxe que par la manière de grouper les preuves invoquées. Il lui semblait assister à un de ces spectacles où l'athlète fait applaudir sa force musculaire et l'audace de ses coups assénés avec calcul pour forcer l'attention du public. On eût dit d'un de ces combats narrés par Dumas ou Féval, et dans lesquels un seul, de robuste charpente, tient tête à vingt adversaires et les terrasse. Le *Système des contradictions économiques* était en réalité une arène : Proudhon y défiait l'un après l'autre les réformateurs révolutionnaires et socialistes, les utopistes, les champions de l'école anglaise, à cette époque très suivis, et, les prenant corps à corps, les étreignait dans le puissant étau de ses raisonnements, démontrant leur faiblesse, et mettant à néant leur réputation.

Sur un esprit moins mûri que l'était dès ce moment celui de Gambetta, l'influence de Proudhon aurait pu être funeste. Au vrai, elle n'eut aucun empire sur son intelligence déjà très déliée et dont la caractéristique était précisément de n'accepter aucune empreinte qui ne fût pas celle de sa propre volonté. Il avait, en effet, le don de répudier d'avance tous les jougs, quelque nom qu'ils eussent, et tel on avait connu l'enfant de huit ou dix ans ne se laissant pas maîtriser, tel on retrouvait l'adolescent, ne cédant à aucun courant qui l'eût obligé à faire le sacrifice de sa manière de voir personnelle.

XIII

Cette même année 1856, il remporta deux succès : le premier au concours général des lycées de l'Académie de Toulouse, où il obtint un prix de dissertation française; le second, à l'examen du baccalauréat qu'il subit avec éclat. Le jury le complimenta, et le doyen de la faculté, M. Sauvage, lui adressa en public des éloges pour son discours latin. La tante Jenny était là. Elle embrassa son neveu, devant tout le monde, sur les deux joues, toute fière de voir que ses prédictions commençaient à se réaliser.

Joseph Gambetta n'était pas moins flatté dans son orgueil de père.

— Tu m'accompagneras en Italie, dit-il avec effusion.

Quelques jours après, ils partirent ensemble pour Celle-Ligure, où était le berceau de la famille, et où habitaient encore le plus jeune des frères de l'épicier et ses deux sœurs. De là ils se rendirent à Gênes, à Rome, à Venise.

Ce fut un voyage à la fois émerveillant et douloureux. Tous ces souvenirs vivants de l'antiquité classique qui s'offraient au regard du jeune Léon Gambetta avaient en quelque sorte une voix pour lui. Ils étaient, monuments de l'architecture, chefs-d'œuvre de la peinture et de la sculpture, les interprètes de la grandeur passée de l'Italie, de la gloire disparue des Latins, de l'hégémonie des puissantes républiques, de tous les siècles d'illustration, de liberté, auxquels avaient succédé l'oppression étrangère, la conquête et l'usurpation autrichiennes.

Léon Gambetta était, à cette époque, Italien. Il faisait partie de ces opprimés à qui l'on avait ravi leur patrie et dont on exigeait le dévouement à un drapeau qu'ils ne pouvaient que haïr. En son âme, profondément attristée par le tableau du despotisme rencontré dans toute la Lombardie et la Vénetie, il entendait vibrer les vers de Léopardi, et il les répétait, en disant avec le poète : « Il n'y a donc plus personne à trouver parmi les tiens, ô Italie, pour te défendre? »

Alors, pour la première fois, il sentit naître en lui l'ambition de s'élever assez haut pour pouvoir être utile à ceux qui attendaient un appui, et il se fit à lui-même le serment de travailler afin d'atteindre ce but.

CHAPITRE II

LA JEUNESSE

Père et fils. — La volonté de Tata. — Paris en 1856. — Le Quartier Latin.
— La Jeunesse républicaine. — L'éducation oratoire. — Les cailloux
de Démosthène. — Génois et Cadurque. — L'héritier de Mirabeau. —
La méthode de Rabelais. — Un budget d'étudiant. — La thèse de
licence. — Toulouse ou Paris. — La volonté paternelle. — L'argument
décisif. — 15, rue Vavin. — Une adorable créature. — La Conférence
Molé. — Le stage. — Les harangues du café Procope. — Eugène
Spuller. — Une conspiration sous l'Empire. — Louis Buette et Louis
Greppo. — Le procès des Cinquante-quatre. — Premier plaidoyer.

I

Vers la fin de décembre 1856, Léon Gambetta se
trouvait, par une soirée de frimas, devant les tisons,
dans la petite chambre, voisine de la boutique, où il
avait travaillé, dix ans auparavant, à des devoirs qui, en
ce temps-là, ne lui plaisaient guère. Il était de retour
d'Italie depuis quelques semaines et il allait faire, le
lendemain, sa petite malle pour prendre le train de
Toulouse ou de Paris, suivant que la volonté de son
père ou la sienne l'emporterait dans le conseil de
famille réuni en vue de décider de son avenir.

Le père et le fils, aussi obstinés l'un que l'autre, n'en
démordaient pas. Joseph Gambetta faisait valoir les raisons d'économie :

— Tu feras tout aussi bien ton droit à Toulouse,
disait-il, si tu suis les cours sérieusement et ne perds
pas ton temps. Les bons professeurs ne t'y feront pas

défaut. Et puis, tu dois considérer que nous ne sommes pas riches. A Toulouse, tu dépenseras tout juste la moitié de ce que tu nous coûterais à Paris.

— Et tu seras plus près de nous, appuya la mère; de Cahors à Toulouse il n'y a pas 25 lieues, tandis que d'ici à Paris le trajet est au moins de 600 kilomètres. Ton père te donne le meilleur conseil. Renonce à Paris. Nous t'en aimerons davantage.

Mais le futur avocat était déjà ferré sur la réplique. En définitive, quelles objections avait-on contre Paris? Un motif d'argent? Au fond, c'était tout. Difficulté facile à résoudre. Que pouvait-on lui donner par mois? Quelle que fût la somme, il s'en accommoderait à Paris tout aussi bien qu'à Toulouse.

— Il nous sera impossible, conclut le père, de t'envoyer plus de 100 francs, et encore serons-nous forcés de nous imposer des sacrifices.

— J'en ferai aussi. 100 francs? Eh bien, je m'en arrangerai à Paris. Si cela ne me suffit pas, je gagnerai quelque chose avec des répétitions.

— Mais tu seras loin, argua la mère.

— Je rapprocherai les distances en t'écrivant toutes les semaines. Vous ne m'avez contrarié, ni l'un ni l'autre, quand je vous ai dit que je voulais entrer au barreau; mais vous ne voyez que le barreau de Toulouse, un barreau de province. Nommez-moi donc le plus grand avocat de Toulouse qui soit encore connu quand il est à cent lieues de son clocher. Ma résolution est bien prise, j'irai à Paris ou nulle part.

Il eut le dernier mot, grâce à la tante Jenny.

— Que voulez-vous qu'il aille faire à Toulouse, cet enfant? Ne vous mettez donc pas en travers de son chemin. Vous savez bien qu'il est trop raisonnable pour insister si ce n'était pas nécessaire. Est-ce qu'il n'est pas plus intelligent que nous tous? Tu iras à Paris, Léon, et s'il le faut, je t'y conduirai par la main. D'ailleurs, il y a une occasion dont il doit profiter. M. Bergerol, de Soullac, va partir pour Paris.

Ses parents le mettent dans le commerce. Ils sont moins aisés que nous et cependant ils n'hésitent pas. Léon et Bergerol feront route ensemble; ils se connaissent. Léon ne sera pas seul à son arrivée. Bergerol a déjà fait le voyage. Il guidera Léon.

Bref, la tante Jenny plaida avec tant d'habileté irrésistible, que le père et la mère donnèrent enfin leur consentement.

Le lendemain, la diligence de Cahors transporta les deux jeunes compatriotes à Limoges, où ils trouvèrent le chemin de fer. Dans la soirée, ils descendirent à Paris, et allèrent se loger ensemble rue de la Harpe, à l'*hôtel de Rome*, vis-à-vis du lycée Saint-Louis.

II

Le Paris d'alors était bien différent de celui d'aujourd'hui. M. Haussmann n'y avait pas encore pratiqué ces grandes trouées dans les vieux quartiers, ces larges voies qui changèrent complètement l'aspect de la capitale. Le Quartier Latin de cette époque offrait, en ses rues emmêlées, une certaine ressemblance avec les Badernes de Cahors. L'étudiant y vivait chez lui, et à l'exemple de ceux qui l'y avaient précédé depuis la Révolution et bien auparavant, il y jouissait de la liberté d'allures, considérée jadis comme ses privilèges. Tous ces jeunes gens de dix-huit à vingt-deux ou vingt-trois ans fraternisaient sincèrement entre eux. La plupart, venus de la province, éloignés de leur famille, se rapprochaient les uns des autres pour échapper à l'ennui de l'isolement. Mais ce qui les animait surtout, c'était un réel désir de ne pas mentir à leur devoir. Ils s'amusaient, du droit de la jeunesse; le rire du printemps s'épanouissait sur leur front et la gaieté pétillait dans leurs paroles; mais ils ne donnaient pas toutes les heures aux plaisirs, et il y en avait peu dans le nombre qui ne fussent assidus aux cours de l'École. Ils savaient que l'avenir comptait sur eux, et ils n'avaient qu'à interroger les horizons prochains pour se convaincre que cet avenir était gros d'orages.

L'empire, annoncé comme la paix, avait rouvert l'ère des guerres napoléoniennes. En janvier 1857, quand Léon Gambetta se fut, après son arrivée à Paris, logé dans une petite chambre à l'*hôtel du Sénat*, rue de Tournon, quand il eut pris langue avec d'autres étudiants, il put, en cédant au penchant familier à son esprit, analyser rapidement les sentiments de la jeunesse de sa génération et, dans l'étude de ces états d'âme, saisir la pensée dominante de son temps. On était, à ce moment, encore sous l'impression enthousiaste du dénouement de la guerre d'Orient. La France ou, pour parler plus exactement, Napoléon III avait fait en Crimée le jeu de l'Angleterre, et la politique militaire triomphait dans les conseils de l'Élysée, où l'on croyait faire oublier le coup d'État par les victoires de l'Alma, d'Inkermann, et les exploits de Sébastopol et de Malakoff. Nos soldats étaient morts là-bas, en se couvrant de gloire, pour la diplomatie de Palmerston, ce boutefeu de l'incendie en Europe. Nos drapeaux vainqueurs avaient été acclamés au retour, mais ceux que le chauvinisme n'aveuglait point réfléchissaient et se demandaient si le sang français, ainsi versé pour une cause qui, au fond, n'était ni la nôtre ni celle de nos intérêts — les événements le prouvèrent dans la suite, — ni celle de la civilisation, pouvait produire une bonne moisson. On voyait très distinctement, dans toutes ces manœuvres, la main de Morny, le vrai maître de l'Empire, et le directeur de conscience de Napoléon III. On pressentait vers quel but ce complice souverain poussait l'homme du deux-décembre, et malgré les succès éclatants de nos armes, on n'augurait de cette influence néfaste que dangers,

écueils et hontes. C'était la conviction intime des
jeunes, tout au moins de tous ceux dont le cœur
n'était pas encore vendu et dont la force restait inas-
servie par les séductions du pouvoir, de l'or ou des
honneurs qui paient les lâchetés.

La jeunesse du Quartier Latin, sous les apparences
du calme commandé par la prudence, était très agitée
en réalité. Dans ses réunions intimes, lorsqu'elle se
savait à l'abri des policiers, partout aux aguets et
aux écoutes, elle lisait tout haut à pleine voix, *les
Châtiments* et *Napoléon le Petit* de Victor Hugo, et
les strophes révolutionnaires des *Contemplations* qui
venaient de paraître; elle commentait les *Propos de
Labiénus*, écrits avant tout pour elle par Rogeard, avec
la plume de Paul-Louis et préludant à la réapparition
du pamphlet dans la vie intellectuelle de Paris. Elle
obéissait avec un élan encore mesuré à ces inspirations
qui réveillaient ses tendances de générosité et de franchise, et elle cherchait autour d'elle qui, dans ses
rangs, la rallierait en une commune entente tacite
d'opposition au régime issu de la violation du droit
et de la liberté.

III

Déjà les yeux des étudiants se fixaient sur Léon
Gambetta. Il avait presque d'emblée conquis le Quartier
Latin. Son exubérante individualité s'accusait et s'affir-
mait. On le rencontrait partout, à l'École de droit,
à la Sorbonne, au Collège de France, à l'École de
médecine, sous les galeries de l'Odéon, dans les cabinets de lecture de la rue Soufflot et du passage du
Commerce, faisant main basse sur tout ce qui était
savoir, dévorant tout, leçons et livres, revues et journaux, avec un appétit pantagruélique, et répandant
aussitôt, comme en une multiplication des pains, cette

érudition si passionnément acquise; ne se contentant pas d'interroger les ouvrages, mais arrêtant les professeurs sur le pas de leur porte, dans la rue, à la sortie des cours, pour les questionner sur tel ou tel point qui l'embarrassait, les laissant tout ébahis des idées qu'il remuait, des controverses qu'il suscitait, et des solutions qu'il présentait en abondance, sans jamais avoir l'air de les chercher.

La verve méridionale sonnait bruyamment dans son accent; ses coups de bras et ses secouements de tête ponctuaient son discours; sa chevelure noire encadrait son visage expressif qu'illuminait le rayonnement de son œil, et toute sa physionomie s'éclairait d'une flamme intérieure inextinguible. Il arguait, dissertait, pérorait avec une intarissable et infatigable loquacité, prenant pour interlocuteur quiconque se rencontrait sur son passage, s'attachant à un camarade, dans le but prémédité d'en faire un auditeur, et le tenant prisonnier de ses périodes sur un trottoir jusqu'à trois heures du matin, pour regagner ensuite tout seul le chemin de la rue de Tournon, en continuant de s'adresser à un interrupteur imaginaire.

Tout lui était prétexte et matière à l'exercice oratoire. Il voulait assouplir son organe, « rouler ses cailloux » à l'exemple de Démosthène, et il ne laissait passer aucune occasion, ne négligeait aucun moyen de se former à l'éloquence. Il la cherchait partout où elle se manifestait, aussi assidu aux conférences de Notre-Dame qu'à celles des positivistes, aux entretiens du P. Gratry dans la chapelle de l'Oratoire, qu'aux séances du Corps législatif. Il savait par cœur les *Philippiques*, les *Olynthiennes*, le *Pro Coronâ*, les grands plaidoyers de Cicéron, les principaux discours des *orateurs de la Révolution, Mirabeau, Danton, Vergniaud*, ceux du *général Foy*, de *Royer-Collard, et il les récitait*, en toute circonstance, accablant Péphau, son ami inséparable, de tirades emmagasinées et redites avec fougue, de chapitres entiers de Rabelais, son auteur de chevet,

faisant retentir dans la rue, au café, sa voix cadurcienne
tonitruante, étourdissant son auditoire, s'étourdissant
lui-même, jusqu'à ce qu'un rire homérique terminât ce
débordement de harangues. La conversation était pour
lui une leçon d'escrime renouvelée dix fois par jour,
afin de s'accoutumer aux batailles orales.

Génois greffé sur une des plus vigoureuses tiges gau-
loises, il avait
les dons des
deux sources
d'où venait son
origine, mariant
le franc-parler
gascon à la sou-
plesse italienne,
disert comme
ces parleurs des
Gaules dépeints
par César et que
personne n'au-
rait pu réduire
au silence, mais
en même temps
fin comme ces
contemporains
de Machiavel
qui écrivaient,

M. Péphau en 1898.

à la cour des Médicis, leurs vers satiriques avec la
pointe d'une dague. Il devait au terroir des Cadurques
l'énergie de la phrase, à la sève ligurienne la fougue et
le charme du geste. A l'élocution débordante il joignait
des trésors de mémoire qui lui permettaient d'aborder
sans préparation tous les débats, de se mesurer de
front avec toutes les opinions, en rompant aussitôt en
visière, sans oublier, dans l'élan de la discussion, de
transformer, avec une dextérité toujours alerte, en
armes à son propre usage celles qu'on lui opposait.

Comme les Romains revenant des rostres, il était, au

Quartier Latin, suivi d'une escorte d'admirateurs qui se passionnaient d'autant plus pour lui que sa main était toujours prête à donner. On l'aimait d'une réelle amitié et pour plus d'une raison. D'abord, parce qu'il était méridional, et que le Midi a toujours, à Paris, parmi les jeunes gens, son pouvoir d'attraction, de séduction. Ensuite, parce qu'il personnifiait, en sa vibrante et pittoresque expansion, le type de l'étudiant d'alors, crinière au vent, mise sans recherche, le premier à se jeter dans les tumultes scolaires au fort de la clameur, à faire résonner sous les voûtes sonores de la Sorbonne un de ces traits qui sont lancés avec audace, frappent juste et s'entendent en des échos répétés.

Tout en lui s'unissait pour le signaler à l'attention et à la sympathie de la jeunesse universitaire.

Son action sur elle ne procédait toutefois pas exclusivement de son prestige. Elle résultait en grande partie de son républicanisme, ouvertement affirmé, clamé même dans les réunions d'étudiants. Quelques-uns le nommaient l'héritier de Mirabeau, et juraient qu'il saurait, un jour, renouveler, à la tribune, les beaux triomphes de celui que Barnave appelait le Shakespeare de l'éloquence. D'autres, — et ils étaient nombreux, — affirmaient qu'il irait, l'heure venue, à la tête de la Jeune France, en taïole, assiéger les Tuileries.

Son extérieur robuste, sa forte musculature, sa taille, son vaste front, sa vivacité déjà tribunitienne, complétaient cet ascendant. « En vrai disciple de Rabelais, dit un de ceux qui ont vécu dans son intimité, il adorait les exercices physiques, et dès 1858, il s'était rendu acquéreur, avec quelques amis, d'un petit bateau, amarré au Bas-Meudon. Ils passaient leur dimanche à courir d'une rive à l'autre de la Seine, se mettant à canoter dès quatre heures du matin, et faisaient force de rames, tandis que Gambetta, à l'aviron, débitait de mémoire des pages entières des *Contradictions économiques* de Proudhon. » Le bateau était hospitalier, recevant à bord tous ceux qui n'avaient point d'attaches ou d'aspirations bonapartistes, — c'était la seule condition imposée à l'accueil, — et les canotiers ne faisaient escale que pour procéder à un copieux déjeuner; après quoi, l'on filait à l'aventure, et l'on ne descendait enfin à terre qu'à la nuit, épuisé de fatigue. Le lendemain, Gambetta reprenait ses études, ses lectures, ses harangues, et l'on ne revenait détacher l'amarre du bateau que le dimanche suivant.

IV

Il étudiait en effet, et sérieusement, avec une indomptable âpreté au travail, non, comme beaucoup d'autres, en rédigeant exclusivement ses cahiers de cours, en ne piochant que ses examens, mais en s'initiant par lui-même, avec persévérance, à tout ce qui pouvait nourrir son esprit.

Les bibliothèques de ses amis étaient régulièrement mises au pillage par lui. Tout volume qui lui était inconnu, lui devenait proie et pâture. Il l'emportait, promettait de le rendre, le lisant dès qu'il se trouvait dans la rue, pour ne pas retarder le plaisir, ne le quittant qu'au dernier feuillet, puis le laissant chez un autre camarade, où il accaparait un autre ouvrage, abandonnant au hasard propice le soin de faire rentrer les propriétaires dans leur bien, et pardonné d'avance par ceux-ci, à cause de son bon caractère.

C'étaient principalement les livres de philosophie, d'histoire, de politique, qui avaient ses prédilections. Selon la méthode d'enseignement de Rabelais, il en « suçait la substantifique moelle..., cet aliment élaboré à perfection de nature. » Les tragiques grecs, et spécialement Sophocle, étaient aussi l'objet de ses méditations assidues, et avec eux, les maîtres de l'éloquence délibérative et judiciaire. Il copiait de sa main les chefs-d'œuvre de la tribune, en tous les temps et en tous les pays, et s'en imprégnait. Il les connaissait comme bien peu de lettrés peuvent se flatter de les posséder, et il savait ses classiques « ad unguem ». Il travaillait facilement, avec une extraordinaire faculté d'appropriation, et avec une vue très nette du but qu'il voulait atteindre, n'essaimant point son attention sur des sujets multiples et trop légèrement effleurés pour n'en retenir rien d'utile, mais proportionnant, en quelque sorte, la nutrition à la puissance digestive, augmentant sa force intellectuelle par le régime, comme il faisait de ses forces physiques.

Il lisait énormément, il est vrai; mais la lecture n'était pas, dans ses moments de loisir, une distraction. Le livre n'avait de valeur, à son sens, que comme moyen d'observation des idées d'autrui. Et c'était avec un calcul bien prémédité qu'il se livrait à cette tâche patiente d'observateur, affinant et aiguisant sa propre pensée à cette communication et à ce contact avec les penseurs. Il y voyait aussi un foyer où ses aspirations pouvaient gagner en intensité, et un miroir où il avait occasion d'étudier les hommes, qui mettent parfois le meilleur d'eux-mêmes dans leurs écrits. Enfin, les questions philosophiques et sociales le préoccupaient, quoiqu'il fût très jeune; il était d'une génération dont les croyances politiques se basaient bien plus sur le doute que sur la confiance, en présence de l'évolution de la nouvelle ère impériale, issue du crime et cependant florissante à cette époque; et l'anxiété de ses instincts démocratiques s'accroissait en voyant le succès couronner ce bonapartisme si semblable au fond à cette domination de l'Autriche sur l'Italie, dont il n'oubliait pas le tableau et qu'il avait appris à haïr dans Leopardi.

La jeunesse parisienne et studieuse du second Empire, qui s'agitait vers 1860 sur la montagne Sainte-Geneviève, se souvenait des grands libérateurs de l'esprit humain, dont la voix, depuis Abélard, avait

retenti là pour proclamer la rébellion contre toute
autorité non fondée sur la conviction de sa légitime
puissance. Elle était impatiente de rompre le frein
sous lequel marchait le pays, et elle s'y préparait.
Léon Gambetta était de ceux-là.

V

Il menait une vie frugale, ne voulant point, par
principe, augmenter les charges de sa famille.

« Je suis logé, écrivait-il gaiement à son père, somp-
tueusement et à bon marché. J'ai une glace et des
rideaux rouges aux fenêtres, ce qui ajoute à la clarté
de la chambre dans la même proportion qu'un éteig-
noir placé sur des bougies. J'oubliais de te men-
tionner une superbe table de nuit à roulettes, mais il
y a un pied qui manque, ce qui me donne l'occasion
de résoudre les plus terribles problèmes d'équilibre et
me fait suer, ce qui a aussi son utilité dans la saison.
Vraiment, une table de nuit à trois pieds est un meuble
indispensable en hiver; cela vous sert de calorifère !
Ce n'est pas tout : au-dessus de ladite table est sus-
pendue une gravure à la main, faite en 1839, à Metz,
par un caporal du 3ᵉ régiment du génie, 3ᵉ bataillon,
7ᵉ compagnie, et qui représente une *Nymphe*, dit une
inscription mise au bas du dessin. Et cette note est
indispensable, car cela peut reproduire aussi bien un
forgeron ivre étendu sous son vin. Ma chambre, tu le
vois, joint à l'instruction l'ameublement.

« La partie la plus terrible de mon existence, c'est
le boire et le manger. Je déjeune très sobrement. Oh !
ce qu'il y a de plus sobre. A savoir : un pain d'un sou.
Le dimanche, deux pains d'un sou. Il faut dire aussi
que si je m'éveille à six heures du matin, je déjeune
tard, à onze heures ou midi, et alors en vertu d'une

opération appelée attraction ou en langage d'arithmé-
tique soustraction, je fais comme si je m'étais éveillé
à onze heures ou midi; je bois un verre d'eau, et je
vais au cours jusqu'à quatre heures et demie. A cinq
heures je dîne, et je ne sais pas si je mange. Cela va
très bien pendant une demi-heure. Après quoi je donne
dix-sept, dix-huit ou vingt sous; je sors, j'achète un
sou de pain et je retourne à la bibliothèque. A sept
heures, je rentre au logis, je mange mon pain d'un
sou et j'avale un verre d'eau. Tu vois que j'ai suivi
tes avis; je suis réglé, j'ai de l'ordre, l'ordre de l'étude,
car c'est le seul excès que je me permettrais... »

VI

Le 19 janvier 1860, Léon Gambetta soutint sa thèse
de licence, qu'il dédia à son père et à sa mère ainsi
qu'à M. Sisco, officier de l'armée française, un Corse en
garnison à Cahors, qui l'affectionnait et l'avait secondé
dans ses débuts.

Il était fatigué et malade; ses parents le rappelèrent
en province. Sa mère et sa tante le choyèrent, son père
lui sut gré d'avoir obtenu le résultat attendu, sans avoir
réclamé plus qu'on ne pouvait lui donner. Au bout de
peu de temps la tranquillité d'esprit, la quiétude générale, le bon air natal, lui rendirent complètement la
santé. Il parla de retourner à Paris, mais il rencontra,
cette fois, une très vive opposition.

Joseph Gambetta représenta, avec sa prudence accoutumée, à son fils que la profession d'avocat, quelque
mirage qu'elle offre à la jeunesse, n'est souvent qu'un
leurre. Il faut de nombreuses années pour se faire une
clientèle, et, en attendant que celle-ci arrive, les exigences de la vie deviennent de plus en plus impé-
rieuses. Combien d'hommes de grand talent ne voit-on

pas, dans le barreau, lutter contre la fortune rebelle
à leurs espérances! Combien peu acquièrent cette réputation qui est indispensable pour se frayer un chemin!
L'expérience ne vient qu'à la longue et l'incertitude se
prolonge sans qu'il soit possible de dire quand les difficultés cesseront. Jusque-là, on est obligé de s'épuiser
en sacrifices. N'était-il pas plus sage de ne pas se
bercer de rêves de réussite.

— J'ai fait, disait le père, pour ton éducation tout
ce que j'ai pu; tu as vingt-deux ans et le moment est
venu pour toi de te créer une position. Tu sais comment j'ai amassé ce que nous possédons. Je n'ai pas
le droit de l'employer uniquement à ton avenir. Ta
mère et moi, nous ne pouvons nous dépouiller, tu ne
le voudrais pas. Ta sœur est en âge de se marier (1),
il faut songer à son établissement. Crois-moi, bannis
tes songes d'or et sois un homme positif comme je
l'ai toujours été. Sans doute, mon orgueil serait flatté si
tu te faisais un nom, mais n'est-ce pas là une chimère?
Sois donc raisonnable et envisage la vie comme elle
est. Je t'associerai à mon commerce, si tu le veux, ou
tu entreras, à ton choix, dans l'administration. Avec
ton diplôme et mes relations, nous te trouverons un
emploi à la préfecture. Tu y seras bientôt au bon rang.
Rappelle-toi le mot de César : « Il vaut mieux être le
premier dans un village que le second à Rome. »

Le jeune homme bondit à cette proposition.

— Eh quoi! Il n'aurait donc passé son enfance et sa
toute ardente jeunesse à étudier, à subir des examens, à tout apprendre, lettres et sciences, que pour
finir par peser dans une boutique du sucre et du café!
Certes, il ne méprisait pas cet état qui était celui de son
père, il n'avait aucun dessein de méconnaître l'autorité paternelle, mais il était majeur en définitive et il

____

(1) Benedetta, la sœur de Léon Gambetta, se maria de bonne heure;
devenue veuve, elle épousa en secondes noces M. Léris, fonctionnaire de
l'administration des finances.

avait le droit de regarder l'horizon autrement qu'on le faisait avec des yeux de province. La carrière du barreau lui était ouverte. Il serait à tous égards coupable envers lui-même s'il consentait à se fermer cet avenir, le seul où il fût capable de réussir. Avait-il la moindre aptitude pour le commerce et la bureaucratie? Tout son caractère et son tempérament n'y étaient-ils pas opposés? Sans doute il aurait à lutter, mais la lutte même ne lui servirait-elle pas d'aiguillon? Et puis, ne se devait-il pas à sa foi politique? L'année précédente, le 23 septembre 1859, il avait, en atteignant sa majorité, opté, conformément à la loi, pour la nationalité française. La France comptait plus que jamais sur cette jeunesse à laquelle il était fier d'appartenir. Français, il ne pouvait s'affranchir des liens de sa nouvelle patrie. Il avait envers elle un devoir de reconnaissance. Comment le remplirait-il en répudiant tout ce qui le mettait à même de la servir?

Joseph Gambetta laissait rouler le flot de cette argumentation, où les raisons, bonnes ou spécieuses, s'entrechoquaient, et il terminait la discussion affectueuse, en imposant sa volonté. Il aurait volontiers cru à la brillante étoile de son fils, mais quand Léon la lui faisait, avec conviction, voir tout étincelante au-dessus de ce Paris, dont sa jeune ambition prétendait faire la conquête, il hochait la tête, et revenait obstinément à la prévoyance, étroite peut-être, mais sûre.

La mère, qui assistait à ces débats, n'y intervenait guère. Elle était partagée entre la sagesse de l'opinion de son mari et le désir de l'élévation de son enfant, dont la chaleureuse plaidoirie répondait à ses vœux maternels. D'un côté, elle ne pouvait donner tort au chef de la famille, qui ne parlait qu'en vue du bonheur de tous, et elle reconnaissait qu'il ne pouvait assumer les charges que nécessiterait l'installation de Léon à Paris, et, d'autre part, il lui semblait réellement impossible de condamner ce dernier à végéter à Cahors.

Parfois, mais très doucement, presque en tremblant,

elle appuyait d'un regard l'opposition respectueuse du jeune licencié en droit, sans oser dire une parole, et sans témoigner autrement que par la tristesse de son visage le regret que lui causait l'inflexibilité paternelle.

Cela dura cinq mois.

Léon Gambetta aurait peut-être succombé, si Tata Jenny n'était, une fois de plus, venue à son secours.

Un jour, elle arriva dans la boutique, avec son idée de derrière la tête bien ancrée.

— Vous n'avez qu'une bonne raison contre Léon, dit-elle, et celle-là je l'approuve. Vous ne pouvez pas l'entretenir à Paris jusqu'à ce qu'il puisse s'y suffire, c'est très juste; surtout, si comme il est possible, cela demande quelques années; mais il y a un moyen. Vous n'aurez pas à toucher à votre argent pour lui. J'ai le mien. Mes petites rentes, avec de l'économie et du courage, nous feront vivre là-bas lui et moi. Je vieillis et grisonne. A quoi puis-je mieux employer mes quelques écus? Je vous ai toujours dit que cet enfant-là nous ferait honneur à tous. Vous ne m'empêcherez pas de me dévouer à ce que vous appelez mon illusion, qui sera un jour réalité. Vous verrez. Avec les 3000 livres que me donnent tous les ans mes valeurs, nous ne serons pas sur la paille à Paris. Et quand Tata n'y sera plus, il aura pour lui seul ce qui nous aura suffi à tous deux. Je me charge de lui apprendre combien pèse un écu, et comment il faut le couper en quatre. Fais tes paquets, Léon, nous partirons ensemble la semaine prochaine, et nous emporterons mon mobilier.

Aucun des sages de la Grèce, qu'il aurait pu citer tous par cœur, n'eût parlé avec autant de logique. Il sauta au cou de la vieille fille, fit sonner des baisers sur ses joues ridées; et l'émotion gagna le père lui-même, qui prit les deux mains de Tata dans les siennes, et les serra avec reconnaissance en disant :

— Il n'y a pas de raison contre la raison.

Tata Jenny fit comme elle avait dit. Depuis son enfance, elle n'était sortie des limites du département du Lot que deux fois, pour visiter Toulouse et Montauban. Elle s'était toujours persuadée qu'elle ne pourrait vivre que dans la ville de Cahors, et s'y ferait enterrer. Très résolument, à l'approche de la vieillesse, elle changea tous ses plans, et s'en alla vers la grande capitale sans espoir de retour, dissimulant ses larmes, mais toute heureuse de son rôle de providence (1).

VII

Le culte de Tata pour son neveu n'était égalé que par la vénération filiale de Léon Gambetta pour sa bienfaitrice. Il ne doutait plus de l'avenir, il le défiait même, maintenant que sa tante Jenny allait diriger sa barque. Et ce furent, pendant tout le long voyage de Cahors à Paris, des résolutions, des combinaisons, des calculs, des élaborations de règlement dont on ne se départirait point, afin de ne pas être pris au dépourvu par les événements. Ce jour-là, pour la première fois de sa vie, il établit un budget, le discuta, réduisant toutes les colonnes, râclant sur toutes les dépenses ordinaires et extraordinaires, ne votant une allocation qu'après délibération contradictoire, repoussant toutes les propositions que dictait la faiblesse de Tata. Lycurgue n'eût pas été plus Spartiate sur la question des menus de repas, ni Caton plus rigoureux sur les lois somptuaires. La vieille tante riait, contestait, débattait, acquiesçait enfin. Les 600 kilomètres passèrent comme un éclair en cette lutte de projets, et le train entra en gare de Paris, quand tous deux ne croyaient pas avoir dépassé Châteauroux.

(1) La tante Jenny Massabie resta auprès de Léon Gambetta jusqu'en 1876. A ce moment, elle put dire avec une expression de triomphe dans les yeux : « Eh bien, n'avais-je pas raison de croire qu'il deviendrait un grand homme ? » En 1876, atteinte de paralysie, elle se fit transporter à Nice, dans la villa de son beau-frère, où elle mourut l'année suivante.

Aussitôt, on se mit en quête du logis. Léon alla seul en exploration pour ne pas fatiguer Tata; mais il revint au bout de quelques heures. Il avait découvert un nid délicieux, un peu haut perché par exemple, un peu loin du cœur du Quartier Latin, tout à l'extrémité de celui-ci, au numéro 15 de la rue Vavin, mais des pièces claires, aérées, trois ou quatre, juste ce qu'il faudrait pour les remplir avec les meubles apportés de Cahors.

La tante en fut ravie.

— Nous serons ici à merveille, dit-elle à son neveu. Et maintenant, mon ami, à moi la charge du vivre et du couvert, à toi le souci du reste. Travaille!

Il travailla.

VIII

Une adorable créature, la tata Jenny, un cœur d'or. Pas jolie, mais d'une beauté d'âme qui se reflétait dans toutes les lignes de son visage. Petite, des yeux noirs courant sans cesse dans leurs orbites, des cheveux noirs argentés de nombreux fils, des lèvres toujours en mouvement, un teint d'olive mûre, un pas alerte, quoique un peu boiteux, un geste vif, une humeur invariablement charmante, un entrain à l'unisson de celui du neveu, une Gasconne de la bonne souche, sachant mettre la main à la pâte, faisant le ménage et la cuisine, par esprit d'économie autant que par esprit d'indépendance, cousant, raccommodant, n'oubliant rien, ayant l'œil à tout, causant avec enjouement, joie et causticité, encourageant Léon, le grondant quelquefois maternellement, s'occupant de ses rentrées d'argent, dès qu'il eut des clients qui payaient, lui reprochant d'être trop bon, l'étant elle-même à l'excès, aimant son futur grand homme, et croyant à lui avec une foi arabe.

Entre lui et elle, c'était une dévotion réciproque,

qui ne se démentit pas un jour. Lorsqu'il rentrait plus tard que de coutume, Tata guettait, inquiète, son arrivée, sur le palier, allant vingt fois jusqu'à l'escalier pour prêter l'oreille, impatiente d'entendre son pas ou, si c'était l'été, se penchant hors de la fenêtre pour l'apercevoir de loin, au bout de la rue, et alors, dès qu'il la voyait, il agitait les bras, prenait la course, et évitait, aussitôt là-haut, la semonce préparée en fermant la bouche de la bonne tante par un baiser sonore.

Dans la semaine, les repas étaient maigres, mais arrosés de gaieté. On faisait des économies pour les régals du dimanche. Ceux-ci ne se passaient jamais sans invitations, et Tata s'entendait toujours à ménager les surprises : la dinde farcie de truffes du pays, envoyée par sa sœur, le *cassoulet* aux haricots à la mode du Lot, le vin de Cahors en bouteilles de derrière les fagots. Ces déjeuners étaient une table ronde. Léon n'y admettait que les intimes, ceux que Tata avait jugés sincères et qu'elle chérissait parce qu'ils faisaient avec lui le groupe des jeunes qui ne déviaient pas du chemin de l'avenir. Elle les considérait tous comme sa famille, et elle n'était pas rassurée tant qu'il en manquait un au rendez-vous.

IX

Il s'était fait inscrire au tableau de l'ordre des avocats et à la conférence Molé. Ses débuts, dans cette dernière réunion, où se forment les jeunes membres du barreau de Paris, firent sensation. Indiscutablement, il possédait des qualités peu communes : la clarté de l'exposition, le maniement des idées, la promptitude de groupement des preuves et des objections, les ressources de la rhétorique, la voix puissamment timbrée, l'impétuosité des mouvements, le jaillissement du mot juste, l'éclat des images, la souplesse de réplique et

de réfutation, le tonnerre des apostrophes et des ob-
jurgations, le feu roulant des citations, sentences graves ou sarcasmes, l'ouragan des périodes grondantes,
furieuses et victorieuses. Parmi ses adversaires, s'essayant, comme lui, aux discussions des questions pro-
posées, écoutant l'expérience des maîtres illustres, figuraient de jeunes orateurs dont la réputation commençait déjà, et qui étaient ses aînés de six ou huit ans :
Clément Laurier et Antonin Lefèvre-Pontalis, ce dernier alors auditeur au Conseil d'État.

Il se livrait à un travail acharné, se préparant dès
ce moment à la vie publique, n'y voulant entrer que
tout armé. Non seulement il ne manquait aucune des
séances de la conférence Molé dont il fut deux fois élu
président, mais il était l'un des secrétaires de la conférence du stage, il passait plusieurs heures de ses
journées dans le cabinet de M⁰ Crémieux et de M⁰ La-
chaud, ramassant tout ce qu'il pouvait de la pratique
légale. Il savait le prix des instants de la vie et les
employait utilement à un labeur passionné et métho-
dique, trouvant le moyen de doubler les heures, n'en
laissant aucune à l'inactivité, ouvrant partout, comme
l'a dit un de ses biographes, une écluse aux pensées qui s'agitaient dans son ardent cerveau, le premier à suivre les cours publics, le dernier à quitter
les cabinets de lecture. Le soir, il allait se délasser
de tant d'occupations, infatigablement poursuivies, par
les entretiens du café Procope, où il retrouvait aux
tables jadis occupées par Diderot, d'Alembert, d'Hol-
bach, Jean-Jacques Rousseau, Voltaire et Piron, le
petit cénacle d'amis, groupés autour de lui. Avec eux,
dans le libre laisser-aller, il donnait carrière au torrent de sa verve, à ce flot d'idées qui avait besoin
de rompre la digue, et, acceptant toutes les thèses, il
attaquait son sujet de discours, le présentant successivement sous ses diverses faces, y découvrant des
échappées insoupçonnées, des allusions sérieuses ou
plaisantes, sans prendre haleine, sans cesser d'être

étincelant. Son éloquence était chaude, entraînante, persuasive. Tous les genres en l'art de dire s'y déroulaient : la causerie familière, pleine de charme, présentant les faits sous un jour frappant et lumineux, puis tout à coup, sans transition apparente, l'emportement dantonien par bonds et par soubresauts, les virulences de la parole, qui s'anime, se précipite, brusque l'adversaire, et, lorsqu'on la croit effrénée, ne reste jamais mieux en possession d'elle-même.

On le voyait dans la tribune du public ou des journalistes au Corps législatif, écoutant, l'oreille tendue, s'intéressant aux affaires de tout ordre, prenant des notes pour le compte rendu des débats qu'il faisait quelquefois dans le journal *l'Europe*, étudiant les jeux politiques des partis, se renseignant sur les hommes qui les représentaient.

Il complétait ainsi par l'observation et la réflexion les connaissances déjà si vastes qu'il tenait de ses lectures, et il continuait celles-ci avec ardeur, en fortifiant son éducation dans tous les domaines : littérature, histoire, art, sciences économiques et militaires.

Lorsqu'il rentrait chez lui, à la nuit, surmené, excédé de fatigue cérébrale, la tante Jenny l'attendait :

— Tu finiras par tomber malade, Léon, disait la bonne vieille fille, tu as beau avoir une santé de fer, tu verras que ce régime te mettra sur le flanc.

Elle le contraignait à avaler une tasse de tisane bien chaude. Et il obéissait comme un enfant.

X

Son meilleur compagnon était Eugène Spuller, qui resta le plus fidèle de ses amis. Inscrit comme lui au barreau de Paris, son confident et son conseil, ce dernier avait, après avoir plaidé quelques causes poli-

tiques, déserté le Palais pour le journalisme et colla-
borait aux divers organes de la presse d'opposition.
Il voulut déterminer Gambetta à suivre son exemple.
Mais l'ardent méridional avait horreur de l'encre, et
ne pouvait se résoudre à dicter un article, quoiqu'il
en improvisât cent. Son jugement n'était, suivant lui,
pas encore assez mûr pour exercer une influence sur
l'opinion, et il estimait qu'avant de livrer bataille pour
la République, — la seule forme de gouvernement qu'il
admît dès ce moment, — il devait se faire à lui-même
une conception claire et pratique de la démocratie.

Il ne se pressait pas non plus de plaider. Certes, le
don de l'éloquence, au degré où il le possédait, aurait
satisfait l'ambition de plus d'un jeune avocat, mais
Gambetta avait, heureusement, conscience des lacunes,
alors encore marquantes, de son talent. Sa soif même
de connaissances était pour lui une preuve certaine du
besoin de les étendre. Il n'avait aucune hâte d'aller
au-devant de la réputation. Ne viendrait-elle pas à lui,
puisqu'il avait plus que jamais foi en son étoile?

Il détestait, d'ailleurs, la chicane, et avait une répu-
gnance profonde pour l'affichage de la vie publique que
l'on appelle la gloriole. Aussi ne cherchait-il pas les
clients. Le premier qu'il défendit lui fut amené par
le hasard, mais il n'aurait pas donné cette cause pour
les plus retentissantes : c'était une cause républicaine.

Au mois de mars 1862, on apprit, un matin, dans
Paris que les limiers de la police impériale avaient
découvert une conspiration contre la sûreté de l'empire et que cinquante-quatre arrestations venaient
d'être opérées pendant la nuit. L'événement fit grand
bruit; les journaux, informés officieusement, le com-
mentèrent en le racontant par le menu. Les détails
ne manquaient pas d'intérêt. Deux noms étaient surtout cités parmi ceux des conspirateurs : Louis Buette
et Louis Greppo. Tous deux avaient une signification
nettement démocratique.

Buette descendait d'une vieille famille d'ouvriers

bourguignons qui avaient pris le fusil, sous la Révolution, pour défendre la patrie menacée ou envahie, et repris la truelle et la scie, quand, après les grandes campagnes de Hoche, de Marceau, de Kléber, de Bonaparte qu'ils avaient suivis, ils étaient revenus chez eux, ayant donné pour la France leur sang et leur patrimoine. Mis en apprentissage à Dijon, le petit-fils de ces héros obscurs s'était initié à la mécanique et à la fonderie. Il avait fait ensuite son tour de compagnonnage, travaillant successivement dans les ateliers de Lyon, Marseille, Toulouse, Lille, Reims, dans les chantiers de Bordeaux et de Cette. En 1861, — l'année où Gambetta fut reçu par le Conseil de l'ordre (1), — Louis Buette avait été admis aux forges de Grenelle, connues sous le nom d'usine Cail. C'était une de ces natures d'élite comme il n'est pas rare d'en rencontrer dans la classe des travailleurs, comme il y en avait beaucoup sous le second Empire dans les grands établissements industriels. Il n'avait que vingt-deux ans, et la confiance qu'il inspirait au propriétaire de l'usine, l'avait fait nommer rapidement chef d'équipe de la fonderie. On le considérait comme un homme sûr, très rangé, toujours exact au travail, perfectionnant son instruction par son assiduité aux cours de mécanique du Conservatoire des arts et métiers, et donnant à la lecture les heures de répit que la plupart des autres passaient au cabaret. Il ne cachait pas que l'étude de Plutarque avait nourri son esprit d'idées de patriotisme et de liberté, de justice et de sacrifice. Dans ses conversations avec ses camarades d'atelier, il se faisait l'apôtre de ces nobles sentiments. Républicain, il trouvait de l'écho dans les âmes républicaines, et elles étaient nombreuses, malgré la pression exercée sur les ouvriers par le gouvernement.

(1) Son serment fut reçu par le premier président, M. Devienne, le 8 juin 1861. Le greffier en chef qui contre-signa le document pour l'enregistrement, avait, — coïncidence curieuse, — un nom inoubliable pour Gambetta; il s'appelait *Lot*.

Louis Buette avait pour appui principal dans ses aspirations Louis Greppo, qu'il connaissait depuis son adolescence et avec qui il s'était lié à Lyon. Greppo, une des figures les plus sympathiques de cette époque, jouissait dans les groupes ouvriers d'une grande popularité. En 1848, il avait siégé, comme représentant du Rhône, à l'Assemblée constituante, sur les bancs de la Montagne. Réélu à l'Assemblée législative, il avait repris sa place à l'extrême gauche, et s'était signalé par son attitude hostile à l'Élysée après l'élection de Louis-Napoléon à la présidence. Proscrit au coup d'État du 2 décembre, après avoir été désigné d'abord pour la déportation à Cayenne, il s'était retiré en Belgique et en Angleterre. L'amnistie de 1859 lui avait rouvert les portes de la France. Cœur intrépide, âme enthousiaste, d'une intégrité absolue de principes, il avait retrouvé dans Louis Buette comme une image de sa propre personnalité, et la main du vieillard avait étroitement serré celle du jeune homme. Ils s'étaient confié réciproquement leurs rêves, leurs espérances, leurs plans, et ils avaient ensemble projeté le renversement de l'empire, le rétablissement de la république. Les adhérents n'avaient pas fait défaut. Des ramifications établies dans tous les quartiers de Paris en grossirent vite le nombre. On nomma des chefs de section dont l'un des plus actifs fut Miot; on distribua des armes; le coup de main devait avoir lieu le 2 mars 1862. Mais la police était instruite de tout et tenait tous les fils. Ceux des conjurés qui avaient offert leur appartement pour les réunions étaient des agents de la police secrète. Buette, Miot et Greppo, dans leur naïveté, les prenaient pour les plus dévoués du parti. La trahison fit son œuvre. Le contremaître de l'usine Cail, l'ancien représentant du peuple et les cinquante-deux autres compromis dans l'affaire furent arrêtés et conduits à Mazas.

XI

Louis Buette avait une sœur qui venait de se marier, Mme Bonafous. Après plusieurs mois de détention de son frère, elle fut autorisée à le voir et lui parla d'un défenseur. Il n'en voulait point. Qui pouvait mieux que lui-même soutenir sa cause devant un tribunal? Il ne songeait, du reste, pas à s'innocenter. Quand il passerait en jugement, il aurait l'occasion de manifester ses opinions, et il le ferait en des termes qui auraient un écho parmi les ouvriers. C'était tout ce qu'il espérait. Vainement elle s'efforça de le détourner de ce dessein. La famille décida toutefois qu'il serait sage de lui donner un avocat d'office. Mme Bonafous courut chez Jules Favre, qui était alors bâtonnier de l'ordre et l'une des illustrations du barreau de Paris. Elle le supplia de sauver son frère. Il lui désigna Me Chastelier, qui la renvoya de son côté à Me de Sal, et celui-ci nomma, à son tour, Me Gambetta.

— Il n'a personne à défendre et sera enchanté de figurer au procès.

La cliente se retira. Quand elle arriva rue Vavin, la maison de piètre apparence la fit réfléchir. Le jeune avocat de Cahors était si modestement logé, qu'il était permis de douter de son talent. Un moment elle rebroussa chemin. Mais l'affaire devait être appelée dans les premiers jours de juillet, et l'on était à la fin de juin. Après quelques hésitations, Mme Bonafous monta plusieurs étages. Discrètement, comme à regret, elle frappa. Une femme grisonnante, maigre, très simplement mise, lui ouvrit et l'introduisit dans une salle à manger carrelée dont tout le mobilier respirait la pauvreté.

Mise au courant de l'objet de la visite, la tante Jenny,

en attendant l'arrivée de son neveu, fit son éloge. Et celui-ci n'aurait pu être plus chaleureux. Elle parla de Léon, de son intelligence, de son cœur, avec une piété fanatique, avec une véritable émotion si communicative, que la cliente laissa tomber tous ses doutes.

Jules Favre.

Quelques instants après, le jeune avocat rentra. En chapeau mou, une marguerite, sa fleur préférée, à la boutonnière, un couplet sur les lèvres; il était heureux de retrouver Tata qu'il s'empressa d'embrasser. Il le fut encore davantage, quand il apprit la bonne fortune inespérée que lui apportait Mme Bonafous.

— Je défendrai votre frère comme si c'était le mien, s'écria-t-il.

Et, s'asseyant à son petit bureau rapproché de l'alcôve, dont le rideau baissé dissimulait un petit lit de fer, il prit quelques notes, jetant rapidement sur le papier les renseignements donnés par la cliente, puis se leva et se dirigea vers la porte en s'excusant :

— Mais tu n'as pas déjeuné...

— Oh ! je n'ai pas le temps, je cours au Parquet, il n'y a pas une minute à perdre pour avoir l'autorisation de pénétrer à Mazas.

Il arriva tout en nage à la prison, au moment où la dernière heure de parloir allait s'achever.

Buette, introduit dans la pièce réservée aux avocats, ne put maîtriser un mouvement de défiance, en apercevant ce jeune homme, en veston peu élégant, à l'œil vitreux sortant de l'orbite, au teint mat et cuivré, à la barbe naissante, à la grosse voix méridionale, le tutoyant dès l'abord, sans l'avoir jamais vu auparavant. Le défenseur improvisé eut quelque peine à bannir les soupçons du conspirateur ; mais, au bout de peu d'instants, une poignée de mains cimenta pour toujours l'amitié des deux républicains. Gambetta fit comprendre au prévenu la nécessité de se faire défendre au lieu de parler lui-même devant les juges de la 6e chambre correctionnelle, mais il eut besoin pour le convaincre d'un entretien d'une heure.

XII

Les cinquante-quatre conjurés comparurent le surlendemain. L'élite du barreau républicain sous l'Empire était au banc de la défense : Crémieux, qui avait été membre du gouvernement provisoire en 1848 ; Emmanuel Arago, qui avait plaidé pour Barbès en 1839 ; Jules Ferry et Floquet, qui se faisaient remarquer alors par leur collaboration à la *Gazette des Tribunaux* ; Hubbard, un démocrate de la veille; tous les jeunes qui donnaient de sûres espérances au parti : Léon Renault, Spuller, Cresson, Delorme, de Sal, Maillard, Rousselle, Laurier, Cléry, Durier, Fay, etc.

La plaidoirie de Gambetta produisit dans la salle d'audience une émotion indescriptible. Il tint tous ceux qui étaient là sous le charme. Ses périodes retentissantes émurent jusqu'au vieux greffier, qui pleurait à chaudes larmes. En quelques mots, il retraça la vie honnête et laborieuse de son client, puis, de cette voix puissante qui martelait chaque mot :

« Vous avez entendu, s'écria-t-il, des hommes tels que Cail vous dire combien travailleurs et dévoués étaient quelques-uns de ceux traduits sur vos bancs. En vérité, Messieurs, je reste confondu quand je vois le gouvernement, qui s'était présenté aux yeux du pays comme devant procéder à l'extinction du paupérisme, avoir une telle attitude en face des ouvriers de la grande industrie. Est-ce ainsi que vous comprenez les devoirs du gouvernement? Vous vous êtes donnés comme devant sauver les libertés menacées, et vous n'avez d'autre objectif que d'entraîner cette jeunesse courageuse, forte, et qui aime sa patrie par-dessus tout, dans des traquenards et des guet-apens de police. »

Il y eut un mouvement et le président de la chambre correctionnelle, M. Salmon, se demanda un instant s'il ne devait pas réprimer l'audace de ce discours, quand on entendit cette apostrophe *ad hominem* :

— Et vous vous dites un gouvernement fort! N'avez-vous pas honte de mettre en balance les mesquins intérêts d'une dynastie de hasard avec les intérêts supérieurs de la nation! Ah! je me fais une tout autre idée des devoirs de l'État vis-à-vis du prolétariat! Mais je le répète, loin d'être un pouvoir fort, vous n'êtes qu'un gouvernement de hasard!

Un écho prolongea le roulement de cette phrase. Recourant aussitôt à une comparaison pathétique, le défenseur de Buette fit un rapprochement entre le

procès du Christ et celui qui se jugeait en ce moment.
Il paraphrasa le mot de l'Évangile : *Tu non es amicus
Cæsaris*, et traduisit le texte de l'Écriture, après l'avoir
cité comme aurait fait un des maîtres de la tribune sacrée. Et tandis qu'il parlait, sa longue chevelure noire
s'agitait, son œil sortait plus que jamais de l'orbite.

« Il déroula magnifiquement le drame de la Passion,
appliquant, dans sa glose, à Buette ce que les Évangé-
listes disent du Christ, conduisant les auditeurs, frappés
de la beauté de ses accents et de l'ampleur de son
geste, du prétoire de Ponce-Pilate au sommet douloureux du Calvaire. A l'une des stations, au mot *insidias*,
comme il avait traduit : ils lui tendirent un horrible tra-
quenard, » sur un signe de protestation du président :
« Préférez-vous, répliqua-t-il, que je dise : immonde
souricière. » La péroraison visant les dénonciateurs, fut
d'une envolée superbe. « *Insidiatores*, dit-il en montrant le doux supplicié, dont les bras en croix domi-
naient la toque des juges; *insidiatores*! les mouchards,
les mouchards! Oui, ce sont les mouchards qui l'ont
cloué sur la croix. »

Lorsqu'il se rassit à son banc, Crémieux et Arago
l'embrassèrent, et les avocats se disaient :

« Nous avons trouvé un orateur (1). »

(1) ALBERT TOURNIER, *Gambetta* (E. Flammarion éditeur). — Buette ne
fut condamné, grâce à son défenseur, qu'à trois mois de prison. Sa reconnaissance pour Gambetta fut profonde et indémentie. Ces deux hommes
qui s'étaient rencontrés au seuil de la vie ne se séparèrent jamais dans la
bonne comme dans la mauvaise fortune.

CHAPITRE III

SOUS L'EMPIRE

Thiers et Berryer. — Prévost-Paradol. — Le Quartier Latin au faubourg Saint-Germain. — Bancel. — *L'Angelus* de Millet, et *la Veuve* de Reynolds. — La *Revue politique et littéraire*. — Challemel-Lacour. — Henri Brisson. — Clément Laurier. — Jules Ferry. — Un portrait de Pouyer-Quertier. — Le général Grant. — Eugène Ténot. — Paris en décembre 1851. — Le réveil d'une nation. — Histoire d'un crime. — La mort de Baudin. — L'ombre de Bismarck. — La manifestation au cimetière Montmartre. — Les poursuites. — Alphonse Peyrat. — *L'Avenir national*. — *Le Réveil*. — Delescluze. — Le procès Baudin. — La plaidoirie de Gambetta. — La condamnation de l'Empire. — Le triomphe oratoire. — Constantinople et Rome. — La voix du Colysée. — *Vivit sub pectore vulnus.* — Les partis politiques : Empire. Monarchie. République. — M. Émile Ollivier. — La lettre du 19 janvier 1867. — L'Empire libéral. — Les élections. — Gambetta, candidat à Belleville. — Le programme de la démocratie française. — Démagogues et démocrates. — Les résultats électoraux. — Gambetta, député au Corps législatif. — Hippolyte Carnot. — Henri Rochefort et *la Lanterne*. — Rouher. — Jules Favre. — Kératry. — Victor Hugo. — Le ministère Ollivier : Pitt ou Casimir Périer ? — Le coup d'État : Napoléon III. — Morny. — Persigny. — Maupas. — Saint-Arnauld. — Gambetta à la tribune : premier discours parlementaire. — L'assassinat de Victor Noir. — Pierre Bonaparte. — Le procès Rochefort. — La nouvelle constitution impériale. — Le plébiscite. — Discours de Gambetta. — La jeunesse française. — Le banquet du 19 avril. — Allocution de Gambetta. — *Mane, Thecel, Pharès.*

I

1863 marqua une crise dans l'histoire du second Empire. Ce fut l'année où l'opposition, qui n'avait jusqu'alors compté que cinq membres, vit ceux-ci s'élever à trente-cinq, les leaders mêmes de la politique, Thiers et Berryer, se rangeant parmi eux. Thiers s'était depuis onze ans livré tout entier à ses travaux littéraires, achevant son *Histoire du Consulat et de l'Empire*, et s'absorbant dans le passé en paraissant se désintéresser complètement du présent. Arrêté chez lui dans la nuit du 2 décembre 1851, conduit à Mazas, puis expulsé de France où il avait pu rentrer quelques mois après, il restait l'adversaire de Napoléon III, ne déguisant pas son hostilité, mais attendant les événements pour reparaître dans la bataille des affaires. Berryer était le chef du parti monarchique, alliant,

Berryer.

depuis 1830, à ses idées légitimistes des aspirations libérales, qu'il avait manifestées ouvertement sous Louis-Philippe en prenant devant les tribunaux la défense des coryphées du républicanisme et celle de Louis-Napoléon lors du coup de main de Boulogne; le second Empire avait rencontré en lui un ennemi déclaré et, lui aussi, se tenait sur l'expectative.

Les élections générales de 1863 fournirent aux partis l'occasion d'entrer en campagne. Dans les réunions publiques, l'agitation trahissait l'effervescence jusqu'alors contenue. Les candidatures soutenues par les comités étaient significatives. Thiers se présenta dans la 2ᵉ circonscription de la Seine contre M. Devinck, patronné par l'administration. Il fut nommé. Le succès de Berryer s'affirma avec le même éclat. Au Quartier Latin, la lutte se circonscrivait entre Adolphe Guéroult, rédacteur en chef de *l'Opinion nationale*, un des principaux organes de la démocratie, et Prévost-Paradol, le brillant normalien, enlevé à l'enseignement par le journalisme, champion des doctrines parlementaires et de la monarchie constitutionnelle, protégé des salons aristocratiques, pouvant compter sur leurs voix, et aussi sur celles des jeunes de tous les camps qui applaudissaient à ses mordantes attaques contre le gouvernement, en faisant grand cas de sa plume, acérée comme une épée, aussi fine que dangereuse.

Les orléanistes appuyaient Prévost-Paradol. Tous les jeunes avocats stagiaires voyaient en lui le plus en tête des représentants de la génération immédiatement antérieure à la leur, et, se trompant, dans leur enthousiasme, sur ses véritables principes, croyaient pouvoir se rapprocher de ce polémiste si alerte, qui avait surtout leurs sympathies parce que sa collaboration avait fait supprimer le *Courrier du dimanche*. Gambetta, encore plus enfiévré que les

Prévost Paradol.

autres, déclara, dans une réunion de la jeunesse du Quartier Latin, qu'elle devait apporter son adhésion à Prévost-Paradol, et qu'il importait de faire triompher ce dernier, mais à la condition que le candidat acceptât leur programme républicain ou s'engageât au moins à en tenir compte si les chances électorales lui étaient assez favorables pour lui assurer *un siège au Corps* législatif. Il se rendit, à la tête des électeurs des Écoles, au comité orléaniste et, au grand étonnement de ces hommes de salon et d'académie, jusque-là renfermés dans leur monde bien clos, il fit brusquement irruption au milieu d'eux avec les générations nouvelles. Sa harangue, éclatante comme une fanfare, l'explosion de son allocution abrupte, exercèrent une singulière impression. On ne pouvait s'empêcher de reconnaître que dans ce jeune orateur entrant, sans se préoccuper des traditions de l'aristocratie, sans se faire présenter régulièrement, tout à coup en contact avec elle, pour lui offrir son concours conditionnel en conservant son indépendance, il y avait une personnalité bien caractérisée et que l'on se trouvait en présence de quelqu'un qui forçait à l'écouter.

II

Le procès de Buette l'avait mis en évidence au Palais. Son rôle dans les élections de 1863 le signalait aux cercles politiques. Son nom commençait à se répéter. Crémieux, Jules Favre et Thiers s'intéressaient à son succès au barreau. Thiers, surtout, avec sa connaissance si sagace des hommes et des esprits, pressentait l'avenir qui lui était réservé.

— S'il ne fausse pas son jugement dans les contestations privées, disait l'ancien ministre de Louis-Philippe, ses qualités apparaîtront bientôt en relief.

Ce qui débordait, à cette époque, en cette nature si spontanée, c'était la jeunesse, et avec elle la franchise. Ces deux dons incontestés faisaient comme les assises de sa popularité au Quartier Latin. Ceux mêmes qui n'étaient point de son avis recherchaient son amitié en avouant sa supériorité. Et celle-ci émanait principalement d'un pouvoir en quelque sorte mystérieux auquel il était impossible de ne pas céder. « Un arome de génie politique se répandait autour de lui », a dit un écrivain qui l'observait déjà alors. « Nous l'aimions, ajoute un autre, tout particulièrement à cause de la cordialité de

toute sa personne. » Il était, en effet, l'obligeance même,
se dévouant à tout et à tous, se dépensant pour autrui
comme il ne l'aurait sans doute pas fait pour lui-même,
et ne tirant aucun profit personnel de sa prépondérance
qui était très réelle. Un troisième témoin écrit : « Sa-
luons en lui une des physionomies les plus honnêtes et
les plus loyales. » Cette honnêteté respirait dans les
quelques plaidoiries dont il se chargeait, et qui lui
avaient valu l'aisance matérielle, en lui permettant de
s'installer au nº 45 de la rue Bonaparte, un peu plus
grandement qu'il ne l'avait jusqu'alors été rue Vavin.

Dans son nouveau logement, il y avait surtout plus
de place pour les amis, et ceux à qui il rendait service
étaient nombreux.

Au Palais, on se délectait de ses plaidoiries humo-
ristiques et spirituelles. Dans le journalisme, quoiqu'il
n'écrivît point, il avait une réputation que beaucoup
lui enviaient. On savait que tels articles anonymes
ou publiés sous une autre signature que la sienne,
avaient en réalité été improvisés par lui, et on les citait
en les commentant. C'est ainsi que la *Revue nouvelle*,
dirigée par Armand Collignon, dut plus d'une fois
son succès à cette collaboration prise au vol par un
des auditeurs. Un des « essais parlés », publiés par ce
périodique en 1864, est, en fait, tout entier de Gambetta. Les *Harangues de l'exil* de Bancel venaient de
paraître en trois volumes chèz l'éditeur Albert Lacroix,
après avoir figuré en partie dans la *Revue critique* (1).
L'ouvrage avait obtenu un accueil extrêmement chaud
parmi la jeunesse. Elle y retrouvait l'expression de
toutes ses pensées. Gambetta en avait lu, au café Pro-

____

(1) Une revue des jeunes, publiée à Gand, en Belgique, et très hostile
à l'Empire. Elle était régulièrement saisie à la frontière, non seulement
à cause de ses tendances, mais aussi parce qu'elle avait pour collaborateurs Bancel, Ausonio Franchi, Pascal Duprat, Raspail, Émile Deschanel, etc. Elle était rédigée dans un esprit très radical et publia des
articles qui firent sensation. Les exemplaires en sont aujourd'hui presque
introuvables.

cope, tout haut, des pages entières, leur donnant la
vie par l'accent, et ne s'arrêtant que pour se livrer à
de longues parenthèses de réflexions. Clément Duver-
nois recueillait celles-ci dans sa mémoire qui tenait
du prodige. Il n'eut, en arrivant aux bureaux de la
Revue qu'à les transcrire. Gambetta était trop pro-
digue pour en réclamer la propriété. Mais son jugement sur Bancel mérite d'être reproduit ici, d'abord
pour offrir un exemple de ses captivantes improvisations, ensuite pour faire saisir la fermeté de ses convictions déjà si nettement prononcées.

C'est une rude épreuve que l'exil. Heureux ceux qui la
traversent sans y laisser la sérénité *et le calme!* Ce n'est pas impunément, en effet, qu'un homme est enlevé brusquement à ses travaux, à ses amis, et qu'il est tout à coup jeté dans un milieu qui n'est pas le sien. Sans résister à de telles déceptions, pour se préserver des exaspérations en même temps que des défaillances; il ne suffit pas d'une ardente conviction, il faut une âme fortement trempée et

Bancel.

une fermeté inébranlable.

A peine âgé de trente ans, au début d'une carrière qui
avait déjà jeté de l'éclat; au moment où un discours demeuré
célèbre venait de le placer parmi les premiers orateurs dans
une Assemblée où l'éloquence ne passait pas pour un inutile
verbiage, M. Bancel vit ses plus chères espérances renver-

sées, et sa carrière brusquement interrompue par les événements de 1851. Le jeune déporté dut aller demander l'hos-
pitalité à la libre Belgique, mais dans quelle occupation
chercherait-il le pain de chaque jour sans renoncer à ces
préoccupations qu'on n'abandonne point quand on les a abor-
dées? Ses amis n'étaient pas sans inquiétude, on le disait
indécis, peu zélé au travail, et l'on redoutait que la cessation
forcée de ses travaux ne fournît un commode prétexte à ce
qu'on avait coutume d'appeler sa paresse. Ce beau talent
allait-il donc s'étioler et faudrait-il ajouter au passif déjà si
lourd de nos discordes civiles l'avortement de cette belle
intelligence? Cette fois encore, ses amis s'étaient trompés.
Soit que l'on ait pris pour de l'indolence ce qui n'était que la
concentration d'un esprit réfléchi, soit que la secousse de
l'exil eût été bonne pour M. Bancel, comme il arrive souvent
aux âmes fortes, soit que quelque influence heureuse pesât
sur lui, il eut promptement adopté un sage parti.

Banni de la société des Français du dix-neuvième siècle,
les aimant plus qu'il ne les estimait et conséquemment les
regrettant peu, il résolut de se réfugier dans cette France
toujours vivante et grande qui a préparé la Révolution; dans
cette France littéraire et philosophique, où l'on peut voir à
quels sommets peut atteindre le génie national. Il devint
ainsi le commensal de La Fontaine, de Molière, de Corneille,
de Racine, de Montaigne, de Voltaire, de Diderot, de Rousseau et de Montesquieu.

Mais une nature chaude comme celle de M. Bancel ne se
serait pas accommodée de travaux qui eussent sans doute
développé son esprit, mais qui n'eussent profité qu'à lui seul;
il résolut d'initier la Belgique aux beautés toujours nouvelles
de la grande littérature. Dans certains pays, la réalisation
d'une telle pensée eût présenté des difficultés de plus d'un
genre, mais dans les pays de liberté, l'initiative individuelle
ne connaît pas ces obstacles, et de telles entreprises n'ont
d'autre frein que le bon goût du public.

M. Bancel commença donc une série d'entretiens qui ont
obtenu dans toute la Belgique un immense succès. Aujour-
d'hui, son éditeur a eu l'heureuse idée de réunir ses entretiens
et de former ainsi trois volumes qui prendront place assurément dans la bibliothèque des gens de goût.

Récemment, M. Bancel a failli fausser compagnie à la
France des grands siècles pour venir siéger au Corps législatif. Il s'en est fallu d'une formalité légale qu'il ne reprît sa
place dans la vie politique. Le destin n'a pas voulu qu'il
en fût ainsi, et M. Bancel est retourné en Belgique retrouver

ses chers amis les grands hommes qu'il n'avait pas quittés
sans regret.

Une seule chose ne passera jamais, ou, si elle s'évanouit,
la mémoire en demeurera comme embaumée, c'est d'avoir
vécu ensemble de la véritable vie, d'avoir pris ensemble de
véritables voluptés, d'avoir pratiqué ensemble la véritable
liberté de la vie morale, les voluptés de l'intelligence, la
liberté de la raison.

III

Gambetta s'intéressait aux spéculations intellectuelles,
aux manifestations artistiques autant qu'à la politique.
Dès son arrivée à Paris, il avait rencontré Théophile Sil-
vestre, un de nos premiers critiques d'art, et s'était lié
avec lui d'intimité. Ensemble ils allaient visiter les ateliers, les musées, les salons, les expositions, et de ces
observations autant que des études qui les complétaient, il était résulté pour Gambetta une grande intuition des choses esthétiques. On en a la preuve dans
quelques-unes de ses *Lettres à une inconnue* ou plutôt
à une amie, qui n'ont pas été publiées, et dont on lira
ici avec intérêt un passage relatif à *l'Angelus* de Millet
et à quelques maîtres anglais, Turner, Constable et
Reynolds.

Millet apparaît avec son caractère énergique de peintre des
champs et des paysans : *l'Angelus*, toile massive où deux paysans, baignés dans les pâleurs du couchant, s'inclinent pleins
de frissons mystiques au son d'une cloche qui tinte la prière
du soir au moustier estompé dans l'horizon qui saphire et
force à méditer sur l'influence encore toute-puissante de la
tradition religieuse sur les populations rurales. Avec quelle
minutie et quelle largeur tout ensemble ces deux grandes
silhouettes du laboureur et de sa servante se dressent sur la
glèbe encore chaude.

La tâche est terminée, la brouette est là, pleine de la récolte
de la journée, ils vont regagner la chaumière pour le repas
de la nuit. La cloche a sonné le couvre-feu du travail, et tout

à coup ces deux animaux noirs, comme dit Labruyère, se dressent sur leurs pieds, et, immobiles, ils comptent les coups de la cloche, comme ils ont fait hier, comme ils le feront demain, dans une attitude trop naturelle pour n'être pas coutumière, attendant que le rôle soit accompli pour reprendre le sentier qui mène au village. Le ciel cotonneux et mélancolique qui surplombe le paysage participe lui-même du recueillement général qui domine le tableau. La scène est admirable et vise plus loin que dans le sujet : on sent que l'artiste n'est pas seulement un peintre, mais que, vivant ardemment au milieu des passions et des problèmes de son temps, il sait en prendre sa part et en transporte la portion qu'il a saisie sur la toile.

La peinture ainsi comprise cesse d'être un pur spectacle, elle s'élève et prend un rôle moralisateur, éducateur ; le citoyen passe dans l'artiste et avec un grand et noble tableau nous avons une leçon de morale sociale et de politique...

. . . .

Les Anglais, John Turner, Constable, Reynolds, représentent avec une majesté souveraine leur art et leur pays..... Constable a ce sentiment vrai, sincère, qui fit de lui l'émancipateur de la nouvelle école naturaliste en peinture : il sut laisser là toutes les conventions, les faux artifices, les descriptions imaginaires de paysages prétendus grecs ou romains et, le premier, sut se servir de ses yeux, voir, sentir par lui-même, admirer l'herbe, l'eau, les arbres dans leur saisissante et naturelle beauté, et, ayant vu, retenu, il chercha et parvint à fixer sur la toile par moment éclairée avec leur vigueur de ton, l'indécision de leurs contours, les variations de teinte, les objets qui emplissent la nature, ne se préoccupant que de deux choses : la justesse de la lumière et la vérité des formes. Tel fut Constable et nous avons à saluer en lui un homme sans lequel peut-être la grande école des paysagistes français en serait encore à copier ou à délayer les fonds d'Eustache Le Sueur, de Poussin, du premier Vernet, de Girodet et autres amateurs de temple grec perdu au milieu d'arbres en zinc et en carton...

. . . .

La perle de la peinture anglaise nous semble être *la Veuve* de J. Reynolds. Tout se trouve rassemblé dans ce prestigieux tableau comme dans celui de Millet, la nature et l'humanité, et quelle nature ! les frais ombrages d'un immense parc anglais ; et quelle humanité ! la grâce dans l'amour maternel ; moment délicieux et triste choisi par l'artiste pour sa conception. Une jeune veuve, dans tout l'éclat de sa beauté, joue avec son baby assis sur ses genoux. La jeune femme revoit sur les traits de son enfant chéri l'image d'un époux adoré, et comme si l'en-

fant rappelait déjà les gestes du père disparu, il étend sa petite
main grasse et rose sous le menton de sa mère qui ne peut,
dans son deuil, s'empêcher de sourire, et ce sourire comme
une fleur poussée tout à coup au milieu d'un orage, rappelle
le magnifique vers d'Homère, où la jeune femme d'Hector,
faisant ses adieux au héros qui va mourir pour la patrie, sourit
à travers ses larmes en lui présentant le jeune Astyanax, in-
souciant au milieu de ce grand deuil et jouant avec l'aigrette
du casque du redoutable Troyen.

La veuve de Reynolds mêle dans son regard humide et
joyeux le souvenir attristé et l'espérance caressante qui est là
sous ses yeux dans le petit corps robuste et mutin de cet être
plein de force et d'avenir. Il est impossible de donner à la vie
intime une impression plus pénétrante et plus haute. Tout
finit et tout recommence ; les fleurs naissent et vivent sur les
tombeaux, et après tout, que peuvent faire à l'éternelle nature
nos joies, nos douleurs et nos espérances ou nos déceptions ?
Elle est toujours inépuisable, nous sommes entre ses mains
des formes qu'elle essaie et rejette, poussant toujours plus
avant ses divines architectures. Notre orgueil, notre devoir,
notre honneur, comme notre récompense, consistent à la pénétrer, à l'aider, s'il se peut, et, dans tous les cas, à paraître
et à disparaître avec une égale grandeur d'âme et une égale
insensibilité.

IV

Dès 1864, Gambetta prend une part active au mouvement de l'opinion contre l'Empire. Il parle dans les
réunions électorales, il se trouve impliqué avec Jules
Ferry et d'autres dans le procès intenté par le ministère public au comité des Treize ; il plaide avec éclat
plusieurs procès de presse ; il prête le concours de sa
parole à tous ceux que le gouvernement poursuit
devant les tribunaux ; et chaque fois que l'occasion s'en
présente, il s'érige en accusateur de l'autocratie bonapartiste qui s'était rendue maîtresse des destinées de
la France et la conduisait par une politique coupable,
à l'intérieur et à l'extérieur, vers des catastrophes im-
minentes.

La popularité du jeune avocat grandissait parmi
ceux qui pouvaient apprécier dès ce moment la viri-
dité de son talent. On applaudissait à l'indépendance
se son attitude en face du pouvoir dont il n'hésitait en
aucune rencontre à se déclarer l'adversaire. Dans la
bataille livrée autour de Bonaparte et de Rouher, il était
lans cesse à l'avant-garde des assaillants. Les causes

Jules Favre plaidant dans le procès des Treize.

politiques le passionnaient. Chargé de la défense de la
Revue du Progrès, dénoncée dans un mandement du
fougueux évêque d'Orléans, Dupanloup, il soulève l'enthousiasme de l'auditoire, comme l'écrit un de ceux
qui assistaient au plaidoyer, « pétrissant la barre, fu-
rieusement, à la desceller, foudroyant les juges de son
terrible regard de borgne, empoignant pour ainsi dire
l'Empire au collet et le plaçant devant tous sur la sel-
lette ». Ce plaidoyer fut un vrai réquisitoire, et porta
presque exclusivement sur la liberté de conscience.
Gambetta y prenait terriblement à partie l'avocat gé-

néral et se réclamait hautement pour son compte de l'héritage philosophique du dix-huitième siècle.

IV

Le groupe étroitement serré des journalistes républicains le comptait dans ses rangs. Lorsqu'en 1868, Challemel-Lacour, fonde avec Henri Brisson, Clément Laurier, Jules Ferry, Desonnaz, la *Revue politique et littéraire*, Gambetta apporte des premiers sa contribution de travail à ce vaillant organe de la démocratie. Ses articles font preuve non seulement de l'étendue de ses connaissances, mais aussi de la sûreté de son jugement. Il y aborde les questions les plus arides et les plus complexes, celles du régime douanier et des finances, celles du budget et de l'armée. Il y traite avec une compétence remarquable les problèmes qui se rattachent aux élections présidentielles des États-Unis et montre ainsi que son attention et ses études ne se sont pas exclusivement renfermées dans l'examen des événements accomplis en France, qu'il a porté également son regard pénétrant sur les autres pays et qu'il n'ignore rien de la marche de l'histoire. Il écrit peu, mais tout ce qui sort de sa plume a un accent de franchise qui est le propre de son esprit. Une grande clarté distingue ces divers travaux. Tous sont empreints d'une certaine modération, sous laquelle perce visiblement l'hostilité intransigeante contre l'Empire, tout en écartant du développement du sujet la rhétorique, mais sans en bannir pourtant la chaleur et la couleur.

A-t-il à réfuter les théories protectionnistes de Pouyer-Quertier, il en fait ressortir les dangers, et, s'il reconnaît les souffrances du commerce et de l'industrie, il les attribue non aux tendances libre-échangistes de l'Empire, mais à la politique générale de ce dernier, d'où vient au fond tout le mal. S'agit-il de tracer le tableau des extravagances du préfet de la Seine, démolissant Paris pour faire des boulevards, il le fait en reprenant la thèse si spirituellement soutenue par Jules Ferry dans ses *Comptes fantastiques d'Haussmann* qui firent en 1865 le succès du *Temps*, où ils parurent d'abord en une série d'articles avant d'être réunis en un volume lu avec avidité par tout Paris. Gambetta, tout en étant aussi caustique que son devancier, a sur celui-ci l'avantage d'avoir observé plus attentivement les rouages de l'administration financière de Paris, et il la discute en homme bien instruit de tout, ayant tout vu de près, sachant tout.

La discussion technique ne lui fait pas oublier ses principes qu'il exprime en des maximes très nettes : « Les bonnes affaires sont intimement liées à la bonne politique. » Et ailleurs : « Une nation ne trouve de sécurité et de prospérité durable qu'en restant maîtresse de sa politique. » Ou bien : « Ce que nous voulons par-dessus tout, c'est la liberté, la meilleure gardienne des lois, des principes comme des intérêts, *la liberté en dehors de laquelle nous n'admettons aucune réforme.* »

Le trait le plus caractéristique de ses qualités de journaliste, qui se révèlent déjà lumineusement, c'est l'habileté avec laquelle il s'entend à conduire un débat, ne cédant rien sur son terrain, mais y attirant adroitement l'adversaire pour avoir raison de lui. C'est là le véritable rôle de ce que les Anglais appellent le *debater*, et il en possède dès ce moment toutes les ressources.

Il suffit de relire ces articles qui n'ont pas été réunis, croyons-nous, pour se convaincre de la souplesse de sa parole. Elle est vive, précise, sans circonlocution, disant ce qu'elle veut dire, et le disant avec fermeté et avec esprit. Par endroits, des réflexions nées du sujet même et exprimées sous la forme d'un axiome exempt de sécheresse et de nuage... Parfois aussi des passages pleins d'éclairs de verve. Tel ce portrait de Pouyer-Quertier :

C'est une originale physionomie que celle du député de la Seine-Inférieure. La nature lui a prodigué en gros, et peut-être sans ménagement, tous les dons accessoires du tempérament tribunitien, haute taille, large poitrine, un cou d'Hercule, une tête solide et carrée, une voix d'un cuivre retentissant dont la sonorité croît avec l'animation du débit et dont les oreilles reçoivent quand même les vibrants éclats. Blond ardent, le visage haut en couleur, il a plus l'air d'un puissant Anglo-Normand...

Pouyer-Quertier.

M. Pouyer-Quertier agite assez fortement une assemblée ; son talent plein de véhémence masque suffisamment les faiblesses et les incertitudes de la pensée, et laisse, malgré tout, l'impression de la force ; le langage pèche même par excès de sève, il est trop touffu, trop dru, la prodigalité inégale des arguments suscite un peu de désordre, mais le débit explique et sauve tout. Quel son de voix ! Quel mordant, quelle aisance et qu'on nous passe le mot, quel aplomb ! Ceci pour exprimer une familiarité pratique et joviale qui sent son parfait négociant sans nuire au parfait orateur d'affaires. Joignez beaucoup d'âpreté d'esprit, de l'esprit argent comptant, comme il sied aux riches, qui lui permet de répondre sur l'heure. Il étonne les gens par son intarissable bonne humeur, ne se laisse démonter par aucune interruption, *soulève des milliards entre deux parenthèses*, passe en revue toutes les industries pour étayer un chiffre auquel il tient, suspend et reprend tour à tour les raisonnements les plus compliqués,

prouve qu'il a vécu tout ce qu'il dit, qu'il a appris à connaître
ce dont il parle autre part que dans son cabinet.

Tel encore cet autre portrait, dans la manière de
Rembrandt, avec l'accentuation des clairs et des ombres
et où la figure du général Grant nous apparaît si exactement :

Au milieu de la plus effroyable guerre civile qui ait jamais
déchiré un grand peuple, cet homme, autrefois élève de West-
Point, la veille simple tanneur, se révèle sous la double impulsion du patriotisme et du génie, comme le plus redoutable
capitaine de son temps. Il quitte son métier, s'enrôle à la voix
de la République en danger, apprend, devine et pénètre rapidement ce difficile métier des armes, surpasse les maîtres et
crée à son tour de victorieuses combinaisons. On lui oppose
un tacticien consommé, reconnu et redouté de tous les professeurs de West-Point, le savant général Lee. A force de
patience, de profondeur, de vigilance et d'à-propos dans
l'audace, le tanneur devenu général déconcerte son brillant
adversaire, l'épuise et le bat en détail, l'enserre peu à peu,
l'accule sous les murs de sa capitale, lance autour de lui les
cavaliers de Sheridan, organise l'admirable mouvement de
Sherman, enveloppe ainsi l'ennemi d'un véritable réseau de
fer et de feu, lui impose une suprême bataille, dont il fait une
complète et décisive victoire, et, d'un coup, anéantissant ce qui
reste de troupes engagées, désarme ses dernières réserves,
s'empare sans coup férir de Richmond, le dernier enjeu des
rebelles, et signe en trois jours la paix d'où date la reconstruction de l'Union sur le théâtre même de son triomphe... Puis, la
guerre étant finie, il proclame que l'armée devenait inutile.
Aussitôt les soldats furent licenciés, les régiments dissous, les
numéros abolis, les cadres eux-mêmes brisés, et, spectacle
plus extraordinaire, les armes, les munitions, les vivres, les
équipements, les canons, les navires, les provisions, les objets
de campement, tout, jusqu'aux étendards, fut mis à l'encan
et vendu au nom de l'Union comme pour effacer jusqu'à la
trace de ses déchirements. Dédaigneuse des conseils et des
exemples de l'Europe, la République se livrait à l'avenir, elle
se fiait à son énergie, pour tout créer à nouveau, si l'adverse
fortune la visitait encore et retournait avec empressement,
sans arrière-pensée, sans sensiblerie de militarisme, à ses
champs et à ses ateliers.

VI

Un écrivain de grand courage se fit, en 1866, l'interprète des sentiments politiques de la France. Il s'appelait Eugène Ténot.

Né dans les Hautes-Pyrénées en 1839, et à peu près du même âge que Gambetta, il avait fait ses études au lycée de Pau. Intelligence brillante et très ouverte, la carrière du professorat à laquelle il se destinait semblait ne devoir lui offrir aucun obstacle. Malheureusement, des revers de famille l'obligèrent à renoncer à la modeste ambition d'entrer à l'École normale. Il dut se faire maître d'études aussitôt ses classes terminées. Grâce à son énergie, il parvint à sortir de cette obscurité et à se faire nommer chargé de cours dans divers collèges; mais son esprit indépendant ne pouvait manquer d'être à l'étroit dans ces fonctions, où l'Université réclamait alors de la part de ceux qui les exerçaient une abdication de leurs idées personnelles et un silence absolu.

L'exemple d'Émile Deschanel, cité devant le Conseil de l'Instruction publique, pour avoir publié, dans la *Liberté de penser*, une étude sur le « Catholicisme et le Socialisme » puis destitué et proscrit, lui laissait entrevoir ce qui l'attendait, s'il n'obéissait pas servilement aux injonctions ministérielles. Pour avoir le droit de juger les hommes et les choses suivant sa conscience, il donna sa démission, sans se dissimuler qu'en abandonnant l'enseignement, il renonçait à son modique gagne-pain.

Il était venu à Paris, et quelques recommandations l'avaient fait admettre dans la rédaction du *Siècle*. Une brochure intitulée : *le Suffrage universel et les Paysans*, qu'il publia, lui concilia des amitiés républicaines. Encouragé par celles-ci, il écrivit un volume dont le titre indiquait la tendance : *la Province en décembre 1851, étude historique sur le coup d'État*.

Ce livre, remarquable par son impartialité, avait passé inaperçu en 1866, date de sa publication, soit à cause du peu de notoriété du nom de l'auteur, soit parce que le moment n'était pas encore opportun, soit aussi parce que les libraires, qui avaient leurs intérêts de commerce à ménager, ne s'étaient pas souciés de le mettre en vue à l'étalage, pour ne point s'attirer de désagréments. Eugène Ténot ne s'était toutefois pas arrêté dans sa tâche d'historien. En 1868, il donna la seconde partie de son étude : *Paris en décembre 1851*, qui eut un retentissement immense.

Pour la première fois, ce que personne n'avait, depuis dix-sept ans, osé dire sans ambiguïté, on l'exposait avec des preuves à l'appui, en un langage simple, sans colère, sans passion, déchirant les voiles qui couvraient la vérité, laissant aux documents à mettre le sceau à celle-ci, et portant le procès de l'Empire devant le jury de la nation.

Le succès fut énorme. Il y eut dans toutes les classes, dans la bourgeoisie comme dans le peuple, un profond sentiment de honte. Le pays comprit l'abaissement de soi-même auquel il avait consenti par le plébiscite; et la vie politique, endiguée dans son activité par le gouvernement impérial, remonta d'un brusque ressaut à sa source démocratique. Chacun reconnut les dangers prochains de ce régime, lancé dans l'aventure mexicaine, s'étayant sur un passé de manœuvres criminelles, sur des plans d'avenir sans solidité, et, plongé dans le tourbillon des vaines stratégies parlementaires, croyant pouvoir éviter sa ruine fatale, en livrant aux tribunaux ceux qui voulaient penser de leurs pensées.

VII

Il y avait dans l'ouvrage de Ténot un tableau du coup d'État si sincère, si vrai, et en même temps si hardi, que tous ceux qui eurent le livre sous les yeux, les jeunes gens surtout, se sentirent le rouge au front en présence de ces faits historiques. Jamais le spectacle de la liberté violée n'avait frappé les esprits avec une telle force. Jamais le peuple français, endormi dans les liens du despotisme, ne s'était réveillé avec un tel soubresaut, et n'avait vu, comme on le lui faisait voir, le gouffre où on le poussait. Les souvenirs évoqués redevenaient palpitants. Elles étaient toutes là devant la mémoire, ces scènes de la lutte entre le droit et la force, celle-ci, triomphant et assurant son triomphe par la déportation et la proscription de ses adversaires. On la revoyait maintenant dans toute sa réalité la nuit froide et ténébreuse du 1er au 2 décembre 1851, où la trame néfaste avait été ourdie.

À la pointe du jour, seize députés de l'opposition, ceux dont les bonapartistes avaient le plus à redouter, et parmi eux l'élite de l'intelligence française, de la gloire nationale, étaient arrêtés et jetés en prison. Le Palais-Bourbon, où les représentants du peuple tenaient leurs séances, se trouvait envahi par la soldatesque. Les ouvriers de Paris, en se rendant à leur travail dans la matinée encore brumeuse, lisaient la proclamation affichée sur les murs et annonçant que l'Assemblée était dissoute et Paris mis en état de siège. Cependant cet attentat à la souveraineté du peuple, qui aurait dû exciter l'indignation générale et un soulèvement de toute la population de la capitale, ne causa presque aucun étonnement parmi les masses. Louis Napoléon avait depuis plusieurs mois préparé l'opinion à cet événement. Avec une tactique qui lui avait réussi, pendant que les orateurs des divers partis défendaient leurs vues à la tribune, il avait agi à l'Élysée dans les conciliabules tenus avec ses complices. Et, quand il s'était vu maître de la situation, tenant dans ses mains l'armée, la police, l'administration, et considéré ou plutôt prôné comme l'homme fort, appelé à sauver la société, il avait jeté le masque. Ceux qui, assez clairvoyants pour pressentir le coup d'État, s'étaient unis afin de réagir contre le Prince Président, n'avaient pas été compris dans les hautes classes et dans la classe moyenne; ils passaient pour incapables de maintenir l'ordre, et plutôt propres à le compromettre; sur les travailleurs ils n'avaient pas d'influence.

C'est pour cette raison qu'après avoir lu les affiches édictant l'abrogation du gouvernement parlementaire, la plupart avaient simplement suivi leur chemin en haussant les épaules avec indifférence, celui-ci se rendant à son atelier, celui-là à son magasin ou à son bureau, très peu songeant à ce qui allait se tramer contre la liberté.

Les représentants du peuple, plus éclairés, ne souscrivirent pas avec ce même esprit indéterminé à la violation de la Constitution. Mais que pouvaient-ils entreprendre? Ils n'étaient qu'une poignée d'hommes, dont la résolution n'avait, pour résister au Président parjure à son devoir et à son serment, ni l'appui de l'armée, ni celui de la population. Ils ne formaient d'ailleurs pas un faisceau de volontés. Quelques-uns se réunirent çà et là en petits groupes, dans la matinée du 2 décembre. D'autres parvinrent à pénétrer, par une porte non défendue, dans le Palais-Bourbon, d'où ils furent aussitôt expulsés brutalement par les soldats. Vers onze heures, deux cent cinquante, presque tous appartenant à la droite conservatrice, s'assemblèrent dans un bâtiment municipal. Berryer proposa un décret de déchéance du Président de la République, ajoutant que le pouvoir exécutif retournait ainsi de droit aux élus de la nation. Ce décret fut voté à l'unanimité par acclamation. Mais à peine en eut-on donné lecture à l'Assemblée, que celle-ci fut interrompue. Des commissaires de police, escortés par des troupes, se précipitèrent dans la salle, s'emparèrent des députés du pays, et entre une double haie de soldats les menèrent à la caserne voisine où ils furent incarcérés.

Ce n'était pas tout. Le sang devait couler. Les représentants arrêtés étaient, nous l'avons dit, presque tous de la Droite. Ceux de la Gauche, du parti républicain et radical restaient en liberté. Pour eux, opposer la force à la force était un devoir sacré. Traqués de place en place par la police, mais ne perdant aucun moment, ils s'efforcèrent d'encourager le peuple à l'insurrection. Mais le peuple, qui n'avait pas confiance en eux, demeurait sourd à leur appel. Il fallait frapper un grand coup. Le lendemain, 3 décembre, au matin, une vingtaine de représentants de la nation et de journalistes se rendirent au faubourg Saint-Antoine, le quartier classique des révolutions. Ils haranguèrent les ouvriers. On leur répondit : « Nous n'avons pas d'armes. » Beaucoup se souvenaient des sanglantes journées de Juin 1848 (1), où la cause de la révolte populaire avait succombé, et montraient les cicatrices des blessures reçues dans cette sinistre mêlée. La plupart répliquaient qu'ils ne voulaient pas se laisser massacrer. Une centaine environ manifestèrent plus d'énergie et consentirent à élever en un point du faubourg une barricade insignifiante. Bientôt les troupes

(1) L'insurrection de Juin 1848 ne fut pas due exclusivement, comme l'ont affirmé beaucoup d'historiens, aux excitations des socialistes. Il y a une autre version à cet égard, qui n'a pas été assez élucidée par l'histoire. Dans un article d'une revue allemande *Unsere Zeit*, consacré à la biographie du colonel Charras, et traduit en français dans le *Congrès Libéral* sous la signature de Labruyère, on affirme et on prouve que *l'émeute fut fomentée dans plusieurs quartiers de la capitale par des meneurs à la solde de Louis-Napoléon*, poussant secrètement le peuple à la révolte, pour pouvoir dire plus tard : « Nous sortons de la légalité pour rentrer dans le droit. »

parurent, et les émeutiers prirent la fuite. En réalité, ils n'avaient montré qu'une sympathie très passagère pour les députés, auxquels leur traitement quotidien avait fait donner le surnom de « vingt-cinq francs ».

— Vous verrez, avait répondu un des représentants, Victor Baudin, comment on meurt pour vingt-cinq francs!

Une quinzaine de personnes, au nombre desquelles

Mort de Baudin.

étaient les huit députés, restèrent sur la barricade. Sept de ces derniers s'avancèrent pour parlementer avec les officiers qui étaient à la tête des soldats. Baudin attendit leur retour avec les ouvriers qui l'entouraient. Un de ceux-ci, croyant que les parlementaires étaient menacés, fit feu. Un soldat fut atteint mortellement. Une fusillade répondit à l'attaque. Deux hommes tombèrent. Baudin avait payé son intrépidité de la vie. Sacrifice inutile, crut-on en ce moment. La barricade qu'il avait défendue pour protester contre la violation de la loi fut enlevée au pas de charge et à la baïonnette par la troupe ivre à la solde de Bonaparte. La résistance armée, dont le vaillant député avait donné l'exemple, se prolongea pendant quatre jours sur plusieurs points de la capitale; il y eut d'autres victimes, mais l'insurrection fut étouffée. Le coup d'État était victorieux.

Dix-sept ans s'écoulèrent ensuite. Le nom de Baudin s'effaça peu à peu des quelques cœurs où l'on aurait pu penser qu'il s'était gravé à jamais. Sa tombe au cimetière Montmartre fut délaissée. « Elle l'était, dit un journaliste qui alla un jour la visiter, à tel point que les herbes folles poussées à l'entrée la recouvraient entièrement. Pour découvrir l'inscription disparaissant sous la mousse, il fallut gratter la pierre avec un caillou pointu. »

<h1 style="text-align:center">VIII</h1>

Tant que l'Empire avait occupé les masses par le déploiement de nos drapeaux, par l'humiliation infligée à la Russie en Crimée, par les défaites des Autrichiens à Magenta et à Solférino, par l'affranchissement de l'Italie, par l'annexion de Nice et de la Savoie à la France, par les grands travaux de construction à Paris et à Lyon, par l'apparente richesse économique du pays, on l'avait accepté comme un fait acquis. Ceux qui connaissaient ses origines les passaient sous silence, la fin justifiant pour eux les moyens. Ceux qui, dans la jeune génération, les ignoraient ne recouraient pas à une enquête. Suivant le mot souvent répété, on laissait faire et passer. Le temps qui efface tout en politique, même le crime, enveloppait l'histoire de 1848 et de 1851 d'un même brouillard. Les témoins qui l'avaient écrite, Louis Blanc, Lamartine, Garnier-Pagès, étaient dépouillés de leur prestige et on ne les lisait plus.

La guerre du Mexique rouvrit les yeux à tous. Cette
campagne lointaine commencée pour sauvegarder quelque louche tripotage financier, achevée par la honte
d'une retraite qui ressemblait à une fuite, où on livrait
à la mort, en le trahissant, Maximilien, tombé sous les
balles du peloton d'exécution de Queretaro, toute cette
honte bue, tous ces revers subis écœurèrent l'âme
française. Elle sentait, encore obscurément, mais avec
un évident repentir de sa faiblesse, que les victoires
remportées par la Prusse sur l'Autriche atteignaient également la France, et elle voyait sur celle-ci s'allonger
l'ombre sinistre de Bismarck. Elle comprenait qu'en faisant le jeu du chancelier de fer, en réalité Napoléon III, secondant l'agrandissement de la prépondérance de la Prusse, poussait l'Empire à une aventure
dont l'issue ne pouvait être que périlleuse si elle n'était
pas fatale, et elle entrait dans cette période où un pays
se lasse.

L'Empire avait conscience de ce travail des esprits. Il s'en inquiétait. L'empereur se préoccupait de
sa dynastie. Pour la garantir contre l'avenir, il crut
avantageux d'ouvrir une ère plus libérale. La presse,
jusqu'alors bâillonnée, obtint la permission de dire
quelques vérités sans avoir à craindre la suppression.
Les journaux qui, quelques mois auparavant, n'auraient pas vécu plus d'un jour, purent circuler avec
une certaine impunité. La censure usait de tolérance
à l'égard du livre. Ces circonstances avaient permis
la publication de *Paris en décembre* 1851 d'Eugène
Ténot.

IX

Ce fut pour la plupart des jeunes républicains une
révélation. Ils s'empressèrent de fonder des revues, des
feuilles quotidiennes où ils pourraient, puisqu'on leur

laissait les coudes plus libres, ressaisir quelque influence
sur l'opinion. Les uns, comme Challemel-Lacour, Henri
Brisson, Jules Ferry, Gambetta, Allain-Targé, Clément
Laurier, André Lefèvre, créèrent la *Revue politique et
littéraire* (1); les autres, comme Alphonse Peyrat, fon-
dèrent *l'Avenir national*, ou, comme Delescluze et
Charles Quentin, firent paraître *le Réveil*. Ce dernier
journal, dans son numéro du 28 octobre 1868, fit appel
à la démocratie parisienne, en l'invitant à se réunir, le
2 novembre suivant, qui était le Jour des Morts, autour
des tombes politiques, quoique le gouvernement impérial, informé de ce
projet, eût manifesté
l'intention de faire
fermer les cimetières
de Paris et principa-
lement celui de Mont-
martre.

« On ne peut empê-
cher un peuple, disait
le Réveil, de s'hono-
rer lui-même en ho-
norant la mémoire de
ceux qui, comme Go-
defroy Cavaignac, ont
usé leur vie aux luttes
de la liberté, de ceux

Godefroy Cavaignac.

qui, comme Baudin, sont tombés martyrs en défendant
la loi. »

La manifestation eut lieu. Le ministère n'osa pas s'y
opposer et s'abstint de donner des instructions à la
Préfecture de police. Celle-ci se borna à veiller sur
l'ordre. Plusieurs milliers de personnes se rendirent au
cimetière Montmartre. Beaucoup déposèrent des couronnes sur la tombe de Godefroy Cavaignac, pour

(1) Il ne faut pas confondre cette revue avec celle qui parut plus tard
sous le même titre et qui, créée par Eugène Yung avec un très remarquable talent, existe encore aujourd'hui, sous le nom de *Revue Bleue*.

rendre hommage à la mémoire de cet homme politique qui, fils de conventionnel, avait pris une part active aux luttes de l'opinion républicaine contre la Restauration et la monarchie de Juillet, soit en fondant des sociétés hostiles au gouvernement, soit en collaborant aux journaux d'opposition comme *la Réforme*.

Quelques-uns prononcèrent alors le nom de Baudin, presque oublié. On chercha l'endroit où reposait le héros de la démocratie. Un gardien ne retrouva la tombe qu'après avoir arraché les plantes parasites sous lesquelles elle se dérobait aux regards. Alors quelques orateurs s'approchèrent et les passants s'arrêtèrent pour les écouter. Charles Quentin, Gaillard, Abel Peyrouton prononcèrent des discours véhéments : « Que la vie de Baudin, s'écria Peyrouton, nous serve d'exemple et qu'au moment du salut pour nous il nous serve de stimulant! »

Puis la foule s'écoula silencieuse, émue, recueillie.

X

Le lendemain, *l'Avenir national* publia une liste de souscription pour « élever un monument à Baudin, représentant du peuple, mort sur la barricade Saint-Antoine, le 3 décembre 1851 ». Les numéros du journal furent saisis et des poursuites ordonnées contre son rédacteur en chef, Alphonse Peyrat. L'Empire donna ainsi lui-même le branle à toute la presse républicaine. *Le Réveil, la Revue politique, l'Électeur, la Gironde, l'Indépendant du Centre, le Démocrate de Vaucluse,* emboîtèrent le pas à *l'Avenir national*. A Paris et dans les départements, tous les journaux de l'opposition ouvrirent leurs colonnes aux souscripteurs. A la tête de ceux-ci figuraient les noms les plus illustres de la France sans distinction de partis, Victor Hugo, Louis

Blanc, Edgard Quinet, Jules Favre, Prévost-Paradol, Berryer. Ce dernier expliquait son adhésion dans une lettre ouverte reproduite par toute la presse, et déclarait que le monument à ériger à Baudin serait un monument expiatoire.

Comme on devait s'y attendre, la jeunesse des écoles ne resta pas indifférente à cet élan. A la Faculté de droit, à la Faculté de médecine, les listes se couvrirent de souscripteurs. Les journaux modérés eux-mêmes, *le Siècle*, *la Tribune*, *le Temps*, *le Journal de Paris*, suivirent le courant et l'élan.

L'Empire comprit la faute qu'il avait commise, au point de vue de sa politique, en laissant parler ceux qu'il avait fait taire pendant dix-sept ans. On ne déchaîne pas le torrent, si longtemps contenu, sans s'exposer à être submergé par lui. La pierre détachée de la montagne allait rouler de pente en pente jusqu'à ce qu'elle écrasât le gouvernement qui l'avait mise en mouvement.

XI

Le 14 novembre 1868, M. Pinard, ministre de l'intérieur, fit traduire devant la police correctionnelle MM. Challemel-Lacour, rédacteur en chef de la *Revue politique et littéraire*; Peyrat, rédacteur en chef de *l'Avenir national*; Delescluze, rédacteur en chef du *Réveil*; Charles Quentin, rédacteur du même journal; Duret, gérant du journal *la Tribune*; Gaillard père et fils, et Abel Peyrouton, ces trois derniers pour avoir prononcé des discours au cimetière Montmartre et « sous l'inculpation d'avoir, à Paris, dans le but de troubler la paix publique et d'exciter à la haine et au mépris du gouvernement, pratiqué des manœuvres à l'intérieur ».

Le procès, ainsi engagé, ne pouvait, quelle qu'en fût l'issue, que semer de nouveaux germes d'hostilité dans le pays. L'Empire n'en sortirait qu'en récoltant tôt ou tard la tempête. Ni les prévenus, ni leurs avocats n'auraient voulu être frustrés de cette occasion de saisir directement l'opinion du débat qui leur donnerait la parole devant la sixième Chambre. Aussi se préoccupait-on de savoir quels seraient les défenseurs.

On sut presque aussitôt que les maîtres de l'éloquence judiciaire allaient entrer en scène : Crémieux, Jules Favre, Emmanuel Arago. Berryer, mourant, qui avait jadis défendu le maréchal Ney et Cambronne, Lamennais et Chateaubriand, Voyer d'Argenson et Montalembert, ne se consolait point de ne pouvoir se faire transporter au Palais pour assister à cette audience qui serait consacrée, — tout le monde en avait la prévision, — à la mise en accusation de l'Empire bien plus qu'à celle des journalistes. A côté des grands noms du barreau, on en nommait quelques autres moins

Delescluze.

connus, mais pourtant déjà signalés à l'attention : Clément Laurier, Hubbard, Leblond, mais l'avocat de Delescluze n'était pas encore connu, et c'était, parmi tous, celui qui aurait la tâche la plus difficile.

Louis-Charles Delescluze occupait, en effet, dans la démocratie un rôle très en vue depuis la seconde République. Condamné à la déportation en 1849, il avait pu se réfugier en Angleterre, d'où il était revenu à Paris en 1853, pour s'affilier de nouveau aux sociétés secrètes. Une nouvelle condamnation, à laquelle, cette fois, il n'avait pu se soustraire, l'avait envoyé jusqu'en 1859 au bagne de Cayenne. De retour en France, il s'était montré aussi hostile à l'Empire qu'auparavant, et dès que l'autorisation n'avait plus été nécessaire pour fonder un journal, il était rentré tout armé dans l'arène politique avec *le Réveil*. Son premier acte, comme on l'a vu, s'était traduit en une manifestation dont il avait d'avance calculé la portée. Compris dans les poursuites de novembre, il avait exprimé l'idée de ne présenter pour tous les prévenus qu'une défense unique, afin de mettre Baudin face à face avec l'Empire; mais cette opinion n'avait pas prévalu, et l'on était convenu de laisser à chacun le choix de son avocat, tout en s'entendant sur le rôle à prendre dans le procès par les divers défenseurs.

Ceux-ci se trouvaient réunis, trois jours avant l'audience, chez Crémieux, qui avait accepté, comme doyen d'âge, la direction générale de la campagne, et oubliait ses soixante-douze ans pour se montrer le plus impatient de tous d'ouvrir le feu. Il fut décidé, avec l'acquiescement de Delescluze, que ce dernier confierait sa cause à Gambetta. Par une coïncidence curieuse, le jeune avocat méridional venait peu de temps auparavant de plaider contre celui qu'on lui donnait pour client. Un article violent publié dans la *Revue de Paris*, attaquant les déportés de Cayenne, plaçait ceux-ci au-dessous des forçats de droit commun. Delescluze, considérant cette assertion comme une offense personnelle, avait usé du droit de réponse, en envoyant au directeur de la *Revue* une lettre, qui n'avait pas été insérée. Le différend avait été porté devant la Cour, et Emmanuel Arago, avocat du demandeur, avait eu pour adversaire Gambetta, défenseur de la Madelène, auteur de l'article. La défense, très brillante, avait captivé Delescluze lui-même. Ce fut la principale raison qui le détermina à charger le jeune avocat cadurcien de parler pour lui dans l'affaire des Huit et de la souscription Baudin.

XII

Le tribunal était présidé par M. Vivien, le siège du
ministère public occupé par M. Aulois. Quand l'avocat
impérial eut achevé son réquisitoire, Me Crémieux répliqua par une violente harangue contre le coup d'État.
La salle était bondée d'auditeurs. Il n'y avait peut-être
personne dans cette foule, où étaient représentées
toutes les classes sociales, qui ne fût sympathique aux
accusés. Le plaidoyer de Crémieux produisit une très
vive sensation. Le président, voulant étrangler le débat,
parla d'une séance de nuit. La Cour se retira dans la
salle des délibérations; celles-ci furent si longues que
lorsque les magistrats revinrent, ils ne trouvèrent plus
les prévenus qui étaient partis sans attendre la décision
du tribunal.

Le lendemain, après la plaidoirie d'Emmanuel Arago
pour Peyrat, la parole est donnée à Gambetta. Dès les
premières phrases qui tombent de ses lèvres, on se
trouve sous le charme de sa voix. Elle parcourt, avec
une merveilleuse entente de la diction oratoire, toutes
les gammes de la sonorité, tantôt douce et captivante,
tantôt forte et puissante; elle oblige au silence et à
l'attention; on l'écoute sans se lasser un instant de
l'entendre; elle entraîne et persuade. Par moments, elle
retentit en faisant vibrer les échos. Le geste scande les
paroles, la main étreint la barre, et semble vouloir
la briser, comme elle ferait de l'Empire même.

Son exorde avait été un modèle de calme et de
mesure où se rencontraient la prudence et la fermeté,
qui se concilient l'auditoire, sans rien abdiquer des
droits de la cause.

J'ai écouté hier, disait-il, avec des sentiments bien variés,
sentiments que, par moments, j'avais bien de la peine à refouler

et à contenir, le réquisitoire du ministère public. J'ai pensé toute la soirée à ce réquisitoire; j'ai eu le plaisir amer de le relire ce matin, et c'est à peine si, après m'être bien consulté, j'ai repris possession de moi-même, de mon âme et de ma parole. Mais je me suis prêté serment de ne rien trahir ici, ni mes convictions, ni le droit, sans manquer cependant à cette sobriété de langage qui convient aux grandes causes, et, en me tenant éloigné des excès de paroles qui pourraient, en faisant interrompre ma plaidoirie, vous autoriser à ne pas me laisser achever la tâche que j'ai entreprise.

Je dis ceci avec d'autant plus de sécurité personnelle, que j'ai trouvé, sous la parole du ministère public, le véritable terrain du débat.

Puis entrant immédiatement au cœur du procès, il adresse à ceux qui ont charge de la justice et du respect qu'elle commande, cette question :

Est-ce qu'il peut exister un moment pour la nation, au sein d'une société civilisée, où la raison d'État, où le coup d'État puisse impunément, sous prétexte de salut public, violer la loi, renverser la constitution et traiter comme des criminels ceux-là qui défendent le droit au péril de leur vie?

Repoussant ensuite l'inculpation de manœuvres, il déclare que celles-ci ne sauraient exister.

On sait trop que des hommes tels que MM. Delescluze, Quentin, Peyrat, Challemel-Lacour, n'ont pas besoin d'entente préalable pour se souvenir de leurs morts et pour les honorer. Depuis seize ans, il y a là pour eux un culte de tous les jours, de tous les instants, mêlé de douleurs et de ressentiment, et fidèles ils sont restés, et fidèles ils resteront à la mémoire de leurs amis tombés dans un jour de sinistre combat. De tels hommes n'ont pas besoin de concert et de rappel, pour avoir le sentiment de la reconnaissance et des dates politiques.

Et sans laisser parler le substitut et le président qui essaient vainement de l'interrompre dès le début, il ajoute :

Ah! ce n'est donc pas assez que d'avoir chassé les républicains de la République! Vous voudriez encore les chasser de la nature humaine! Non! La vérité vraie, c'est que vous connaissez les sentiments des hommes qui sont ici; vous savez ce qu'il y a derrière leurs douleurs, qui ne sont pas seulement des douleurs d'amis, mais des douleurs de patriotes. Et alors, craignant que l'exemple de ces braves, dont vous savez bien que la conscience n'a jamais dormi, ne vienne à réveiller la conscience publique, alors vous dites : Il faut empêcher l'exhumation de ces spectres, il faut couper court à cette revue terrible du passé, et vous faites un procès à ceux qui, par la signification même de leur nom, ont la réputation d'avoir toujours vécu et lutté pour les mêmes principes et d'être restés les défenseurs inébranlables du même drapeau.

Ce sont ces principes et ce drapeau qu'ils défendent encore aujourd'hui, et son client n'a fait en définitive que reprendre son infatigable ouvrage.

Cette œuvre, on en a beaucoup médit depuis vingt ans; il n'est pas d'outrages dont on n'ait abreuvé les hommes du 24 Février, et cependant vous avez repris les choses assez haut, hier, pour qu'à mon tour je puisse revenir sur le passé, pour que je puisse interroger brièvement la pensée mère de 1848, indiquer par quelles trahisons infâmes et continues cette pensée a été vaincue, chercher avec vous, comme vous l'avez dit, s'il est vrai que le pouvoir, issu après coup de cette généreuse Révolution et qui l'avait reçue en dépôt, sous un serment unique et solennel, si ce pouvoir dépositaire avait été gratifié je ne sais de quelle mission providentielle et latente pour abattre la forme même du gouvernement qu'il était chargé de protéger, et qui venait d'être fondée aux acclamations du pays et du monde entier.

Existe-t-il, dans la collection des mensonges historiques, un prétexte ou une apparence de prétexte qui puisse excuser *cette violation de dépôt et laver les gardiens?* Voilà le débat! Voilà le procès!

Un pareil procès a-t-il jamais été agité à aucune époque parmi les hommes? Non! jamais! Remontez jusqu'au temps d'Athènes, jusqu'au temps de Rome, cherchez s'il y a jamais eu un procès comparable à celui dont vous êtes saisis? Quant à moi, je le dis avec l'énergie des forces qui vibrent dans mon être, j'ai beau interroger mes souvenirs, consulter l'histoire, jamais, non jamais, je n'ai rencontré un pareil duel entre le droit et le despotisme, entre la loi et la force, jamais je ne les ai vus si ouvertement ni si injustement aux prises dans cet éternel drame dont se compose l'humanité.

Je ne sais si je me fais illusion, mais il me semble que le dernier endroit pour soutenir de telles thèses, pour glorifier de tels attentats, c'est le prétoire du juge, car ici la loi seule doit parler et être entendue. Seule elle doit être l'intérêt de la passion du magistrat, puisque sans elle il n'y a rien de durable et de respecté, que toute certitude sociale disparaît, et qu'on aboutit fatalement à l'anarchie avec tout ce qu'elle entraîne de désordres et de lâchetés. Je me demande si c'est dans cette enceinte particulière du droit qu'il sera permis de me contredire?

Rappelez-vous ce que c'est que le 2 Décembre? Rappelez-vous ce qui s'est passé? Les actes viennent d'être repris, racontés par M. Ténot, dans leurs épisodes navrants; vous avez lu ce récit, qui se borne aux faits et d'une impartialité d'autant plus vengeresse; vous savez tout ce qu'il y a de sang et de douleurs, de larmes dans cette date; mais ce qu'il faut dire ici, ce qu'il faut toucher du doigt, c'est la machination, c'est la conséquence, c'est le mal causé à la France, c'est le trouble apporté dans les consciences par cet attentat : c'est là ce qui constitue la véritable responsabilité. C'est cela seulement qui pourra vous faire apprécier jusqu'à quel point vous nous devez aide et protection quand nous venons honorer la mémoire de ceux qui sont tombés pour avoir défendu la loi et la Constitution qu'on égorgeait.

Oui! le 2 Décembre, autour d'un prétendant, se sont groupés des hommes que la France ne connaissait pas jusque-là, qui n'avaient ni talent, ni honneur, ni rang, ni situation, de ces gens qui, à toutes les époques, sont les complices des coups de la force, de ces gens dont on peut répéter ce que Salluste a dit de la tourbe qui entourait Catilina, ce que César dit lui-même en traçant le portrait de ses complices, éternels rebuts des sociétés régulières :

Ære alieno obruti et vitiis onusti,
Un tas d'hommes perdus de dettes et de crimes,

comme traduisait Corneille. C'est avec ce personnel que l'on sabre depuis des siècles les institutions et les lois, et la conscience humaine est impuissante à réagir, malgré le défilé sublime des Socrate, des Thraséas, des Cicéron, des Caton, des penseurs et des martyrs qui protestent au nom de la religion immolée, de la morale blessée, du droit écrasé sous la botte d'un soldat.

Mais ici, il ne peut pas en être de la sorte; quand nous venons devant vous, magistrats, et que nous vous disons ces choses, vous nous devez aide et protection. Ces hommes ont prétendu avoir sauvé la France. Il est un moyen décisif de savoir si c'est une vérité ou une imposture. Quand un pays traverse

réellement une crise suprême, qu'il sent que tout va suc-
comber, jusqu'à l'assiette même de la société, alors savez-
vous ce qui arrive? C'est que ceux que la nation est habituée
à compter à sa tête, parce qu'ils se sont illustrés par leurs
talents et leurs vertus, accourent pour la sauver. Si je compte,
si je dénombre, si j'analyse la valeur des hommes qui ont prétendu avoir sauvé la patrie au 2 Décembre, je ne rencontre
parmi eux aucune illustration, tandis que de l'autre côté, je
vois venir au secours du pays des hommes comme Michel de
Bourges, Charras, morts depuis, — Ledru était déjà exilé, — et
tant d'autres, pris dans l'élite des partis les plus divers : par
exemple, notre Berryer, ce mourant illustre, qui, hier encore,
nous envoyait cette lettre d'un homme de cœur, testament
d'indignation qui prouve que tous les partis se tiennent pour
la revendication de la morale.

Où étaient Cavaignac, Lamoricière, Changarnier, Leflô,
Bedeau, et tous les capitaines, l'honneur et l'orgueil de notre
armée?

Où étaient M. Thiers, M. de Rémusat, les représentants
autorisés des partis orléaniste, légitimiste, républicain, où
étaient-ils? A Mazas, à Vincennes : tous les hommes qui défendaient la loi! En route pour Cayenne, en partance pour Lam-
bessa, ces victimes spoliées d'une frénésie ambitieuse! Voilà,
Messieurs, comment on sauve la France! Après cela, pensez-
vous qu'on ait le droit de s'écrier qu'on a sauvé la société, uniquement parce qu'on a porté la main sur le pays?

De quel côté étaient le génie, la morale, la vertu? Tout
s'était effondré sous l'attentat!

Ceux qui ont appréhendé le pays, enchaîné sa liberté, se
sont servis des nouveaux moyens donnés par la science aux
hommes pour entrer plus facilement en communication. La
centralisation et la terreur ont tout fait. On a trompé Paris
avec la province! on a trompé la province avec Paris! La
vapeur, le télégraphe, sont devenus des instruments de règne.
On lançait à travers tous les départements que Paris était soumis! Soumis! il était assassiné. Soumis! on le fusillait, on le
mitraillait; moi qui vous parle, j'ai eu des amis, entendez-vous
bien? qui ont été tués en sortant de l'École de droit : ils étaient
sans armes. Il est vrai qu'ils étaient bien imprudents et bien
coupables d'être venus apprendre le droit dans un pays où on
le respecte de cette manière.

C'est ainsi que de Paris la terreur s'est propagée en province,
où les déportations sans jugement l'ont maintenue longtemps
encore... Il faut bien, puisque vous l'avez voulu, reprendre
cette histoire et vous en faire une tradition; il faut vous rap-

peler ce que vous avez dit : « Nous ne faisons pas de [distinc-
tions, nous les serviteurs zélés, entre le 2 et le 20 décembre,
nous ne répudions rien, au contraire, nous nous glorifions de
tout. »

Mais, Messieurs, est-il possible que le 2 Décembre ait été
l'œuvre de la volonté nationale? Est-il possible que la volonté
d'un peuple ait employé la force pour renverser la légalité et le
droit? pour détruire le peuple lui-même? On ne peut accepter
cela; et remarquez-le, Messieurs, on ne tend à rien moins
qu'à vous surprendre, à vous arracher un jugement dans lequel
on dirait : Qu'attendu que le 2 Décembre est conforme à la
morale, à une mission latente qu'avait reçue le Prince, les
gens qui sont tombés à la barricade du droit ont été justement
frappés. Que vient-on parler ici du plébiscite, de clauses rati-
ficatoires? Voilà, en effet, un bel argument tiré de l'article 1358
du Code civil, et transporté dans ce domaine sinistre qui ne s'y
attendait guère... Ah! 5 millions de suffrages ne vous suffisent
pas! Au bout de dix-sept ans de règne vous vous apercevez
qu'il serait bon d'interdire la discussion de ces faits à l'aide
d'une ratification posthume émanée d'un tribunal correction-
nel. Non, il n'en sera pas ainsi; non, vous ne donnerez pas,
vous ne pouvez pas donner cette satisfaction, car pour ce
procès, il n'existe pas de tribunal, en dernier ressort : il a été
jugé hier, il le sera demain, après-demain, toujours, sans
trêve et sans relâche, jusqu'à ce que la justice ait reçu sa
suprême satisfaction. Ce procès du 2 Décembre demeurera,
quoi qu'on fasse, survivant et ineffaçable à Paris, à Londres,
à Berlin, à New-York, dans le monde entier, et partout la
conscience universelle portera le même verdict.

Il y a, d'ailleurs, déjà quelque chose qui juge nos adversaires. Écoutez, voilà dix-sept ans que vous êtes les maîtres
absolus, discrétionnaires de la France, — c'est votre mot; —
nous ne recherchons pas l'emploi que vous avez fait de ses trésors, de son sang, de son honneur et de sa gloire; nous ne par-
lerons pas de son intégrité compromise, ni de ce que sont
devenus les fruits de son industrie, sans compter que personne
n'ignore les catastrophes financières qui, en ce moment même,
sautent comme des mines sous nos pas; mais ce qui vous juge
le mieux, parce que c'est l'attestation de vos propres remords,
*c'est que vous n'avez jamais osé dire : Nous célébrerons, nous
mettrons au rang des solennités de la France le 2 Décembre
comme un anniversaire national! Et cependant tous les régimes
qui se sont succédé dans ce pays se sont honorés du jour qui
les a vus naître.* Ils ont fêté le 14 Juillet, le 10 Août; les journées
de Juillet 1830 ont été fêtées aussi, de même que le 24 Février;

il n'y a que deux anniversaires, le 18 Brumaire et le 2 Décembre, qui n'ont jamais été mis au rang des solennités d'origine, parce que vous savez que si vous vouliez les y mettre, la conscience universelle les repousserait.

Eh bien! cet anniversaire dont vous n'avez pas voulu, nous le revendiquons, nous le prenons pour nous; nous le fêterons toujours, incessamment; chaque année, ce sera l'anniversaire de nos morts jusqu'au jour où le pays, redevenu le maître, vous imposera la grande expiation nationale au nom de la liberté, de l'égalité, de la fraternité.

Et comme l'avocat impérial faisait un geste qui pouvait paraître du dédain, tandis que les magistrats bondissaient sur leurs sièges, l'orateur, redressant fièrement la tête, apostrophe directement le défenseur de l'Empire et lui crie :

Ah! vous levez les épaules, sachez-le, je ne redoute pas plus vos dédains que vos menaces. En terminant, hier, votre réquisitoire, vous avez dit : *Nous aviserons!* Comment! avocat impérial, magistrat, homme de loi, vous osez dire : « Nous prendrons des mesures! » Et quelles mesures? Ne sont-ce pas là des menaces? Eh bien! écoutez, c'est mon dernier mot : Vous pouvez nous frapper, mais vous ne pourrez jamais ni nous déshonorer, ni nous abattre!

XIII

L'effet fut prodigieux. Sans doute, des invectives aussi terribles que celles qu'on venait d'entendre avaient accablé déjà l'Empire et l'empereur. *Napoléon le Petit, les Châtiments* de Victor Hugo, d'autres ouvrages signés par des proscrits ne s'étaient pas montrés plus modérés; mais ces écrits ne s'étaient répandus en France *que sous le manteau et la plus grande partie en avait* été saisie à la frontière. Il y avait, au milieu du silence imposé aux masses par le gouvernement impérial et sa police administrative ou secrète, un véritable coup de foudre qui venait d'éclater. En plein tribunal, un avocat, prenant d'autorité le rôle d'accusateur, avait lancé contre le pouvoir le plus flétrissant des réquisitoires, et les juges, ne se souvenant plus qu'ils étaient à pour juger, l'avaient laissé dire, tant ils se sentaient frappés de stupeur, maîtrisés, impuissants.

Le président, M. Vivien, un orléaniste rallié à l'Empire, avait dû renoncer à contenir ce torrent de lave. L'avocat impérial, à deux ou trois reprises, s'était levé protestant, gesticulant, vociférant. Vaine riposte. Gambetta, la toge entr'ouverte, l'œil injecté, la crinière frémissante, haussait la voix, à mesure qu'on tentait de l'interrompre, et, comme il le dit lui-même au sortir de l'audience, submergeant celui qui voulait lui fermer la bouche.

Lorsqu'il eut fini, il s'affala littéralement sur son banc, inondé de sueur, s'épongeant, la robe en désordre ; on eût dit qu'il venait de se battre au sens réel du mot.

Son éloquence avait bien été celle qui sort de l'âme.

Quand le dernier mot de sa péroraison eut retenti, des salves d'applaudissements ébranlèrent la salle d'audience. Le président essaya de les réprimer. Ils redoublèrent, et la foule immense massée au dehors leur fit écho. Ce fut une traînée de poudre. L'escalier du Palais sur toutes les marches était envahi par des centaines d'hommes anxieux de connaître les résultats du procès. On peut dire que tout Paris était là, toute l'âme de Paris, du moins, et avec elle l'âme de la France.

Dans la salle, les prévenus s'étaient tous, par un mouvement spontané de reconnaissance, élancés vers le défenseur de Delescluze, lui serrant les mains, l'embrassant. L'émotion était telle, qu'un sergent de ville, de service à la porte de la sixième Chambre, voyant sortir Gambetta tout en nage, l'enveloppa de son caban en lui disant : « Ne sortez pas comme cela, monsieur l'avocat, vous allez attraper le coup de la mort! » Et il y avait dans ces paroles un accent de sollicitude indi-

cible pour l'homme qui venait d'élever, non seulement
sa propre voix, mais celle du peuple.

Lorsqu'il parut sous ce costume, dans la cour du
Palais, au sortir de la salle des Pas perdus, on lui fit
une ovation qui se répercuta jusque dans la rue. Toute
cette foule le remerciait d'avoir été son interprète.

XIV

La presse propagea cet immense succès.

« Depuis dix-sept ans, écrivait Allain-Targé, le lendemain, dans *l'Avenir national*, le barreau n'avait pas eu
de plus grande journée. »

« Jamais, ajoutait Delescluze dans *le Réveil*, jamais, nous le
disons sans craindre d'être démenti, n'a mieux éclaté la puissance de la parole, quand elle est au service d'une conviction
sincère, quand elle est inspirée par le sentiment du devoir et
de la vérité. Pendant trois quarts d'heure, M. Gambetta a tenu
l'auditoire frémissant, enthousiaste. Logique, bonheur d'expression sans égal, inspiration éclatante, rien ne lui a manqué.
Il s'est révélé du même coup orateur et tribun. C'est une gloire
nouvelle pour la France. C'est une force de plus pour la
démocratie. »

« Avant le procès Baudin, dit Ernest Desmaret, un ancien
bâtonnier de l'Ordre, M. Gambetta, n'avait pas au Palais une
situation de premier rang. Il avait fréquenté les conférences,
et s'était présenté à la barre dans quelques causes politiques.
On avait remarqué sa verve, son originalité, son aplomb, son
admirable orgueil, et une certaine affectation d'archaïsme qui
rappelait Michel de Bourges...; seulement un observateur
attentif qui l'aurait suivi le matin au prétoire, le soir dans les
cafés et les brasseries, où pérorait, gesticulait le jeune orateur,
épanchant les flots d'une science récente et improvisée; cet
observateur aurait pu deviner en lui, au choix, la menue mon-
naie d'un César, d'un Marius, d'un Sylla, d'un Alcibiade, plus
difficilement la sagesse et la hauteur de vue d'un Périclès. Le
procès Baudin, fut le tremplin sur lequel rebondit la renommée du jeune tribun. Jamais, du reste, il faut en convenir,

triomphe n'a été plus mérité; on peut véritablement dire de ce coup d'essai, que ce fut un coup de maitre. Pour trouver quelque chose d'aussi nerveux, d'aussi curieux que cette belle harangue, il faut se reporter aux souvenirs de l'éloquence judiciaire, dans les meilleurs modèles, à Athènes, à Londres, à Paris. La plaidoirie de Gambetta, le procès Baudin va de pair avec une page d'Eschine, ou avec la défense d'Orsini par Jules Favre. »

Un autre journaliste s'exprimait ainsi :

Ego nominor Leo. « Je m'appelle Léon. » M. Gambetta est un orateur de race. Il faut à cette grande éloquence les grandes salles et les grandes questions, parce qu'il saura toujours s'élever à leur niveau. Rien qu'à voir cette carrure large et solide, cette tête bien posée sur un cou puissant, ce poing vigoureux, et fait pour marteler l'idée sur la barre, et l'œil de Cyclope, où se concentrent toutes les lueurs d'une âme ardente, on comprend qu'on n'a pas devant soi un bavard vulgaire, mais bien plutôt un bon dogue de combat, de ceux qui dédaignent les roquets, et se réservent pour le vrai coup de gueule. Parle-t-il? La voix sort large, pleine et sonore, avec ses redondances méridionales, qui choquent dans le courant, mais qui deviennent par le discours une musique; les idées se pressent énergiques et hautaines, dans une langue chaude et imagée, sobre pourtant et élégante; l'auditoire, charmé d'abord, subjugué ensuite, s'émeut, s'échauffe et s'enlève; la cause est perdue légalement, mais elle est gagnée dans les consciences.

Le Réveil fut condamné (1), mais l'Empire le fut à la même heure par le pays tout entier. Tous ceux qui, par ignorance des faits, n'avaient jamais songé à interroger le passé, l'oreille bercée par les paroles officielles, se prirent à réfléchir, aux éclats de cette véritable philippique. Vingt-quatre heures après l'audience, le nom du redoutable accusateur était dans toutes les bouches. Beaucoup se demandaient encore

(1) Le jugement avait été rendu après trois heures de délibération. Le tribunal condamna Delescluze à six mois d'emprisonnement, à 2000 fr. d'amende et à l'interdiction de ses droits civiques, de vote, d'élection et d'éligibilité pendant le même temps; — Quentin, Challemel-Lacour, Duret et Peyrat, chacun en 2000 fr. d'amende, — Gaillard père en 500 fr. d'amende; — Gaillard fils en 150 fr. d'amende et en un mois de prison; Peyrouton en 150 fr. d'amende et en un mois de prison.

d'où il venait, jusqu'où il avait dessein d'aller ;
serait-il un de ces gladiateurs dont l'habileté dans
l'arène émerveille et passionne, ou un homme d'État
en qui l'on pourrait avoir foi? Toutes ces questions
venaient en même temps à la pensée. La lecture de
cette plaidoirie, d'une audace presque inconcevable, à
cette époque, sous ce régime, produisit une impression encore plus profonde que celle du discours même
quand on l'avait entendu. On ne pouvait croire que
cela eût été dit sans provoquer l'écroulement des murs
du prétoire ou l'arrestation immédiate de l'orateur. On
exaltait le courage de celui qui avait osé faire entendre
de telles vérités à des juges.

Après *le Réveil*, ce fut le tour du *Progrès du Nord*
que Gambetta alla défendre à Lille, puis celui de
l'Émancipation de Toulouse. Et dans le Nord comme
dans le Midi, le ressaisissement des esprits fut le même,
le succès du défenseur obtint un retentissement également formidable. Quand le procès Delescluze vint en
appel, l'avocat prononça un nouveau discours où il
reprit tous ses arguments, mais, cette fois, en dialecticien aussi habile qu'il s'était montré tribun chaleureux.

L'affaire Baudin clôtura sa carrière d'avocat. Elle avait
mis en relief l'homme politique dans toute sa maturité, l'homme politique nécessaire, attendu. La vie publique le réclamait ; il lui était impossible de se choisir
une autre destinée. Désormais il se devait au pays, à
la République qui allaient l'absorber tout entier.

XV

Quelques jours après le procès, Gambetta et Laurier
partaient pour l'Italie. Ils avaient déjà fait ensemble,
en 1866, le voyage d'Orient, traversé la mer Noire,
admiré le magnifique spectacle du Bosphore, les splen-

deurs de la Corne d'or, parcouru les rues de Constantinople, et, au retour, visité l'Attique. Rome, où ils firent
un séjour d'un mois, déroula sous leurs regards l'incomparable tableau non seulement de ses monuments
glorieux encore debout, mais aussi de tous ses gran-
dioses souvenirs. L'âme républicaine de Gambetta
s'emplit de ces puissantes visions de l'antique démocratie ressuscitée en sa mémoire. Elles donnaient de la
vie au marbre et à l'airain. Elles symbolisaient tout le
génie latin dans sa magnificence, en animant comme
d'un souffle sacré chacune des pages de ses annales, en
donnant l'essor aux inspirations de celui qui contem-
plait ces édifices, ces colonnes, ces arcs de triomphe,
ces temples, ces ruines, disant les conquêtes de la
République ou les calamités enfantées par ses oppres-
seurs.

Un jour, raconte un de ses amis, il entra, grisé par
toutes ces images qui le hantaient, dans le Colysée, et
s'élançant sur les gradins supérieurs de l'amphithéâtre,
en présence de ses compagnons d'excursion, des
autres visiteurs se pressant dans l'arène, il évoqua
l'âme des grands citoyens de la Rome républicaine,
leur demanda de communiquer à son pays leur esprit
vivifiant et leurs vertus civiques; puis, voulant s'emparer
des gloires mêmes de la Rome impériale, il souhaita
pour la France une pléiade d'hommes supérieurs dans
les lettres, la poésie et les arts, semblable à celle qui
avait illustré le siècle d'Auguste.

XVI

Lorsqu'il rentra en France, on était à la veille des
élections générales. Le gouvernement de l'Empire avait
à cœur de prendre sa revanche. Dans tous les départements, la pression officielle s'organisait. Des journaux

étaient payés par le ministère pour soutenir les candidatures bonapartistes. On les répandait par milliers d'exemplaires dans les campagnes. Des brochures célébraient les louanges de Napoléon III, les bienfaits de la paix, plus que jamais promise. Toutes les circonscriptions électorales étaient dans les mains des préfets, et celles qui ne se laissaient pas convaincre subissaient des remaniements en vue de les rendre dociles, si elles refusaient d'être serviles. L'issue de la lutte engagée dans ces conditions était prévue d'avance. Les républicains n'avaient aucun doute sur les nombreux échecs qui allaient marquer leurs efforts, mais ils espéraient néanmoins faire brèche et comptaient ceux d'entre eux qui avaient des chances de pénétrer, en dépit de toutes les résistances, dans l'enceinte du Corps législatif, d'y prendre place sur le banc de l'opposition.

Gambetta qui, suivant l'expression souvent citée, s'était éveillé illustre le 15 novembre 1868, avait alors trente ans. Dans toute la vigueur de l'âge, dans toute la force de santé et de tempérament, il pouvait se laisser porter par le courant qu'il venait de provoquer lui-même. Le peuple faisait de lui son idole. Pendant douze ans, depuis son arrivée à Paris, après avoir quitté Cahors, il s'était préparé, avec une constance indémentie, à la carrière publique. La voici maintenant ouverte devant lui. Quelle route prendra-t-il? De ce pas décisif dépendra tout le reste de sa vie. Ira-t-il, sans jamais dévier du chemin qu'il s'est tracé, vers le but idéal où tendent toutes ses aspirations viriles et républicaines? Ou bien, comme il arrive à tant d'autres, son ambition échouera-t-elle sur l'écueil si fréquemment fatal de l'intérêt personnel? Les événements marcheront-ils dans le sens de ses prévisions et de ses espérances, et leur succession formera-t-elle une chaîne que rien ne brisera?

XVII

Trois partis politiques allaient se disputer les sièges du Corps législatif. Le premier, jusqu'alors en majorité au Palais-Bourbon et dans le pays même, si l'on n'en jugeait que par les résultats des élections précédentes, était celui de l'Empire. Plus hostile que favorable aux mesures de liberté, attendant du gouvernement impérial la prospérité et le salut de la France sans demander aucune réforme, il était issu de l'approbation du coup d'État par le plébiscite, et se composait de la bureaucratie administrative, vivant de son salaire ou briguant les honneurs; du commerce, étranger à toute autre visée que la soif du lucre; d'ouvriers, trouvant dans la folie officielle des bâtiments et de la construction un avantage matériel, en faisant bon marché de l'intérêt moral. Le second parti, qui gagnait progressivement du terrain et avait pour chef M. Émile Ollivier, voulait amener l'Empire à une évolution libérale et parlementaire. Le troisième était l'opposition divisée en trois groupes, ayant chacun leur influence et leur milieu : légitimistes, orléanistes, républicains, et ne s'alliant qu'en un point commun d'entente : la guerre à outrance contre l'impérialisme.

Gambetta avait donné des gages à l'extrême démocratie. Il ne les reprit point. Quelques historiens ont insinué qu'après l'affaire Baudin, il avait été circonvenu par certains personnages d'importance, qui avaient essayé de le gagner par ce que l'on appelle des présents d'Artaxerxes. Cette version ne s'appuie sur aucun document, ni sur aucun témoignage, et l'attitude même qu'il prit dans les réunions électorales ôte tout crédit à cette conjecture. Il se peut que l'on ait tenté de le corrompre, l'Empire ayant alors coutume d'en agir

ainsi avec ceux qu'on redoutait à l'Élysée, mais on
s'aperçut vite qu'il était incorruptible et qu'il préférait
les chemins rudes et ardus de la liberté aux sentiers
doux et semés de fleurs du patronage impérial. D'ailleurs, l'Empire, à la fin de 1868 et de 1869, n'était plus,
comme le dépeint un de ceux qui l'ont jugé avec impartialité, qu'un grand squale mortellement blessé et som-
brant. Sa politique despotique avait cessé d'en imposer, il n'en restait plus que les haines qu'elle avait
accumulées, et quant à sa politique de libéralisme douteux, elle n'avait reçu aucun commencement d'exécution. La fameuse lettre du 19 janvier 1867 ne contenait
que des promesses sans engagement. Elle était l'œuvre
spontanée de l'empereur. Les partisans du pouvoir personnel la désapprouvaient hautement et se liguaient
pour la rendre caduque, par une réaction qui aurait
le dessus sur Napoléon III lui-même.

Enfin, on se défiait de M. Emile Ollivier. Dans le Corps
législatif, la gauche républicaine l'avait en quelque
sorte rejeté de son sein, en lui reprochant d'avoir renié
son passé. Fils d'un des plus fermes champions de
la démocratie marseillaise, entré lui-même dans les
rangs du parti démocratique sous les auspices de Le-
dru-Rollin, qui était lié d'amitié avec son père, puis
devenu au barreau de Paris, dès sa majorité, le défenseur des causes républicaines, il avait, au Palais-Bourbon, été, avec Jules Favre et Ernest Picard, un des
membres brillants du petit groupe des *Cinq* et l'orateur
le plus courageux de l'opposition. Sa défense de Vache-
rot, l'auteur de *la Démocratie*, lui avait valu de la part
du tribunal une suspension de trois mois. Mais dès
1864, son hostilité, jusqu'alors violente, contre l'Empire
s'était étrangement modérée ; on avait remarqué ses
fréquentes visites à l'Élysée ; on le soupçonnait d'ambi-
tionner un portefeuille ; on n'attendait rien d'efficace de
sa demi-conversion qui paraissait aussi suspecte aux
impérialistes qu'aux divers partis de l'opposition. Cette
dernière, surtout dans les rangs des républicains, recou-

vrait sa foi en elle et sa vigueur. Elle devait sa nouvelle *furia francese* à Gambetta, elle le savait et elle croyait au jeune tribun, lorsque, dans les salles de réunions électorales à Belleville, il s'écriait avec son ardeur communicative :

« Je suis du peuple, au peuple, et serai toujours pour le peuple. Je veux le gouvernement de tous par tous et de chacun par soi-même. »

XVIII

Il avait accepté la candidature de la première circonscription de Paris contre Carnot, républicain aussi, mais trop peu avancé pour les électeurs bellevillois, la plupart ouvriers. Engagé, dès ce moment, au fort de la mêlée électorale, il prononçait discours sur discours, publiait adresses sur adresses. Presque tous ces documents de l'histoire du second Empire sont perdus aujourd'hui. Ils n'avaient, à vrai dire, qu'un intérêt d'actualité; mais ils montreraient, si on les avait sous les yeux, que l'orateur politique ne le cédait déjà en rien à l'orateur judiciaire. Il y faisait le tableau de l'émancipation du peuple, conquise par les principes de 1789 et arrêtée dans ses progrès, le 18 brumaire, par l'épée, en 1830 par la peur; il y formulait le programme de la démocratie future, en lui dictant pour loi de fonder l'égalité sociale sur le progrès moral et sur l'instruction.

Comme vous, disait-il aux électeurs dans sa profession de foi, je pense qu'il n'y a d'autre souverain que le peuple, et que le suffrage universel, instrument de cette souveraineté, n'a de valeur, n'oblige et ne fonde qu'à la condition d'être radicalement libre... La plus urgente des réformes doit donc être de l'affranchir de toute tutelle, de toute entrave, de toute pression, de toute corruption. Comme vous, je pense que le suffrage universel, une fois maître, suffirait à opérer toutes les destructions que réclame votre programme, et à fonder toutes les libertés, toutes les institutions dont nous poursuivons ensemble l'avènement; comme vous, je pense que la France, siège d'une démocratie indestructible, ne rencontre la liberté, la paix, l'ordre, la justice, la prospérité matérielle et la grandeur morale, que dans les triomphes des principes de la Révolution française. Comme vous, je pense qu'une démocratie régulière et loyale est par excellence le système politique qui réalise le plus promptement et le plus sûrement l'émancipation morale et matérielle du plus grand nombre, et assure le mieux l'égalité sociale dans les lois, dans les faits et dans les mœurs. Mais, comme vous aussi, j'estime que la série progressive de ces réformes sociales dépend absolument du régime et de la réforme politiques, et c'est pour moi un axiome en ces matières, que la forme comporte et résout le fond. C'est d'ailleurs cet enchaînement et cette gradation que nos pères avaient marqués et fixés dans la profonde et complète devise, hors de laquelle il n'y a pas de salut : Liberté, Égalité, Fraternité.

Son adresse aux électeurs de la deuxième circonscription des Bouches-du-Rhône, qui opposaient sa candidature à celle de Thiers, de Ferdinand de Lesseps et de Barthélemy, n'était pas moins nette et énergique. Il repoussait les allégations de ceux qui prétendaient confondre la démocratie avec la démagogie. Les démagogues étaient à ses yeux de deux espèces, ou César ou Marat, et soit qu'on se laissât subjuguer par un homme ou par une faction, dès que l'on se rangeait sous le drapeau démagogique, ce ne pouvait être que pour venir en aide à des ambitions ou à des appétits. Ces deux espèces de démagogie, il les haïssait avec la même horreur. Mais la démocratie radicale ne s'annonçait point avec ces desseins de satisfaction personnelle. Son but était le développement de la justice, de la liberté, l'établissement de la fraternité universelle. Sa source émanait de la souveraineté du peuple, et elle avait pour mission de fortifier cette souveraineté en fondant ses droits sur la raison; elle ne voulait entrer en lutte qu'à visage découvert, en s'efforçant de rallier la majorité à ses doctrines, avec la conviction que son avènement était proche, et qu'une fois « scientifiquement » organisée, elle assurerait à l'activité humaine un merveilleux essor.

Les électeurs adhérèrent, à Paris comme à Marseille, aux principes de leur candidat. Gambetta fut élu à Belleville et dans les Bouches-du-Rhône avec une immense majorité; à Paris, il obtint 21 734 suffrages contre son concurrent Hippolyte Carnot (le père du futur président de la République), qui n'en réunit que 9142; à Marseille, il y eut ballottage; et quand M. Thiers se fut retiré, laissant M. de Lesseps en présence de Gambetta, ce dernier remporta une éclatante victoire avec 12 865 voix contre 5064.

XIX

Ces résultats étaient significatifs. Personne ne mettait en doute leur portée. Ce jeune avocat, qui, six mois auparavant, était à peu près inconnu sauf à Paris, l'emportait sur les hommes les plus considérables. Il était envoyé au Corps législatif par des électeurs qui n'avaient pas entendu infliger un vote de blâme ou de défiance à Hippolyte Carnot, le fils de l'organisateur de la victoire et l'un des membres du Gouvernement de 1848; à Thiers, le plus illustre des hommes d'État de la France à cette époque et l'un des plus grands orateurs politiques de l'Europe. Personne n'avait songé à établir un parallèle entre le vieux républicain éprouvé, proscrit du 2 décembre, et le jeune défenseur de Buette et Delescluze. Personne n'avait eu la pensée de répudier Thiers, qui s'était déclaré l'adversaire de l'Empire avec non moins de fermeté que Gambetta, et longtemps avant ce dernier. Mais, à Paris comme à Marseille, on avait compris que ce qu'il fallait mettre en échec, c'était l'Empire par un acte direct sur lequel il n'y eût pas d'équivoque possible. Gambetta personnifiait en ce moment cet antagonisme qui se dressait en face du

gouvernement. Avec lui c'était le peuple même qui
entrait au Corps législatif et répondait enfin au coup
d'État par un coup d'éclat.

XX

Gambetta opta pour Marseille, et Paris nomma un
autre candidat radical, Henri Rochefort, dont *la Lanterne*, lue partout, avait, sous un jour satirique, mis en
lumière la faiblesse de l'idole impériale, en montrant
ses pieds d'argile.

Le Corps législatif ouvrit sa session le 28 juin 1869, et
le jeune député des Bouches-du-Rhône se rendit au
Palais-Bourbon, escorté par ses admirateurs enthousiastes. Mais il était fatigué de la campagne qu'il venait
de mener. Atteint d'une laryngite et condamné au repos
par son médecin, il alla faire une cure à Ems, pendant
que la Chambre procédait à la validation des récentes
élections.

Entre-temps la désunion s'accentuait dans les conseils de l'Empire. L'opposition républicaine avait dou-
blé le nombre de ses sièges au Parlement, et le parti
libéral de M. Emile Ollivier s'était renforcé. Un vent de
réforme, quelques-uns disaient de révolution, commençait à souffler. Ceux-mêmes, qui avaient jusqu'alors
été les plus fermes soutiens du régime impérialiste,
semblaient désireux de pactiser avec le libéralisme. Ils
n'hésitaient à se prononcer ouvertement que parce
qu'ils ne savaient de quel côté se pencherait l'empereur. Et lui-même était indécis. Sa santé, ébranlée,
l'empêchait de s'occuper aussi énergiquement, aussi
personnellement, des affaires du gouvernement, que
son intérêt dynastique le lui eût commandé. Il était
flottant, ne prenait que des résolutions vacillantes, un
jour sur le point de céder, le lendemain opérant un
mouvement de recul.

Le 19 juillet, M. Rouher, le « vice-empereur », comme l'appelait M. Emile Ollivier, se présenta lui-même devant la Chambre, et lut un message du trône plein d'ambiguité, promettant certaines réformes vaguement indiquées, et prorogeant le Corps législatif, pour laisser au Sénat le temps de reviser la Constitution. Jules Favre se leva, pour protester dans des termes qui le firent rappeler à l'ordre. Gambetta envoya, le même jour,

Rouher.

d'Ems à *l'Avenir national*, une lettre dans laquelle il se joignait à cette protestation, en insistant sur l'urgence, pour la gauche républicaine, de s'organiser en un parti homogène, prêt à agir avec le parti constitutionnel, sous la direction de Thiers, sans abandonner toutefois son propre programme.

Le gouvernement n'en persista pas moins à proroger la Chambre jusqu'au 29 novembre. L'opposition déclara illégale toute prorogation au delà du 26 octobre et le député de Kératry engagea ses collègues à se réunir ce jour-là sur la place de la Concorde, pour pénétrer de force, au besoin, dans le Palais-Bourbon. Gambetta écrivit de Suisse, qu'il se ralliait chaudement à cette mesure, en ajoutant que le suffrage universel avait trop longtemps été mené en laisse par le pouvoir exécutif. « Nous avons pour devoir, disait-il, d'en finir avec ces misérables temporisations d'une dictature qui se meurt d'atrophie. Je serai là. »

Mais à mesure que l'on se rapprochait du 26 octobre, il devenait évident que le meeting parlementaire, conseillé par de Kératry, ne pouvait aboutir qu'à une collision avec le gouvernement. Il restait à savoir quel bénéfice en retireraient les républicains. Courir les chances d'une répression armée eut, sans aucun doute, été folie. Victor Hugo, lui-même, alors encore en exil, le déconseillait. Gambetta se rangea finalement à cette opinion prudente; mais les exaspérés et les violents du parti ne voulaient pas admettre la sagesse de la prudence et, dans une réunion, ils mirent en demeure les députés républicains de se rendre à la place de la Concorde, ou de se démettre. Il y eut, ce jour-là, une vive agitation. On ne parla de rien moins que de la grande trahison du nouveau Mirabeau, et on prononça les mots de « roche tarpéienne ».

XXI

Le Corps législatif ne reprit ses travaux que le 29 novembre. Tout le mois suivant fut consacré à la vérification des pouvoirs. Le 27 décembre, on apprit que l'empereur, toujours énigmatique, après de nombreuses marches et contre-marches de ses conseils, après des doutes et des objections, s'abandonnait enfin aux mains de M. Émile Ollivier, et que celui-ci, appelé à former un cabinet, allait inaugurer régulièrement la nouvelle ère constitutionnelle. Le 3 janvier, le nouveau ministère était constitué : il se composait des membres de la droite et du centre gauche.

C'était une combinaison qui ne pouvait être viable qu'à la condition de s'appuyer, comme l'a fort bien fait remarquer un historien anglais du second Empire, sur l'autorité d'un Pitt ou d'un Casimir Périer. Il s'agissait pour celui qui prenait les rênes du gouvernement d'imposer, d'une part, ses vues à l'empereur, et, d'autre part, de canaliser le courant révolutionnaire. Ce miracle de politique ne pouvait s'accomplir, en supposant qu'il fût possible, qu'avec un homme d'État unissant les dons du caractère, du courage, de la haute intelligence à une connaissance approfondie de toutes les aspirations ou ambitions individuelles en jeu dans le Parlement. En outre, cet homme devait être pur de tout reproche, répondre par tout son passé de la droiture de ses intentions, sans qu'aucun souffle de soupçon en ternît la sincérité, aux yeux de tous.

M. Émile Ollivier.

Nous n'avons pas à faire ici le procès de l'ancien président du Conseil de 1870. L'histoire et la postérité s'en chargeront et ont déjà presque définitivement rendu leur jugement à cet égard. Mais il est évident aujourd'hui, pour quiconque est impartial dans l'étude de cette période de nos annales, que l'Empire libéral fut une erreur d'optique politique, et que cette erreur ne pouvait, à une date très proche, qu'aboutir à un échec ou à une catastrophe.

On ne reconstruit pas un édifice avec des matériaux vermoulus, effrités, sans valeur. Ou bien il fallait rebâtir le gouvernement impérial sur des assises entièrement nouvelles, ce qui était impraticable; ou bien il fallait renoncer à cette vaine tentative de rendre une force factice à ce qui n'avait aucune racine réelle dans le pays. L'Empire n'était pas né viable. Il avait

prononcé lui-même son arrêt de condamnation le 2 décembre 1851. Quoi qu'il fît, annonçât, promît ou entre-
prît, il venait d'une source corrompue, et la tâche de
son origine demeurait ineffaçable. Gambetta, avec un
admirable instinct politique, avec une justesse de vue
que l'on peut nommer géniale, avait mis le doigt sur
la plaie impériale dans le procès Baudin. Louis-Napoléon avait débuté au pouvoir par un acte criminel. Le
coup d'État, en dépit de son succès, restait une usurpation, et la morale publique n'y pouvait voir, même après
tant d'années, qu'un forfait politique. Aucune raison
suprême, invoquée par son auteur, ne saurait faire par-
donner de violer une constitution que l'on a solennellement juré de défendre. Il n'y a pas de vérité contre
la vérité. Personne n'ignorait que ce Bonaparte n'avait
jamais eu d'autre préoccupation que ses propres intérêts d'argent et d'ambition; que si la fortune n'avait
pas tourné la roue en sa faveur, il était ruiné sous tous
les rapports. Pour payer ses créanciers, il avait fait main
basse sur la France. Et comme tout criminel, poussé
par son crime, il avait tué. Ce sang versé dans les rues
de Paris, le 2 décembre et les jours suivants, il en était
responsable. Non seulement, ses soldats avaient fusillé
Baudin et ceux qui étaient sur les barricades ou les
armes à la main, mais des passants, des gens inoffen-
sifs, des enfants. Le massacre n'avait eu d'autre motif
que l'intimidation. Le crime fait appel à la terreur.
Après les assassinats, il y eut les déportations, les exils.
Quoi d'étonnant que les hommes qui gardaient encore
quelque pudeur se fussent éloignés avec horreur et
dégoût d'un semblable gouvernement, qui démoralisait
l'armée, pour la faire servir à ses machinations, et la
jeter comme arbitre entre lui et le pays; qui avait
inauguré le régime de la délation, de l'espionnage, de
la tyrannie, pour des motifs misérables, de honteuses
spéculations et des convoitises sans vergogne!

Avec de tels antécédents et un semblable programme,
le gouvernement impérial s'était, dès son avènement,

aliéné tous les nobles esprits de la France. Il n'avait eu
pour coopérateurs et pour soutiens, que des gens sinis-
tres ou tarés en qui nul ne pouvait sincèrement placer
sa confiance, pour peu que l'on eût le respect de soi-
même. Persigny était une espèce de mystique, ayant
une foi mystique dans l'étoile impériale. Maupas avait
la foi policière, qui ne croit qu'à la vertu du casse-tête,
et ne place la force du gouvernement que dans la
crainte inspirée par les arrestations, la police correctionnelle, les assises, les prisons et le bagne. Morny, un
joueur sceptique, Saint-Arnaud, un sabreur, n'auraient
ni l'un ni l'autre osé parlé de leurs convictions. Aucun
des quatre n'avait cette grandeur morale, qui est indispensable pour mériter l'approbation d'une nation qu'on
dirige. Quant au reste, c'étaient des créatures, recrues
du lendemain, âmes toutes prêtes à l'encan, petites la
plupart, pas une vraiment haute; meute attendant la
curée, d'autant plus avidement, que l'Empire n'avait
pas autre chose à leur offrir que la satisfaction des
appétits matériels, pourvu qu'ils lui prêtassent leur
aide cynique dans la répression de toute liberté de
pensée, de parole et d'autonomie. Tous ces germes
de décomposition et de mort, l'Empire les portait en lui
dès sa naissance; ils s'y développaient, comme en un
organisme vicié, infectieux, délétère et incurable.
L'optimisme de M. Émile Ollivier n'y pouvait porter
remède. Sa fin était fatale, prochaine.

XXII

Le 10 janvier, les Chambres se réunirent. Le cabinet,
déjà refroidi par l'attitude de la droite bonapartiste et
de la gauche républicaine, réclama l'adhésion de tous
les partis à un gouvernement progressif sans violence
et gardien de la liberté sans révolution. Gambetta
monta à la tribune. Il allait pour la première fois parler

en représentant de la nation. Ceux qui ne le connaissaient pas, même dans les rangs de la gauche, ne se
faisaient de lui que l'idée d'un démagogue venu là pour
renouveler les scènes et les discours de la Convention.
Ils furent tout surpris de l'extrême modération de
son exorde lorsqu'il demanda, en des termes pleins de
convenances, pourquoi l'on avait envoyé en Algérie au
bataillon de discipline deux soldats qui, en congé,
avaient assisté à une réunion politique. Le général

Lebœuf, ministre de la
guerre, répliqua sur un
ton agressif que l'armée
n'avait rien à voir dans
la politique et qu'elle
ferait son devoir au cas
où les révolutionnaires
l'y obligeraient. Ce lan-
gage, hautain, acerbe,
qui contrastait singu-
lièrement avec la rete-
nue parlementaire de
Gambetta, n'était assu-
rément pas celui de la
conciliation. Le député
des Bouches-du-Rhône
répondit que de telles

Général Lebœuf.

paroles ne pouvaient venir que d'une « faction injustement en possession du pouvoir ». M. Émile Ollivier
voulut corriger l'impression produite par le ministre
de la guerre. Il releva l'expression de « faction »
adressée au gouvernement et essaya de démontrer
qu'entre ce dernier et la gauche il n'y avait que des
divergences de mesure, d'opportunité et de détail. La
riposte de Gambetta fut prompte, tel un éclair d'épée,
et retentit comme le coup de clairon du combat :

J'affirme, dit-il, qu'il n'y a, entre celui qui vient de parler et
nous, pas une question de mesure, mais une question de prin-

cipe. Si vous voulez fonder la liberté avec l'Empire et le faire sans cette coopération, renoncez à cet espoir à jamais. Nous voulons, au lieu de l'Empire, une série d'institutions en harmonie avec le suffrage universel et la souveraineté nationale, et qu'on nous donne, sans révolution et pacifiquement, une république. Je parle au nom du suffrage universel qui m'a envoyé ici avec un mandat du peuple et je dis que je ne m'écarte en aucune manière d'une attitude strictement constitutionnelle, en démontrant qu'il y a incompatibilité absolue entre la forme actuelle du gouvernement, entre le système que vous défendez, et les droits et aspirations du suffrage universel. Mais cela ne signifie aucunement que si je ne suis pas satisfait du présent, je m'efforcerai de trouver un remède dans un appel à la force brutale. Non, non... Et cette position n'est en aucun sens illogique, parce que je crois qu'il se fera peu à peu dans la conscience de la France une conversion progressive et une certitude que le jour arrivera, et il n'est peut-être pas éloigné, où la majorité qui aura pris votre place sera inévitablement amenée sans trouble, sans discorde, sans tirer l'épée, sans aucun appel à la force subversive et par la simple logique des événements, et marquera un nouvel ordre de choses, car vous n'êtes qu'un pont entre la République de 1848 et la République à venir, et ce pont nous le passons.

XXIII

Au moment même où le jeune orateur républicain jetait ce défi à l'Empire libéral, un fait qui devait exercer une influence décisive sur l'opinion se produisait au dehors de l'enceinte parlementaire. Pierre Bonaparte, cousin de l'empereur, avait, à la suite d'une polémique de presse, provoqué Henri Rochefort, et se voyait à son tour appelé en duel par M. Pascal Grousset. Les deux témoins de ce dernier, Victor Noir et Ulric de Fonvielle, tous deux journalistes, se chargèrent de porter ce défi à Auteuil, où demeurait le prince Pierre. A peine étaient-ils entrés dans la maison, que de Fonvielle reparut dans la rue en criant : « Au meurtre ! »

Victor Noir avait reçu une balle de revolver dans la
poitrine et le meurtrier n'était autre que le proche pa-
rent de Napoléon III.

Cette nouvelle eut l'effet de l'assassinat de Marat par
Charlotte Corday, quand Chabot pâle de terreur, parut
dans la Convention, en s'écriant : « On veut nous assas-
siner tous ! » Rochefort commenta l'événement dans son
journal *la Marseillaise*, en demandant au peuple de
France si la mesure n'était pas comble. L'article, d'une
virulence voulue, porta coup. Le 12 janvier, aux funérailles de Victor Noir, des milliers d'hommes, parmi
lesquels beaucoup d'ouvriers, le crêpe au bras, des
couronnes d'immortelles à la main, formèrent un cortège imposant et redoutable. Les cris de « Vengeance !
Mort aux Bonaparte ! » retentissaient dans cette foule
immense en une formidable explosion de colère. On
détela les chevaux du corbillard que l'on traîna et peu
s'en fallut que cette manifestation, en vain contenue
par la police et la troupe, n'eût pour dénouement ou
une révolution ou une effusion de sang.

Le procureur de la République avait demandé à la
Chambre de lever l'immunité parlementaire qui cou-
vrait M. Rochefort, en vue d'intenter des poursuites à
ce député. Gambetta parvint à faire ajourner le vote jusqu'au 17, mais Rochefort n'en fut pas moins condamné,
le 22 janvier, à six mois de prison, et le 7 février, à sa
sortie du Palais-Bourbon, appréhendé au corps. Gambetta protesta avec indignation contre cet acte, qui
attentait aux privilèges de la représentation nationale,
ajoutant que, par déférence pour le suffrage universel,
l'exécution du jugement rendu par le tribunal correc-
tionnel aurait dû être ajournée jusqu'à la fin de la
session.

Nous n'avons pas à insister ici sur la part que prit
le député des Bouches-du-Rhône dans les débats de
cette session de 1870. Disons seulement qu'elle fut très
active. On le vit successivement paraître à la tribune,
le 26 janvier, pour s'élever contre l'intervention de

l'armée dans la répression d'une grève au Creusot, le
3 février, pour parler en faveur de l'extension de la
liberté de la presse, le 29 mars, pour dénoncer l'illéga-
lité des candidatures officielles.

XXIV

Le 5 avril, à l'occasion du sénatus-consulte, suggéré
par Rouher et accepté par M. Emile Ollivier, pour faire
sanctionner la nouvelle constitution impériale, par un
appel au peuple, Gambetta prononça son premier grand
discours politique. Cette harangue, que l'on a justement
nommée un cours de théorie républicaine, est restée
mémorable. L'orateur y révéla toute son habileté et sa
puissance, toute son éloquence et sa sagesse. Discutant
juridiquement, pour ainsi dire, la valeur des divers systèmes en présence, leur raison d'être et leur économie
propre, il exposa comment et pourquoi un gouvernement républicain était préférable à tout autre et il invita
la Chambre qui l'écoutait à en faire l'essai, quoiqu'il
n'ignorât point combien elle était en majorité hostile
à la République. Il sut la tenir pendant plus de trois
heures sous le charme, ne persuadant point ceux qui
ne voulaient pas, de parti-pris, se laisser convaincre,
mais les captivant. La mesure et la modération de son
exorde, le développement logique de sa démonstration
lui concilièrent, dès le début et pendant toute la durée
de son discours, l'attention soutenue même de ses plus
agressifs adversaires. Ils avaient beau ne pas admettre
son argumentation, ne pas se rallier à ses conclusions,
pas une seule fois ils n'eurent l'occasion de l'interrompre. La majorité gardait une sorte de recueillement
et c'est de ses bancs que partaient les voix demandant
à l'orateur de s'arrêter un instant, l'invitant à prendre
quelque repos, quand on s'apercevait de sa fatigue,
car son larynx était toujours un peu malade.

La sensation produite par cette admirable lucidité de
pensées et d'expressions, par ce calme maîtrisant la
passion, par ces preuves irréfutables et ces exemples
saisissants, eut un effet de magie. Il fallut bien reconnaître que l'homme qui parlait à la tribune n'était pas,
comme on l'avait représenté, un énergumène introduit
dans le Corps législatif par la populace électorale, et
qu'au lieu d'un porte-voix des déclamations démagogiques servant d'instrument aux vociférations du Forum
et aux interruptions insolentes dans la Chambre comme
on l'avait prétendu, on entendait un magnifique orateur
parlementaire, né pour la politique, et pouvant désormais rivaliser avec les plus hautes illustrations de l'éloquence délibérative.

Il prouva que la nouvelle constitution impériale était
incompatible avec le suffrage universel et que le plébiscite même, proposé par un pouvoir n'émanant pas
directement du suffrage universel, ne pouvait donner
à cette constitution aucune validité. Les avertissements
furent perdus ce jour-là, il est vrai, pour le suffrage
universel comme pour le Corps législatif. Le sénatus-
consulte reçut, grâce à l'action officielle, le 8 mai, l'approbation du pays. 7 359 142 Français répondirent *oui*,
en donnant la sanction à la constitution du tiers parti
libéral. Une minorité de 1 538 825 *non* et 115 975 bulle-
tins nuls put faire croire à l'Empire que la solidité de son
édifice résisterait aux attaques des partis en apparence
trop faibles pour tenir tête à ceux sur qui il avait l'illusion de pouvoir s'appuyer et qui n'avaient jeté dans
l'urne un vote affirmatif que par peur de représailles ou
par esprit de sauvegarde des situations acquises.

L'appel des gauches à la nation et à l'armée, à la
veille du plébiscite, avait été rédigé par Gambetta et
signé avec lui par tous les députés républicains. « La
constitution qu'on vous propose, disait ce manifeste,
c'est votre abdication qu'on vous demande. » Le suffrage universel consentit à cette abdication. Égaré,
trompé par ceux dont il croyait pouvoir escompter, au

profit de la prospérité commerciale et industrielle, les annonces de paix, il ne voyait pas et, dans sa crédulité inéclairée, ne pouvait pas voir l'abîme où les hommes néfastes du gouvernement allaient bientôt précipiter la France.

Seule, la jeunesse française applaudit au discours de Gambetta. Le nom du député des Bouches-du-Rhône fut salué avec de bruyantes ovations dans les cercles des écoles.

Le 19 avril, dans un banquet de six cents personnes réunies à la salle Ragache, l'enthousiasme républicain de la nouvelle génération répondit à la victoire du plébiscite. Gambetta, objet de cette ovation, exhorta toutefois ses adhérents à ne demander le changement des institutions qu'aux moyens pacifiques et à la force morale. Il leur rappela que le triomphe définitif du suffrage universel ne devait s'obtenir que par la lumière faite dans les convictions, par le travail, par l'honnêteté et les efforts virils.

Ce banquet de la jeunesse des écoles fut une véritable communion d'âmes. Le discours de Gambetta résonna profondément dans les cœurs. Il y sema des ferments qui allaient germer. Il fut l'appel à toutes les forces encore intactes, maîtresses de l'avenir. Il est de ceux que la jeunesse d'aujourd'hui doit relire, pour s'en inspirer, comme s'en inspirèrent ceux qui l'entendirent alors.

XXV

Mes chers contemporains, disait Gambetta, j'ai besoin de toute votre attention; dans l'état de fatigue où je me trouve, il ne me serait pas possible de dominer le tumulte. Cependant, je ne puis pas ne pas répondre aux paroles qui viennent de m'être adressées. Mais elles ont mis dans mon âme une émotion telle, que je ne pourrai qu'avec peine vous exprimer d'une façon vivante et sentie la joie, exempte de toute vanité et de tout orgueil, que je ressens à me trouver au milieu de la génération dont on a bien voulu dire que je suis et que je resterai l'organe.

En effet, s'il m'était permis de dire que j'ai une ambition particulière, ce serait celle de résumer et de traduire, avec la fidélité, l'énergie et la sincérité d'une conscience qui a pris possession d'elle-même, vos aspirations et vos droits, et de poursuivre infatigablement la réalisation définitive de la liberté dans la forme républicaine.

Certes, ce n'est pas moi, Messieurs, qui médirai jamais de nos glorieux devanciers. Ce n'est pas moi qui, coupable d'impiété filiale, oserai accuser, non pas même leurs défaillances, mais leurs égarements. Non! non! ce passé est sacré; c'est avec leur héroïsme qu'ils nous ont permis de toucher à la terre promise de la liberté par la science.

Car je crois qu'ici je ne rencontrerai pas de contradicteurs, quand je dirai qu'à côté des sentiments et des aspirations idéales, nous avons pour nous la démonstration rationnelle, la possession de la vérité.

Certes, beaucoup, — et je suis du nombre, — sont républicains par tradition, par famille et par race. C'est une noblesse aussi! Mais le sentiment n'a pas de prise suffisante sur les autres hommes, et pour conquérir leur adhésion, pour les réduire au silence, pour leur imposer la foi, il faut autre chose que de naturelles et éloquentes aspirations, il faut avoir pour soi cette lumineuse et décisive force qu'on appelle l'évidence. Eh bien, j'ai cette conviction absolue, et que l'on peut opposer à toutes les séductions comme à toutes les injures, comme à tous les défis des partis : c'est que seuls, à travers la mêlée et la confusion des partis rivaux, nous avons raison, et nous le prouverons.

Avoir raison, Messieurs, avoir raison, c'est cesser d'être un parti; c'est prendre dans l'humanité cette place éminente où on n'est plus attaquable; c'est dire à la nation : Tu m'appartiens! tu m'appartiens parce que seul je peux réaliser ton émancipation morale et assurer, sur les bases de la justice, l'ordre véritable et la sécurité matérielle.

Eh bien, je dis que les temps héroïques du parti républicain sont clos. Ah! non pas, entendez-le bien, que si, dans une heure de vertige ou de provocation au mépris du droit éternel, un homme osait pour la seconde fois tenter les aventures de la violence, je veuille dire qu'on ne puisse pas opposer la force à la force!...

Mais, mes amis, ce suprême recours, il ne doit être que la suprême revanche du droit menacé. Jusque-là, tant que le champ reste ouvert à la discussion, à la controverse, au prosélytisme, à la propagande, tant que l'homme peut aborder l'homme, le citoyen le citoyen, tant que les âmes et les esprits peuvent s'entendre et se pénétrer, tant que l'on n'a pas mis la main de la police sur la bouche des citoyens libres, jusque-là il faut proclamer hautement que l'on méprise la force entre ses mains comme on la méprise dans les mains des usurpateurs.

Et alors, il faut se recueillir, et alors, il faut avoir un mot d'ordre ; ce mot d'ordre est : travail. Et quand je dis travail, je me sers du mot le plus complexe, afin que quiconque dans cette enceinte appartenant à des ordres différents dans la société, et, puisqu'il faut dire le mot, à des classes différentes, sache bien que le travail, quel qu'il soit, est pour moi l'objet d'une égale vénération.

Et, Messieurs, puisque nous sommes réunis, nous, la génération qui a charge, sous peine de se déshonorer elle-même, de ne pas laisser se lever sur la France le centenaire de 1789, sans avoir fait quelque chose pour l'avènement de la justice sociale, laissez-moi dire que si cette génération est réellement marquée pour accomplir, — ne disons pas de grandes et glorieuses œuvres, il ne faut jamais devancer le jugement de ceux qui nous succéderont, — mais pour accomplir une mission nécessaire pour achever la Révolution française...

Laissez-moi parler, car sans cela je ne pourrais aller jusqu'au bout... Si réellement cette génération n'était pas marquée, désignée pour accomplir et réaliser ce magnifique programme, il faudrait cesser de croire à la loi organique qui régit et règle la marche des sociétés humaines. — Car il y a une loi qui domine, qui commande, qui pousse les événements ; non pas cette loi providentielle dont l'ancien régime s'est paré et s'est décoré, mais une loi immanente de justice progressive qui se développe à travers les faits heureux comme à travers les résistances funestes.

Oui, Messieurs, notre génération entre dans la vie sous des signes précurseurs de sa grandeur morale ; elle y entre au moment où la légende du despotisme qui avait gangrené deux générations avant nous s'est effacée, s'est dissipée au contact de la critique et de l'investigation historique. Oui, la génération qui nous a précédés, qui n'avait vu dans le Dix-Huit Brumaire qu'une espèce de syndicat protecteur de la sécurité publique contre je ne sais quelle aventure et quelle conspiration du Directoire, — cette génération tenue en tutelle, élevée au tambour, élevée au catéchisme impérial, corrompue par les convoitises et les excitations des appétits matériels, cette génération s'était fait, — pour elle-même, entendez-le bien, — elle s'était fait une légende, elle adorait ses propres vices dans la personne impériale.

Et c'est ainsi qu'elle inocula dans les veines de la France ce virus de corruption et de mort, qu'on appelle le culte de Napoléon Ier.

Eh! Messieurs, c'est là l'origine de tous nos maux.

En effet, grâce à l'éblouissement factice, à cette sorte de coopération frauduleuse de tous les vaincus de 1814 à 1848, on avait assisté à l'accouplement le plus hideux qui se puisse voir, l'alliance entre ceux qui se présentaient comme les héritiers de la Révolution française et les gardiens de la tradition de l'homme qui, bien qu'il se glorifiât d'être un Robespierre à cheval, n'était que la parodie sanglante et sinistre du césarisme byzantin.

De cette alliance sortit une véritable dépravation du sens politique de la nation; les ouvriers, les paysans, les bourgeois que l'on trouve belliqueux à leur heure et dans leurs propos, se mirent à regretter et à pleurer le sort du martyr de Sainte-Hélène. (*Rires.*)

Ah! Messieurs, que vos rires me font de bien! et qu'ils sont la preuve des bienfaits de cette triomphante critique qui a mis à néant et le *Mémorial de Sainte-Hélène* et les prodigieuses doléances de ce captif... qui méritait mieux.

Et ce ne fut pas seulement le peuple qui fut ainsi trompé et égaré. Ce furent même les hommes des hautes classes, peut-être parce qu'ils avaient eu leurs représentants dans les anti-chambres, chambellans par-ci, domestiques par-là, et qu'ils avaient besoin de faire excuser leur servilité en la décorant d'un grand nom. Eux aussi cultivèrent la légende impériale. Ce ne fut pas tout : après la révolution de Juillet, on vit un gouvernement entier se parer devant l'Europe de cette espèce d'épopée militaire, et s'attribuer tout le bruit et toute la pompe des victoires impériales. A telles enseignes que, de ses propres mains, ce gouvernement donna et l'argent et la faveur et les places à tous ceux qui se réclamaient du grand homme, et qu'un beau jour, au pied de cette colonne qui est devenue, comme vous le savez, une profession de foi dont nous expions cruellement le succès, un homme, un roi! un roi tirait son sabre de garde national et criait au peuple affolé et ivre de souvenirs : *Vive l'empereur!* Si bien que si l'empereur avait pu sortir de sa tombe, comme l'a remarqué M. Littré, et entrer dans Paris, certainement il eût couché le soir même aux Tuileries.

Vous saisissez là, Messieurs, sur le vif, la création, la construction, l'aménagement de la légende impériale; et alors, jugeant au point de vue critique, vous pouvez vous expliquer comment dans une heure d'abandon, sous le feu des canons, sous la pression de la police et sous le feu aussi des calomnies plus redoutables encore que le canon, un peuple a appliqué la légende qu'on lui avait apprise.

Eh bien, cette légende est détruite, grâce à des travailleurs consciencieux, à des érudits implacables. On a feuilleté l'histoire jour par jour, et c'est sur les aveux mêmes du coupable que l'histoire a prononcé son arrêt. Désormais on peut appliquer à cet homme le mot que l'abbé Grégoire appliquait à un roi : « C'est un monstre au moral comme les monstres le sont au physique. »

Voilà la première épreuve dont nous sommes débarrassés. Désormais le terrain est déblayé sur cette avenue; désormais nous ne rencontrerons plus devant nous la figure imposante et radieuse de l'empereur; désormais nous pouvons mettre la vérité sous les yeux du peuple, sous les yeux des classes éclairées comme des classes qui ne le sont pas, et nous pouvons leur démontrer, pièces en main, qu'elles se sont laissé séduire, tromper, égarer, dépraver, et que, quel que soit le travestissement qu'il revête, le système reste toujours le même.

Mais il y a, Messieurs, une bien autre conquête, une bien autre victoire à mettre à l'actif de notre génération : c'est la compréhension, la connaissance de jour en jour grandissante de la constitution intime de la démocratie française.

Il y a trente-cinq ans, le mot démocratie était à peine employé. On l'appliquait volontiers aux États de l'autre côté de l'Atlantique. Quant à nous, on considérait que c'était tout à fait une excentricité de vouloir amener le gouvernement de la démocratie dans ce pays.

Il y avait bien quelques penseurs, quelques philosophes, quelques publicistes, et même des hommes beaucoup plus simples d'esprit, mais très fermes de cœur, qui avaient conservé la tradition et qui savaient ce qu'était la démocratie, ce qu'elle portait dans ses flancs, quelle serait un jour sa grandeur, et quels seraient un jour ses bienfaits.

Mais c'étaient là de véritables parias dans la société! il n'en était tenu nul compte, et vous savez avec quel dédain, avec quel insolent mépris on traitait ceux qui de 1830 à 1848 réclamaient au nom du peuple l'avènement de la démocratie, c'est-à-dire de la main dirigeante du peuple dans l'avenir.

Il n'en est plus ainsi, grâce à une révolution que je trouve admirable pour ma part, non point pour ce qu'elle a fait, non point seulement pour ceux qui l'ont dirigée, qu'on me permette cette parole, mais, pour ainsi dire, parce qu'elle est sortie des entrailles mêmes du peuple, qu'elle s'est faite, malgré tout le monde, sans la participation de ces conducteurs habituels qui règlent d'avance les cérémonies révolutionnaires.

Il y a eu là comme une explosion volcanique spontanée de la conscience française, et l'on a du premier bond, du jour au lendemain, constitué une nouvelle base à l'édifice politique et social de la France. Du jour au lendemain, on a fait de ce pays, qui était entre les mains d'une classe, un pays qui est entre les mains de tous et de chacun à un égal degré.

Oh! je reconnais que lorsqu'on a posé de pareilles prémisses, il ne s'est trouvé personne ou d'assez fort, ou d'assez heureux, ou d'assez puissant, ou d'assez bien servi par les circonstances au milieu desquelles s'agitait la création de la République, pour en faire sortir par l'application ce que comportait une mission pareille.

Mais si cette tâche n'a pas été accomplie, si ce glorieux mouvement a ainsi avorté, il faut voir à qui en est la faute, il faut établir nettement la responsabilité, il faut surtout rechercher ce qui résulte des habiletés de nos adversaires, de nos fautes personnelles, étudier de près si l'on n'avait pas été trop fier, trop dédaigneux avec tel ou tel intérêt puissant, si on avait apporté dans le nouvel ordre de choses cet amour, cet esprit du bien, cette abnégation républicaine et démocratique sans lesquels on ne fondera jamais rien de durable dans l'ordre social.

Et la question se retrouve tout entière. Oui, cette République a péri sous la conjuration de ces deux forces que j'indiquais tout à l'heure : le compromis tout à fait hasardeux, tout à fait immoral que l'on avait noué pendant quarante-cinq ans : l'idée fausse que l'on avait inoculée à la conscience française; et ensuite les haines, les calomnies dont les partisans de l'ordre déchu se sont servis avec une activité redoutable contre les institutions nouvelles.

Et savez-vous ce qui les a fait triompher? C'est qu'ils ont compris dès le premier jour, dès la première heure, ce que valait le suffrage universel; ils se sont adressés à lui, et ils l'ont systématiquement troublé, ils l'ont continuellement apeuré et alarmé, ils ont mis le paysan dans l'inquiétude sur la possession de sa terre, ils ont porté l'anarchie jusqu'au foyer domestique, ils ont, avec une perfidie qui n'a été égalée que par leur persévérance, distillé jour et nuit le fiel sur la République, et empoisonné la conscience de ce pays.

A cette tactique, nos amis n'ont eu ni l'à-propos, ni l'art d'opposer une tactique analogue.

Ils avaient le suffrage universel, et ils ne le comprenaient pas, et ils n'y croyaient pas. Alors il s'est passé ce qui se passera toujours, il s'est passé que le suffrage universel s'est défié de qui se défiait de lui. On ne se livre qu'à celui qui aime ou qui a l'apparence d'aimer.

Maintenant, nous savons ce qu'est le suffrage universel, nous savons que le suffrage universel c'est nous, que le suffrage universel ne peut avoir de droits, d'intérêts, d'aspirations, de passions, de colères, qui ne soient nos intérêts, nos aspirations, nos passions, nos colères et nos droits; car nous sommes le peuple et il est le peuple.

Il faut donc nous adresser au suffrage universel, il faut le guider et l'éclairer, il faut que chacun de nous, dans la mesure de ses forces, se livre à un apostolat incessant du suffrage universel.

Et voici ce que cela commande, voici ce que cela impose, surtout à la génération nouvelle. Nous sommes, ici au moins, en majorité des jeunes gens qui ont eu cette faveur du sort et de la fortune de pouvoir, les uns sans imposer des sacrifices à leurs familles, les autres, au contraire, au prix de durs labeurs, d'épargnes méritantes arrachées au patrimoine domestique, conquérir ce levier supérieur de l'indépendance qu'on appelle l'éducation et l'instruction.

Je dis que, ce jour-là, nous tous, nous avons contracté une dette, un engagement que nous ne pouvons rompre sans faire outrage à la plus sacrée de toutes les lois humaines, la solidarité sociale.

Nous avons pris l'engagement devant nous et pour les autres, puisque nous reconnaissons la démocratie et le suffrage universel, de nous vouer incessamment à l'émancipation de ceux qui n'ont pas joui du même bénéfice de la fortune, de les attirer vers nous et de travailler à leur assurer tous les jours plus de lumière et plus de bien-être.

Nous n'aurons pas autrement, Messieurs, — et c'est par là que je reviens à la politique, — nous n'aurons pas autrement dans ce pays l'ordre et la stabilité; car je tiens à l'ordre et à la stabilité. Oui, croyez-le, si je veux, si j'appelle de toutes mes forces l'avènement de notre forme républicaine, c'est que ce sera un vrai gouvernement qui aura conscience de ses devoirs et qui saura se faire respecter.

Enfin, je proteste de tout mon pouvoir contre ceux qui, à force d'attaquer les institutions gouvernementales du pays, parce qu'elles sont placées dans les mains d'un homme qui en fait mauvais usage, oublient que le gouvernement, dans une société démocratique, ce serait nous-mêmes. Non pas, entendez-le bien, — *car il ne faut pas d'équivoque,* — *non pas que* le gouvernement puisse, selon moi, sortir de ses attributions, et que l'État puisse franchir le cercle légitime de ses prérogatives. Non! non! j'ai trop de respect pour l'individu, trop de confiance dans le développement naturel des forces libres et des énergies associées des citoyens, pour solliciter de l'État rien qui ressemble à une contrainte ou à une compression. Mais je ne veux cependant pas non plus bouleverser cette organisation qui tient la société en équilibre. Il faut un gouvernement! il faut notre gouvernement!

C'est pourquoi je dis que le suffrage universel émancipé, devenu majeur, éclairé par la raison, est seul capable de constituer le gouvernement qui s'imposera au respect de tous.

Voilà, Messieurs, quelle est notre tâche. Quant à moi, je serai particulièrement touché si, dans la poursuite de ce but, je peux compter que je rencontrerai toujours, non pas à côté de moi, mais avec moi, sans distinction, et dans l'égalité parfaite et absolue de véritables compagnons d'armes, votre appui et votre concours.

Ce qu'il faut donc emporter d'ici, mes amis, c'est la résolution énergique de pratiquer nos doctrines, de les pratiquer, non-seulement dans ce for intérieur qu'on appelle la conscience, mais aussi au dehors, d'une façon expérimentale, par des actes. Par des actes! Il faut agir, Messieurs! et pour cela, il faut vous associer, dans un but commun d'instruction et de propagande.

Et si j'avais, quant à moi, un mot d'ordre à donner où a recevoir, je n'en accepterais pas d'autre que celui-là : Le travail en commun. *Laboremus!*

Six jours avant cette allocution, le Corps législatif avait été prorogé. Les événements se précipitaient. Mais tel était alors l'aveuglement du pays que la plupart n'apercevaient pas encore la main traçant, comme au festin de Nabuchodonosor, les terribles paroles fatidiques : *Mané, Thécel, Pharès!*

CHAPITRE IV

LE SAUVEUR DE LA FRANCE

I

Tandis que l'Empire préparait lui-même sa chute,
une puissance étrangère grandissait en face de lui et
s'apprêtait à jeter
dans la balance
des destinées im-
périales le poids
de son épée forgée
sur l'enclume des
haines irréconci-
liables. La Prusse,
vaincue par Napo-
léon Ier à Iéna, et
dépouillée par le
traité de Tilsitt de
la moitié de son
territoire, n'avait
pas oublié cette
humiliation, quoi-
que le congrès de
Vienne, en 1814 et
1815, lui eût rendu
ses possessions en

Bismarck.

les agrandissant. Guillaume Ier, en montant sur le trône
en 1861, après avoir exercé la régence depuis 1857, au
nom de son frère Frédéric-Guillaume IV, avait poursuivi
son plan de réorganisation de l'armée commencée dès
son avènement aux affaires. Débarrassé de l'opposition à
ses desseins par la retraite du ministère libéral en 1862,
il avait appelé à la direction de son gouvernement
M. de Bismarck dont il connaissait déjà la valeur politique et l'habileté diplomatique. Ce choix inaugurait,

dans les plans de la Prusse, une action intérieure et extérieure à la fois énergique et consciente du but déterminé d'avance.

Pour atteindre ce but et surmonter tous les obstacles qui se rencontreraient avant d'y parvenir, il fallait le concours de trois volontés de fer procédant avec une entente inébranlable : un souverain décidé à ne reculer devant rien jusqu'à ce qu'il fût arrivé à ses fins; un ministre capable de dissimuler, en attendant le moment de frapper de grands coups et les frappant au moment opportun pour lui, sans se préoccuper du droit si la force lui donnait le succès; un chef d'armée joignant au génie de l'administration militaire

Guillaume Ier.

celui de la guerre. Ces trois hommes, rapprochés par le mystérieux enchaînement des destins qu'on croirait préétablis, se concertèrent aussitôt que les circonstances leur ouvrirent le chemin.

Guillaume Ier, soldat avant d'être devenu roi, avait reçu sa première éducation sur les champs de bataille, pendant cette campagne de 1814 que les historiens prussiens appellent la guerre de l'Indépendance. Son enfance même s'était passée au milieu des bruits du canon. L'abaissement de son pays par les conquêtes de la France avait, lorsqu'il comptait à peine dix ans, été le premier spectacle offert à ses yeux. Une scène profondément impressionnante s'était alors gravée à jamais dans son esprit, quand, après la défaite de la Prusse à Auerstædt, sa mère, la reine Louise, lui avait pris, à cette nouvelle, les deux mains en lui disant : « Souviens toi toujours de mes larmes sur les malheurs de la patrie, mais ne te contente pas de pleurer nos revers comme je le fais; sache, en grandissant, être un homme, afin de relever, un jour, notre peuple de la honte et de la ruine; et si tu n'y peux réussir, cherche la mort dans les combats. »

Il s'était, tout jeune, inspiré des idées de Stein et de Hardenberg, les deux réorganisateurs de la monarchie prussienne après Tilsitt. Plus tard, désigné par son frère comme héritier présomptif de la couronne, il avait trouvé un aliment à son caractère belliqueux dans son rôle de généralissime de l'expédition contre la révolution badoise en 1849, qu'il maîtrisa en quelques semaines, puis dans le commandement militaire de la province rhénane et de la Westphalie. Généralissime aussi de l'infanterie prussienne en 1854 avec rang de feld-maréchal, il avait eu l'occasion de continuer, dans une certaine mesure, l'œuvre de Hardenberg; mais, longtemps auparavant, et dès 1849, il avait laissé entendre quelle serait sa politique lorsqu'il succéderait à Frédéric-Guillaume IV. « Pour régner sur l'Allemagne, écrivait-il, le 20 mai 1849, au général de Natzmer, il faut la conquérir. » Et songeant déjà à l'empire allemand, il ajoutait : « Dieu seul sait aujourd'hui si le moment de l'unité est venu pour l'Allemagne, mais la suprématie de la Prusse sur tous les pays allemands est indiquée par toute notre histoire. Il reste à savoir quand et comment elle se réalisera. Attendons les événements. » Ce fut sa pensée dominante. Son frère y était opposé et répétait souvent : « Je ne suis pas le premier en Allemagne, mais le second. » Aussi, tant que Frédéric-Guillaume IV tint le sceptre, toute idée de guerre de la Prusse avec l'Autriche, pour exclure celle-ci de toute prépondérance dans la Confédération germanique, fut-elle écartée.

Guillaume, au contraire, en faisait le programme de son règne futur : « La Prusse verra s'accomplir sa mission, disait-il, elle sera un jour à la tête de l'Allemagne, mais d'une manière durable ». Il n'est donc pas étonnant que le premier acte de sa régence fût de s'associer celui qui devait réaliser cette pensée alors encore théorique.

Le 23 octobre 1857, [Frédéric-Guillaume IV, atteint des premiers symptômes de la maladie cérébrale qui devait l'emporterquatre ans plus tard, confie le pouvoir à Guillaume. Le 29 octobre, ce dernier appelle à la direction de l'état-major général de l'armée prussienne Hellmuth-Charles-Bernard de Moltke. Celui-ci, né en 1800, était déjà presque un vieillard; mais le

de Moltke.

régent, qui connaissait ses capacités, devinait en lui ces facultés militaires incontestablement géniales qui se révéleraient bientôt. Elles s'étaient d'ailleurs déjà accusées par un passé brillant. D'abord au service du Danemark, de Moltke, Mecklembourgeois et non Danois, comme on l'a dit erronément, était entré en 1822 dans l'armée prussienne, puis, en 1832, promu officier d'état-major, il avait obtenu par son mérite un assez rapide avancement. En 1839, la campagne turque en Syrie, à laquelle il avait assisté, lui avait fourni un champ d'études. Revenu en Prusse, la publication de ses impressions sur cette guerre avait donné un certain relief à son nom et Frédéric-Guillaume IV l'avait attaché à sa personne comme adjudant. Le régent, en lui donnant le poste élevé qui convenait le mieux à ses aptitudes, s'assurait ainsi un auxiliaire des plus précieux. Il avait en lui, sous la main, l'homme de guerre avec qui il pouvait dresser cette carte du remaniement de l'Allemagne qui devait traduire en faits tous ses projets.

Cependant une armée, quelque solide que fût son organisation, ne pouvait être, dans l'élaboration des plans d'une puissance conquérante comme l'était la Prusse, qu'un facteur puissant, appuyant les manœuvres de la diplomatie, et c'est à cette dernière que devait être réservé le rôle de préparer les voies à la conquête. M. de Bismarck se chargea de cette tâche, et la mena, dans l'intérêt de Guillaume Ier, résolument à bout. Son attitude dans le Parlement d'Erfurt en 1850, dans la Diète fédérale en 1851, où il avait défendu les ambitions prussiennes, l'avait signalé au Régent, qui, en 1859, l'avait envoyé comme ambassadeur à Saint-Pétersbourg. Appelé ensuite par le roi, en 1862, à l'ambassade de Paris, il s'était très adroitement acquis la confiance de Napoléon III, qui se persuadait avoir affaire à un allié dévoué. Puis il avait, quelques mois après, pris la présidence du nouveau cabinet de Berlin avec le portefeuille des affaires étrangères. Sa politique intérieure, tenant en échec l'opposition libérale par les avantages promis et les gages donnés aux conservateurs, l'ayant mis aux prises avec le Parlement, il chercha un dérivatif à l'opinion dans les conflits extérieurs. Sûr de ne pas avoir de démêlés avec la Russie, qui était son obligée par l'aide diplomatique qu'il lui avait prêtée lors des événements de Pologne, certain de la neutralité de la France, il avait, de concert avec l'Autriche, enlevé au Danemark le Sleswig-Holstein; ensuite, en joueur d'échecs consommé, il s'était brusquement retourné

contre l'Autriche même, en présentant, en 1866, le projet d'une nouvelle constitution fédérale dont la Prusse
aurait l'hégémonie. L'Autriche avait subi une défaite
écrasante à Sadowa et la Prusse était devenue, par cette
victoire, l'arbitre des États allemands.

Le plan de Guillaume Ier se dessinait maintenant
plus clairement aux yeux de l'Europe. La popularité
du roi et celles de Moltke et de Bismarck grandissaient
en Prusse. Le rejet des prétentions de la France à
l'annexion du Luxembourg prouvait enfin à Napoléon III
que ce diplomate prussien, considéré comme un honnête courtier de la politique impériale, n'était au vrai
qu'un adversaire, en attendant qu'il jetât tout à fait le
masque pour se changer en ennemi. M. de Bismarck,
nommé chancelier de la Confédération de l'Allemagne
du Nord, en 1867, après avoir apaisé les États de l'Allemagne du Sud par des concessions et fait la paix avec
le Landtag par l'acquiescement aux indemnités réclamées, pouvait enfin tourner les regards vers l'Élysée,
et parler, pour obéir aux vœux de Guillaume Ier, d'une
unité allemande.

II

Cette unité, sous la conduite d'une puissance militaire
aussi affermie que l'était devenue la Prusse, devait porter un coup droit à l'influence de la France dans le
concert européen. Bien plus, c'était une menace en
même temps qu'un danger. Tôt ou tard ce ciel chargé
de nuages allait être sillonné par des éclairs. La forma-
tion d'une nouvelle Allemagne, unie sous l'autorité
prépondérante de la France, ne pouvait s'effectuer
qu'avec l'assentiment de la France et il n'était pas possible à celle-ci d'y prêter les mains. Au point où les
choses en étaient donc arrivées, la guerre entre les
deux nations devait éclater bientôt : une seule étincelle

électrique suffirait pour mettre le feu aux poudres (1).

Napoléon III attendait et était en droit d'attendre une compensation pour la France après Sadowa. Personne ne mettait en doute la légitimité de cette espérance diplomatique. Mais M. de Bismarck fit comprendre à l'empereur que les promesses diplomatiques sont le plus souvent faites pour ne pas s'en souvenir. Le chancelier, mieux informé de l'organisation militaire de la France que celle-ci ne l'était elle-même, ne voulait point provoquer une querelle; seulement il se sentait désormais assez fort pour ne pas l'éviter. Napoléon III, de son côté, avec ses idées ondoyantes accoutumées, voyant s'évanouir ses illusions de compensation, ne songeait plus qu'à sauvegarder vis-à-vis de l'Europe le prestige de sa diplomatie. Personnellement il n'était pas enclin à prendre les armes contre la Prusse déjà deux fois victorieuse et à agir en Brennus; mais il se trouvait prisonnier de son entourage, de sa majorité du Corps législatif, des influences exercées sur lui par les impatients, les téméraires, les faiseurs, et aussi, a-t-on dit, par l'impératrice. Il ne voulait pas la guerre, mais si les événements ou les passions l'y poussaient, il ne pouvait s'y soustraire.

Un incident imprévu vint tout à coup compliquer la situation. Le maréchal Prim, président du gouvernement provisoire de Madrid après la chute d'Isabelle, cherchait un candidat au trône vacant d'Espagne. En 1870, ses yeux se fixèrent sur le prince Léopold de Hohenzollern, cousin de Guillaume Ier, et officier de cavalerie dans l'armée prussienne. Cette candidature, bien accueillie par les Espagnols, ne pouvait qu'être approuvée par le roi de Prusse. Napoléon III s'y opposa. Il ne pouvait en effet ratifier ce choix, qui,

____

(1) La correspondance militaire de Moltke, publiée récemment, et que nous avons résumée dans la *Revue des Revues*, démontre que, dès 1857, ce futur généralissime des armées germaniques alliées considérait une guerre avec la France non seulement comme inévitable, mais comme nécessaire pour réaliser les plans de Guillaume Ier.

en donnant la couronne d'Espagne à un prince prussien, augmentait encore les avantages de la stratégie
diplomatique de la Prusse. Le mot historique : « Il n'y
a plus de Pyrénées », devenait ainsi entièrement nul,
et la France, déjà en alerte sur le Rhin, était obligée
de veiller à sa frontière du sud-ouest. Le cabinet de
Paris chargea, dans ces conditions, le comte Benedetti, ambassa-
deur de France à
Berlin, de faire
des représenta-
tions à ce sujet
au roi de Prusse,
et de lui deman-
der un désaveu
de la candidature
du prince Léo-
pold. Guillaume
1er répondit que
le roi de Prusse
n'avait pas à s'im-
miscer dans cette
question qui ne
concernait que
l'Espagne, maî-
tresse de son
gouvernement,
de sa politique et

Benedetti.

de son trône; il ajouta que, comme chef de la famille
de Hohenzollern, il approuverait la décision de son
cousin, si celui-ci renonçait à la candidature.

Ces négociations, commencées vers le 2 juillet 1870,
se poursuivirent jusqu'au 12. A cette même date,
M. Émile Ollivier put annoncer au Corps législatif
que le prince de Hohenzollern n'acceptait pas l'offre
de Prim et que le roi Guillaume 1er se ralliait à
cette renonciation. Toutes les difficultés semblaient
donc écartées. Mais le ministère français crut pouvoir

réclamer un gage plus précis des intentions de la
Prusse. M. de Gramont, ministre des affaires étrangères, chargea le comte Benedetti de demander à
Guillaume Ier l'assurance de n'accorder sa sanction à
aucun revirement dans la décision du prince Léopold,
au cas où celui-ci, cédant à de nouvelles instances,
consentirait finalement à prendre la couronne d'Espagne. Le roi de Prusse ne. voulut pas répondre à
cette exigence; et considérant l'incident comme définitivement clos, il refusa de s'en entretenir davantage
avec l'ambassadeur de France, en lui faisant dire qu'il
ne lui accorderait aucune audience ultérieure sur ce
sujet.

Le 15 juillet 1870, M. Émile Ollivier se représenta
devant la Chambre et donna lecture d'une déclaration
dans laquelle la réponse du roi de Prusse était considérée comme une offense à la France et n'admettait
plus d'autre solution que la guerre. La majorité applaudit. En vain M. Thiers réclama la communication
des pièces diplomatiques ; le ministère, appuyé par
l'indignation du chauvinisme bonapartiste, resta sourd.
Il y eut alors une scène de tumulte indescriptible. Un
torrent d'injures accabla l'illustre orateur. On l'accusa
de trahison, on lui reprocha de déshonorer ses cheveux
blancs, on le menaça de l'arracher de la tribune. Il
supplia la Chambre, avec des larmes dans la voix, de
réfléchir avant de lancer le pays dans l'aventure d'une
guerre dont l'issue était si incertaine, de prendre
d'abord lecture des dépêches. La majorité, affolée, ri-
posta par des invectives. On nomma une commission
pour examiner les propositions du gouvernement en
vue de faire face aux prochaines hostilités. Ce fut dans
ces circonstances que M. Émile Ollivier prononça ce
discours où il acceptait toutes les responsabilités fu-
tures « le cœur léger », et que dans la commission le
maréchal Lebœuf affirma que l'armée était prête,
« qu'il ne lui manquait pas un bouton de guêtre ».

A neuf heures et demie du soir le Corps législatif

s'assembla de nouveau pour entendre le rapport. Cette lecture achevée, Gambetta demanda la parole. Moins que personne il était sympathique au parti de la guerre; et cependant, au milieu du déchaînement de la majorité, il se fit écouter d'elle. Il l'obligea, en dépit de toutes les clameurs, à entendre ses propositions.

L'orateur insista sur la gravité de la situation, sur la nécessité de délibérer avec calme en ces moments où le salut de la patrie était en jeu. Il déplora la faute commise par le gouvernement impérial en ne résistant pas à la politique d'agrandissement de la Prusse, lorsqu'il était encore temps, c'est-à-dire avant l'annexion de Sleswig-Holstein et avant Sadowa. Puis, le silence s'étant complètement rétabli dans l'auditoire, il reprit les arguments déjà invoqués par Thiers, Jules Favre et M. Buffet: Il supplia l'Assemblée de ne consentir à laisser tirer l'épée que s'il était démontré par les dépêches diplomatiques que la nation française avait été réellement et profondément outragée dans la personne de l'ambassadeur. Or, de l'aveu même du ministère, l'ambassadeur n'avait pas mandé que la situation comportât de réclamer ses passeports, il n'avait pas dit qu'il se fût produit un de ces éclats qui sont les signes avant-coureurs d'une rupture. S'il était vrai que la dépêche invoquée par le cabinet comme un *casus belli* fût telle que les résolutions dictées par les faits fussent inévitables, encore y avait-il pour le gouvernement le devoir de la communiquer non seulement aux membres de la Commission et à la Chambre, mais aussi à la France et à l'Europe. Ne pas le faire, c'était avouer que la guerre n'était qu'un prétexte pour se dérober aux périls de la situation intérieure, et dans ce cas elle ne serait pas nationale.

Le langage de Gambetta fut celui d'un homme d'État et d'un patriote autant que d'un grand orateur politique, mais un langage qui ne pouvait arrêter le torrent déchaîné. Le ministère ne produisit pas la dépêche : il aurait dû, en la lisant tout haut, assurer que la signification qu'il y attachait était inspirée par les influences que nous avons déjà signalées. Il aurait dû dire que c'était une guerre voulue pour offrir à l'empire un espoir, et en cas de succès, — car on comptait bien vaincre, — un moyen de prolonger indéfiniment le bail de la politique impériale.

Napoléon III.

M. Émile Ollivier joua le jeu de l'indignation, au lieu d'apporter franchement les preuves réclamées. Il n'hésita point à précipiter la France dans l'inconnu, ou, pour parler avec toute la sévérité qui incombe à l'histoire, il ouvrit les frontières françaises à l'invasion allemande avec la conscience du danger imminent et avec une folie de présomption à laquelle on ne peut appliquer que l'épithète de criminelle. Car, c'était un orgueil égal au crime que de prétendre se mesurer en manœuvres diplomatiques avec Bismarck, lorsqu'on avait, comme le président du conseil, été dupe des machinations ourdies par le chancelier prussien, et lorsqu'on n'agissait que comme fondé de pouvoir de Napoléon III, corps déjà sans âme, miné par la maladie, et sentant dès ce moment l'étreinte de la mort. Et c'était une forfanterie non moins semblable au crime que d'annoncer, quand tout était en désordre et en faiblesse dans notre organisation et administration militaire, que l'on n'avait que l'embarras du choix, pour donner le commandement des troupes françaises à un autre de Moltke. Ce ministère, qui avait besoin, pour ne pas s'effondrer, de courtiser la popularité, ne s'était pas dit, un seul instant, que toute sa force factice s'évanouirait à la première nouvelle d'une défaite, si insignifiante fût-elle; qu'une guerre, comme celle où l'on se jetait, ne pouvait être favorable à nos armes qu'à la condition d'être motivée par cette irrésistible poussée qui part du cœur même de la nation, et fait circuler en bouillonnant le sang dans toutes les artères. En 1792, les volontaires qui avaient battu avec Kellermann les Prussiens à Valmy, et avec Dumouriez les Autrichiens à Jemmapes, c'était toute la France jusqu'en ses forces les plus jeunes, jusqu'en ses couches les plus profondes, levée contre l'ennemi. Qui aurait pu affirmer, le 15 juillet 1870, que l'armée aux ordres de l'empire fût réellement l'armée de la nation? Il y a plus. Le cabinet Ollivier ne pouvait pas ignorer que la politique cauteleuse de Bismarck, profitant de l'incapacité et de l'impéritie du gouvernement impérial, avait isolé la France de ses alliés naturels. Il ne pouvait pas se dissimuler qu'en faisant la guerre sans raisons sérieuses, l'empire s'aliénait toutes les sympathies qui auraient pu intervenir dans le conflit.

Enfin, ou bien il était en diplomatie d'une nullité coupable, ou bien il devait savoir que, même si le roi de Prusse avait des intentions pacifiques, — ce qui reste à prouver, — M. de Bismarck le pousserait, au moment opportun, à un *alea jacta est*, dût la Chancellerie prussienne falsifier, comme on l'en a accusée plus tard, les dépêches reçues à Ems ou expédiées de cette ville.

Gambetta voyait les faits avec sang-froid, mais sans illusion. Il savait, comme Thiers, que l'Allemagne attendait depuis plus de soixante ans cette occasion de prendre sa revanche d'Iéna et d'Auerstaedt et qu'elle y avait travaillé sans perdre un jour durant ces nombreuses années; il savait que les autres pays s'abstiendraient d'entrer dans la lutte franco-allemande et assisteraient aux péripéties sans se prononcer pour l'un ou pour l'autre des combattants. Ardent républicain, il était encore plus ardent patriote, et l'on comprend ce qu'il souffrit dans cette nuit du 15 juillet, où la guerre fut votée par la majorité, au milieu des hurlements étouffant la voix de ceux qui conjuraient leurs collègues de réfléchir et à qui on ne permettait pas même de motiver leurs votes. Mais, lorsqu'il vit que la raison était vaincue par la passion, que la guerre était désormais inévitable, il s'écria : « Nous ne devons plus voir devant nous qu'une seule chose : le drapeau de la patrie. »

III

Le 19 juillet, les hostilités furent déclarées. Le 24, la Chambre se prorogea. Le 27, l'empereur quitta Saint-Cloud pour prendre le haut commandement des troupes. Le 2 août, le feu s'ouvrit à Sarrebruck. Le 4, eut lieu la journée de Wissembourg, où les Français, surpris, succombèrent au nombre. Le 6, deux défaites plus importantes, à Frœschwiller et à Forbach, démontrèrent que la fortune des armes nous était incontestablement contraire. Nos troupes, obligées de se replier, devaient laisser la frontière à découvert, et l'ennemi la franchissait.

Deux jours après, les Chambres furent convoquées

en séance extraordinaire, et Paris mis en état de siège.
Le Corps législatif, réuni le 9, offrit un tableau iné-
narrable. Le ministère Ollivier tomba sous le mépris.
Jules Favre demanda la création d'un comité de gouvernement, pour repousser l'invasion étrangère et
prendre la direction des affaires publiques, jusqu'au
rétablissement de la paix. En même temps, il proposa
de confier la défense de l'ordre, dans Paris même, à
une garde nationale armée. Gambetta appuya ces deux
motions. Il parla en faveur de la première le 10 août,
et de la seconde le 13, en déclarant que la majorité
avait le choix entre le salut du pays et le salut d'une
dynastie. Le lendemain, il parut de nouveau à la tribune pour se plaindre du manque de promptitude et
peut-être de loyauté du gouvernement, dans les com-
munications faites à la Chambre, sur les événements.
Il prit encore la parole le 16, le 17, le 20, le 24, le 25,
le 27, le 29, le 31 août, donnant carrière à ses sentiments, à ses pensées, à ses indignations, en des interpellations, des apostrophes qui révélaient ses angoisses.

Savez-vous, s'écria-t-il le 23 août, savez-vous, Messieurs, ce
que je pense, c'est que vous êtes tout à fait patriotes, mais
aveugles. Je le dis dans la sincérité de mon âme, afin que sur
ce point, du moins, il n'y ait pas de place pour les divergences
entre nous. Laissez-moi vous dire qu'il y a divers moyens pour
assurer le salut du pays. Eh bien, je déclare que nous avons
fait assez de concessions, que nous avons assez longtemps
gardé le silence, qu'on a trop longtemps jeté, dans ce pays, un
voile sur les événements qui se précipitent et fondent sur nous.
J'ai la conviction intime que ce pays roule vers l'abime sans
en avoir conscience. Voilà la vérité.

IV

La vérité, oui, la vérité tout entière! Quand Gambetta et ceux qui pensaient comme lui suppliaient le
gouvernement de se rendre compte des nécessités de

la situation, d'armer le pays, d'agir avec plus de franchise envers la France, de céder le pouvoir à de plus déterminés, on les invectivait, au point qu'il était forcé de s'écrier : « Sommes-nous dans une assemblée d'hommes sérieux ou dans une arène? » Et pendant ce temps les événements marchaient, la guerre traçait son sillon sanglant à travers le pays, les échecs se multipliaient. Le 12 août, l'empereur résigne le commandement en chef aux mains de Bazaine, et celui-ci, après les combats douteux de Borny, de Gravelotte, de Rezonville, perd la position de Saint-Privat, et se voit refoulé dans Metz. L'armée de Mac-Mahon, après la journée de Reischoffen, s'était repliée sur le camp de Châlons, où elle attendait, presque démoralisée, l'empereur avec le prince Impérial. Le prince Napoléon vint se réfugier au milieu d'elle, ne sachant plus quel parti prendre, et inclinant à abandonner Bazaine, avec l'armée de Metz à son sort, afin d'aller se renfermer dans Paris, en avouant devant toute la France que l'on était misérablement vaincu. C'était, au prix d'une paix honteuse, sauver la dynastie, mais c'était aussi, comme le firent remarquer l'impératrice, Rouher et les impérialistes, soulever, dans Paris même, la population et provoquer une guerre civile. L'empereur se décida, au dernier moment, à marcher vers le nord avec l'armée de Mac-Mahon, pour tâcher d'opérer la jonction avec Bazaine. Ce plan désespéré fut exécuté le 23 août. Il était condamné d'avance. Comment, d'ailleurs, aurait-on pu résister avec ces troupes de Châlons qui s'étaient déjà révoltées à cause de l'incurie de l'intendance, qui, mal nourries, mal vêtues, mal équipées, dépourvues d'élan après la défaite, n'avaient pour chefs que des généraux inexactement instruits des opérations ou des marches de l'ennemi, et sans confiance dans leurs propres mouvements?

On connaît l'issue de cette fatale inspiration. Le 2 septembre, l'armée française, enfermée à Sedan, pêle-mêle, sans possibilité de dégagement, d'attaque, de défense, prise comme dans une souricière, capitulait. Les Allemands faisaient cent vingt-quatre mille prisonniers, et Napoléon III rendait son épée à Guillaume Ier.

V

La nouvelle de la capitulation de Sedan ne fut pas immédiatement connue à Paris dans toute son horreur.

Schneider, Président du Corps législatif.

Le 3 septembre, le comte de Palikao, ministre de la guerre, se contenta d'annoncer au Corps législatif que les bruits de revers, dans le nord-est, n'avaient aucun caractère officiel, pas plus que les rumeurs relatives à la blessure qu'aurait reçue Mac-Mahon. L'optimisme de cette déclaration exaspéra Jules Favre, qui réclama pour la seconde fois un gouvernement de défense nationale, présidé par le général Trochu, alors très populaire. Vers quatre heures, l'impératrice reçut un télégramme de l'empereur, ne laissant plus aucun doute sur le désastre. Des deux armées qui avaient charge du salut de la patrie, l'une était au pouvoir des Allemands, l'autre virtuellement prisonnière dans Metz, et la route de Paris se trouvait ouverte à l'ennemi.

Les députés se rendirent aussitôt en masse chez le président du Corps législatif, M. Schneider, pour demander une séance de nuit. En sortant du palais de la présidence, ils trouvèrent sur le pont de la Concorde, Gambetta haranguant la foule. Un des députés invita l'orateur à annoncer au peuple que la Chambre siégerait cette même nuit, et les assistants se séparèrent aux cris de : *Vive Gambetta!*

La Chambre, réunie un quart d'heure après, ne consacra qu'une vingtaine de minutes à sa délibération. Le comte de Palikao confirma la défaite de Sedan, et Jules Favre proposa de décréter la déchéance de l'empire et de charger du gouvernement une commission élue par le Corps législatif, puis on s'ajourna.

VI

Le 4 septembre, dès le matin, tout faisait présager une journée d'orage politique dans Paris. Le gouvernement aux abois ne savait plus à quoi se résoudre. L'opposition ne dissimulait point son intention formelle d'enlever par des voies légales le pouvoir à ceux qui l'avaient si mal géré. Le peuple était indigné, frémissant. La Chambre n'entra en séance qu'après une heure. Gambetta, un des premiers, prit place sur les bancs de la gauche. La colère se peignait sur ses traits.

A ce moment on apprit, par une dépêche de Lyon, que la république avait été proclamée dans la seconde ville de France. Les abords du Palais-Bourbon étaient occupés par une foule immense qui menaçait de rompre le cordon de police et de troupes. Les galeries de la Chambre, bondées partout, envahies par les journalistes, par les anciens membres révolutionnaires des assemblées parlementaires, présentaient un spectacle inoubliable.

Le comte de Palikao monte à la tribune et propose
de remettre le pouvoir suprême aux mains d'un « Conseil de gouvernement et de défense nationale », com-

La foule au Palais-Bourbon, le 4 septembre.

posé de cinq membres du Corps législatif, et dont il
prendra lui-même la présidence en exerçant la lieu-
tenance de l'empire. Thiers présente une autre pro-

position attribuant la nomination de la Commission exécutive au Corps législatif exclusivement, sans ingérence aucune et avec toute réserve ultérieure sur la forme même du gouvernement.

La gauche n'accepte que la motion de Jules Favre, déjà connue la veille. Ces trois ordres du jour doivent être successivement soumis au vote de la Chambre et celle-ci va procéder à la discussion quand les journalistes et le public des galeries, perdant patience, sortent, et vont, sur les marches du palais, considérer le tableau de la foule qui, grossie immensément par des affluents ininterrompus, s'avance vers le Corps législatif, sans rencontrer d'obstacle et envahit la salle.

Gambetta s'élance à la tribune et, au milieu du tumulte, exhorte le peuple au calme, au respect de l'Assemblée.

Citoyens, s'écrie-t-il, une des premières conditions de l'émancipation d'une nation, c'est l'ordre et la régularité; voulez-vous tenir ce contrat? voulez-vous que nous fassions des choses régulières. Laissez la délibération se poursuivre; les députés, réunis dans leurs bureaux, voteront sans doute la déchéance : attendez.

Mais la tempête continue à grandir. La foule semble de plus en plus tumultueuse.

Rappelez-vous, s'exclame encore le député des Bouches-du-Rhône, que l'étranger est sur notre sol. C'est au nom de notre pays et au nom de la liberté politique, deux choses que, quant à moi, je ne séparerai jamais, c'est au nom de ces deux grands intérêts et comme représentant de la nation française, qui la fera respecter à l'intérieur comme au dehors, que je vous adjure de demeurer en paix jusqu'à ce que les représentants reprennent leur siège.

Ces arguments contiennent pour quelques minutes l'exaspération, mais presque aussitôt les cris reprennent : « La déchéance! la République! » La confusion devient indescriptible. En vain, Crémieux essaie de se faire entendre. Gambetta seul parvient à obtenir le silence :

Il est nécessaire, dit-il, que chacun ici aide à maintenir l'ordre, que chaque citoyen, dans chaque galerie, veille à ce que son voisin ne le transgresse point.

On l'acclame, on se tait. Le président Schneider peut rouvrir les débats. Il fait l'éloge de Gambetta, « un des meilleurs patriotes du pays », et recommande à son tour la tranquillité. Mais sa voix est moins persuasive. Gambetta reprend la parole et tous ceux qui sont là l'écoutent. Tout à coup la poussée exercée par ceux qui sont dans les couloirs devient irrésistible. La salle est finalement au pouvoir de la foule. Le président Schneider, incapable de résister davantage au tumulte, lève la séance. Thiers harangue inutilement ceux qui l'entourent. Gambetta tente un dernier effort. Il s'élance pour la quatrième fois à la tribune et, convaincu qu'il n'y a plus qu'un moyen d'arrêter la révolution, il s'écrie :

Citoyens, attendu que la patrie est en danger; attendu que tout le temps nécessaire a été donné à la représentation nationale pour prononcer la déchéance; attendu que nous sommes et que nous continuons le pouvoir régulier issu du suffrage universel libre, nous déclarons que Louis-Napoléon Bonaparte et sa dynastie ont à jamais cessé de régner sur la France.

Un tonnerre d'applaudissements appuie cette déclaration, mais l'ovation faite à l'orateur populaire ne fait pas oublier au peuple que l'empire déchu ne peut être remplacé que par un gouvernement républicain. Les clameurs redoublent : « La République! la République! » Gambetta, malgré son autorité sur la foule, se sent débordé lui-même. Il voit que si une main ferme ne dirige pas ce flot sans cesse montant, l'anarchie sera définitivement maîtresse de Paris, et de sa voix entraînante : « Oui, vive la République! la République! Allons la proclamer à l'Hôtel de ville! »

Et il part au milieu d'une escorte enthousiaste de gardes municipaux.

VII

Devant l'Hôtel de ville des milliers de gens de toutes
les classes étaient amassés. Il était facile de voir que la
lie de la populace allait, si l'on n'y portait remède,
monter, comme il était arrivé en d'autres temps, à la
surface des événements. Gambetta sauva, en cette circonstance, Paris d'une révolution démagogique. Il empêcha les fauteurs des désordres et des massacres
de s'emparer du gouvernement municipal ou de
nommer les membres à leur gré. Ramassant le pouvoir
tombé, il prit, sans usurpation et en obéissant au sentiment national, la direction des affaires, en s'installant
dans le fauteuil du préfet de la Seine, parti sans avertir
personne pour la Belgique, et proposa de nommer
Étienne Arago maire de Paris, avec de Kératry, comme
préfet de police. Ces choix sont sanctionnés par les acclamations. L'arrivée de Rochefort, amené en triomphe
par le peuple qui était allé le chercher à la prison de
Sainte-Pélagie, produit un instant une sorte de contre-
courant dans la foule. Le pamphlétaire, qui porte la
ceinture rouge de 1793, personnifie en ce moment l'opinion extrême. Quelques-uns veulent qu'Étienne Arago
lui cède la place, mais lui-même s'y refuse, et les démagogues, ne se sentant plus appuyés, se taisent. Entre
temps Jules Favre, Jules Simon, Ernest Picard déli-
bèrent dans une des salles de l'Hôtel de ville. Gambetta
les rejoint. Ils discutent les mesures à prendre pour la
constitution d'un nouveau gouvernement et convien-
nent de le confier aux députés de Paris sous la présidence du général Trochu, dont l'ascendant sur l'armée
était à cette époque très considérable. A cinq heures
moins le quart, Gambetta se présente à l'une des fenêtres ouvertes, ayant derrière lui Jules Favre et Em-

manuel Arago. Nu-tête, le chapeau à la main, le visage grave, décidé, il proclame la République, au milieu d'un tonnerre d'applaudissements.

Dans la soirée, des affiches placardées dans toute la ville annoncent que le général Trochu est chargé de pleins pouvoirs militaires pour la défense nationale et que le ministère est constitué comme suit : Léon Gambetta, *intérieur;* Ernest Picard, *finances;* Jules Favre, *affaires étrangères;* Crémieux, *justice*; Jules Simon, *instruction publique;* Magnin, *agriculture et commerce;* Dorian, *travaux publics;* général Le Flô, *guerre;* amiral Fourichon, *marine.*

VIII

Bien avant le 15 juillet, Gambetta avait prévu la guerre, et bien avant le 2 septembre, il pressentait le désastre. Les conditions déplorables de l'organisation militaire, à la fin du second empire, lui étaient trop connues pour ne pas mettre en doute leur efficacité dans un conflit avec l'Allemagne. Il se souvenait des déclarations faites à cet égard par le maréchal Niel. En aucune occasion, il ne s'était montré l'adversaire des armées permanentes et souvent il avait manifesté l'opinion que c'était en s'appuyant sur ses effectifs que la France pouvait maintenir son rang en Europe, mais à plusieurs reprises aussi, il avait exprimé la crainte que les troupes, détournées de leur véritable rôle en devenant des instruments de politique, ne fussent, à l'heure décisive, faussées dans leur esprit. Pour lui le plébiscite conduisait directement à une catastrophe. Il l'avait dit en termes exprès : « Nous roulons aveuglément, inconsciemment, dans un abîme. » Aussi n'acceptait-il qu'avec de grandes craintes l'héritage de responsabilités léguées par l'empire au nouveau gouvernement.

Gambetta.   Jules Favre.   Gén^{al} Trochu.   Ernest Picard.

Crémieux.   Garnier Pagès.   Emmanuel Arago.   Jules Simon.

Eugène Pelletan.   Rochefort.   Jules Ferry.   Glais-Bizoin.

LE GOUVERNEMENT DE LA DÉFENSE NATIONALE.

Mais il n'avait pas reculé devant le devoir et il ne s'était pas cru le droit d'arrêter l'explosion spontanée des sentiments de Paris le 4 septembre, car les événements de cette journée ne furent point le résultat d'une action concertée d'avance par les députés républicains. C'était une de ces résolutions prises par l'unanimité des esprits réfléchis qui, même sans être partisans de la République, s'accordaient à la considérer comme iné-vitable dans les circonstances où l'on se trouvait. Cela était tellement vrai, que les impérialistes qui gardaient encore en leurs mains l'autorité dans la matinée du 4 septembre et auraient pu opposer ou tenter du moins, une résistance, y renoncèrent pour se mettre en sûreté. Il y avait un courant irrésistible, que chaque quartier de Paris contribua de lui-même à grossir. Le Corps législatif, sous prétexte qu'il avait juré fidélité à l'empe-reur, — si peu scrupuleux lui-même en matière de serment, — refusa de tenir les rênes et perdit ainsi volontairement son prestige, en supposant qu'il lui en restât encore. Dès lors il n'y avait plus qu'une issue possible; la République. Et lorsque Gambetta en fit la proclamation, il n'était que le porte-parole de la sou-veraineté populaire. Mais la République et ceux qui se chargeaient de sa défense assumaient une lourde tâche.

IX

La situation était en effet terrible à tous les points de vue. La France vaincue n'avait plus d'armée : celle de Sedan était prisonnière, celle de Metz hors d'état d'agir. Tout ce qui lui restait de forces disponibles, c'étaient quinze ou vingt mille hommes du général Vi-noy, démoralisés et pouvant être coupés par l'ennemi dans leur marche sur Paris avant d'arriver aux portes de la capitale. On avait, il est vrai, décrété la levée en masse de la population. C'était un moyen héroïque, mais un moyen plus illusoire que réel, car on n'improvise pas des troupes, qui ne peuvent entrer utilement en campagne qu'à la condition d'avoir été exercées, surtout lorsqu'il s'agit de la cavalerie et de l'artillerie. En admettant même que l'on pût mettre en lignes ces hommes inaguerris, comment les armer, les vêtir, les nourrir? Par un manque de prévoyance inconcevable, l'empire avait concentré tout le matériel de guerre à Metz et à Strasbourg, qui étaient maintenant inaccessibles aux Français. On n'avait ni fusils, ni canons, ni rien. On manquait même, depuis le début de la campagne, des vivres suffi-

Général Vinoy.

sants; de plus les échecs déjà subis n'étaient pas faits pour favoriser le ravitaillement.

Et les Allemands, forts de leur nombre et de l'habileté expérimentée de leurs chefs, enivrés de leurs triomphes récents, déjà fiers de leurs nouvelles victoires prochaines, dont ils ne doutaient point, s'avançaient en brûlant les étapes. Le gouvernement de la Défense nationale voyait l'imminence des dangers sans pouvoir compter sur des mesures propres à les conjurer. Non seulement il avait devant lui les armées ennemies, mais à l'intérieur même de Paris, il n'était pas à l'abri des hostilités. Il ne représentait, malgré sa sincérité et sa loyauté, qu'une fraction de l'opinion du pays, quand il aurait dû avoir avec lui sans réserve le pays tout entier. Les impérialistes, défaits, ne lui causaient pour le moment pas de craintes, mais ils ne viendraient point en aide à la République, pour peu qu'ils fussent sollicités par d'autres considérations que le patriotisme. Les révolutionnaires à outrance, comme Félix Pyat, comme Delescluze, étaient d'autre part à redouter, et l'on en eut la preuve dans la tentative de révolte du 31 octobre. Le ministère de l'intérieur du 4 septembre devait faire front à tous ces périls; il le fit et aucun des historiens qui ont jugé son attitude à cette époque ne lui a adressé le reproche de ne pas avoir été à la hauteur des événements. Il commença par convoquer pour le 6 septembre les gardes nationaux de Paris, c'est-à-dire tous les citoyens inscrits sur la liste électorale, à l'effet de procéder, dans les mairies des divers arrondissements, à la nomination de leurs officiers et sous-officiers. Ensuite il invita, par une circulaire aux préfets des départements, les représentants du gouvernement dans la province à s'entourer des citoyens animés du désir de sauver la patrie, à veiller à leur armement, à leur équipement, à leur instruction militaire, aussi rapide que possible, à suspendre toutes les lois restrictives, apportées jusqu'alors à la fabrication et à la vente des armes, à inviter enfin chaque Français à prendre un fusil et à se mettre à la disposition de l'autorité. Quelques jours après, il décrétait le renouvellement des conseils municipaux, afin que ceux-ci fussent indépendants de tous liens avec l'ancienne administration et pénétrés de la grandeur et des difficultés de la situation.

Chaque jour, il faisait afficher dans Paris des proclamations tenant la population parisienne au courant des combats livrés, de la marche de l'ennemi, et ne négligeant aucune occasion de relever les cœurs, d'exciter les courages. Ces proclamations, modèles de calme, de sagesse, produisaient une impression immense. Il suffit d'en citer une pour comprendre l'émotion provoquée par cette lecture dans les rues remplies d'une foule anxieuse.

Citoyens,

C'est aujourd'hui le 21 septembre.

Il y a soixante-dix-huit ans, à pareil jour, nos pères fondaient la République et se juraient à eux-mêmes, en face de l'étranger qui souillait le sol sacré de la patrie, de vivre libres ou de mourir en combattant.

Ils ont tenu leurs serments; ils ont vaincu, et la République de 1792 est restée dans la mémoire des hommes comme le symbole de l'héroïsme et de la grandeur nationale.

Le gouvernement installé à l'Hôtel de ville, aux cris enthousiastes de : Vive la République! ne pouvait laisser passer ce glorieux anniversaire sans le saluer comme un grand exemple.

Que le souffle puissant qui animait nos devanciers passe sur nos âmes, et nous vaincrons!

Honorons aujourd'hui nos pères et demain sachons comme eux forcer la victoire en affrontant la mort.

Vive la France! Vive la République!

Léon Gambetta.

Paris, le 21 septembre 1870.

X

Pour opposer à l'ennemi une dernière barrière, il y avait deux systèmes en présence : ou bien se renfermer dans Paris avec le gouvernement et les troupes valides et disponibles, le cœur devant être sauvegardé avant tout, et le salut même du corps dépendant de cette sauvegarde; ou bien ne considérer Paris que comme une ville assiégée, telle que Metz, par exemple, et transporter le gouvernement en province, où l'on pourrait organiser plus rapidement et plus sûrement de nouvelles forces. Gambetta était de ce dernier avis, Jules Simon soutenait l'autre. Ces plans étaient, à la vérité, tous deux gros de périls et de difficultés, mais ils pouvaient être défendus ou combattus avec des arguments pour ou contre également plausibles. Ce fut l'opinion de Jules Simon qui prévalut, mais on ne tarda pas à reconnaître qu'il était impossible, pour sauver Paris, d'abandonner la province à elle-même, d'autant plus que l'investissement de la capitale par les Allemands n'était plus qu'une question de jours. Aussi, le 12 septembre, Crémieux fut-il délégué à Tours par le gouvernement de la Défense nationale, pour représenter le gouvernement central, avec Glais-Bizoin et l'amiral Fourichon, ce dernier chargé de l'administration de la guerre. Leur départ put s'effectuer le même jour, mais il était grand temps, car, le 19, l'ennemi arrivait devant Paris, et le 21, le blocus était complet.

Il y avait donc, à ce moment, en réalité deux gouvernements en France, l'un à Paris, l'autre à Tours, et les inconvénients de ce dualisme se manifestèrent bientôt. La première pensée de ceux qui avaient pris, le 4 septembre, le pouvoir laissé à l'abandon par l'empire, avait, on se rappelle, été de procéder à des élections générales, au moins dans les départements qui n'étaient pas occupés par les Allemands; mais on s'était, pour réaliser ce dessein, heurté à des empêchements qui avaient forcément fait ajourner ce projet à une date indéterminée. Cependant le 1er octobre, Gambetta fut en mesure de donner à ses collègues l'assurance que la délégation de Tours avait convoqué les électeurs pour le 15.

Cette nouvelle fut accueillie dans le conseil des ministres avec une désapprobation presque générale. Non que l'on mît en discussion la souveraineté du peuple et les droits du suffrage universel; mais on se demandait s'il était opportun et prudent, en ces circonstances si critiques, de faire sortir les destinées du pays des urnes électorales et de s'en rapporter aveuglément aux résultats d'une élection faite sans calme et sans liberté d'esprit ou d'action. En outre, il importait de savoir si la délégation de Tours avait qualité pour rendre un décret de convocation des électeurs, qui constituait un acte de pouvoir exécutif, ou si elle devait laisser au gouvernement de Paris le soin et le droit de fixer l'époque des élections. N'arriverait-il pas que l'assemblée élue par la province seule, puisque Paris était cerné et ne pouvait communiquer avec ceux du dehors que par pigeons ou ballons, prendrait des mesures préjudiciables au salut de la France?

La délégation de Tours était-elle assez capable pour résister à un courant de cette nature, s'il se produisait? Le gouvernement de Paris en doutait. Certes, le républicanisme et le patriotisme de Crémieux, de Glais-Bizoin et de l'amiral Fourichon ne pouvaient être suspectés; mais Crémieux était avant tout un avocat distingué, un homme politique honorable, dont les capacités administratives et la fermeté n'avaient pas encore été démontrées; Glais-Bizoin n'était connu que par la causticité de ses interruptions à la Chambre; et l'amiral Fourichon déclinait lui-même toute compétence politique.

Aucun des trois ne possédait cette force de caractère, cette supériorité de vues, cette popularité, ce prestige, qui autorisent à demander au pays non seulement la confiance, mais encore l'adhésion à d'énormes sacrifices réclamés pour la continuation de la guerre, sacrifices de sang et d'argent, auxquels une assemblée issue uniquement de l'esprit de province ne se résoudrait peut-être pas.

La province était d'ailleurs loin d'être entièrement républicaine, et l'on pouvait craindre que ses représentants ne commençassent leurs travaux par le refus de sanctionner l'autorité des ministres de Paris, en renversant même ceux de Tours, et en s'arrogeant, au nom d'une constitution qui n'était pas encore votée, la prérogative de créer un autre cabinet.

Toutes ces considérations motivaient le désaveu opposé par le gouvernement de Paris au décret de la délégation de Tours, et compliquaient les difficultés, surtout à cause de la possibilité d'un démembrement de la France par l'ennemi, qui profiterait assurément de la désunion du pouvoir. La crise était imminente, elle devait être conjurée sur-le-champ, et elle ne pouvait s'éviter que par l'annulation du décret de Tours, le gouvernement de Paris n'admettant point que la mission confiée par lui à Crémieux et à ses deux collègues fût autre chose qu'une délégation sans pleins pouvoirs absolus.

Pour faire exécuter cette mesure, il était nécessaire de nommer un nouveau délégué parmi les membres du cabinet de Paris et de le faire arriver sain et sauf à Tours. Dans le conseil du 1er octobre, les noms de Gambetta et de Jules Favre furent proposés. Tous deux refusèrent d'abord, et Gambetta crut devoir alléguer qu'étant le plus jeune de tous, sa place était aux avant-gardes du péril. Cependant le 3, quand le vote du conseil l'eut désigné pour cette tâche non moins périlleuse que toute autre, il accepta.

Il était élu par ses collègues comme arbitre entre les délégués de Tours avec voix prépondérante, avec tous droits de lever des armées et de les faire servir à la défense du pays. C'était une responsabilité extrêmement lourde. Il ne l'avait pas désirée, et son vœu le plus ardent était de ne pas quitter Paris. Il ne songeait point au rôle de dictateur, et il ne se dissimulait aucune des difficultés sans doute insurmontables dont on lui imposait la charge. Toutefois, il ne désespérait pas du succès, car il avait la noble ambition de sauver son pays et il puisait dans l'énergie de sa volonté l'espoir de réussir.

« Je reviendrai avec une armée, dit-il, confidentiellement à Jules Favre, et si j'ai le bonheur et la gloire de délivrer Paris, le destin aura donné satisfaction à toutes mes aspirations. »

XI

On ne pouvait sortir de Paris qu'en ballon. Une fois son départ résolu, Gambetta mit en œuvre la plus grande activité pour réaliser ce projet. Il fut convenu que l'ascension aurait lieu le 6 octobre. Mais ce jour-là, les conditions atmosphériques firent prévoir, par

Départ de Gambetta, le 7 octobre.

l'expérience faite avec un ballon captif monté par MM. Nadar, Camille Darton et Hervé Mangon, que les aéronautes n'iraient pas plus loin qu'à 12 ou 15 lieues, et tomberaient inévitablement dans un endroit occupé par les troupes prussiennes. On attendit donc jusqu'au lendemain. Le temps se mit en effet au beau. Le 7, à 11 heures du matin, Gambetta prit place dans la nacelle de *l'Armand-Barbès*, préparé sur la place Saint-Pierre, à Montmartre. Le ministre de l'intérieur emmenait avec lui son ami Spuller. L'aérostat était dirigé par M. Trichet.

Une foule considérable assistait aux préparatifs. Lorsque le ballon s'éleva dans les airs, des acclamations le saluèrent : *Vive la République! Vive Gambetta!* Cette nacelle, qui se balançait là-haut, faisant flotter une longue banderole aux couleurs nationales emportait les destinées de Paris et de la France. Un instant, le vent faisant défaut, les voyageurs aériens durent ralentir leur marche. Alors il y eut parmi les spectateurs qui les suivaient du regard une émotion indescriptible. On crut que l'aérostat allait atterrir au milieu des lignes ennemies. Mais, les cris de terreur cessèrent presque aussitôt : le ballon passa au-dessus des forts de Paris, allant dans la direction de Saint-Denis. Aperçu par les Allemands, il devint le point de mire de leurs projectiles. Un moment, il se trouva à leur portée, et ils effleurèrent son enveloppe. Si le vent avait faibli, c'en était fait inévitablement de Gambetta et de sa mission. Par bonheur, *l'Armand-Barbès* se releva, reprenant sa course dans l'espace. A la fin, à trois heures, il effectua sa descente, sans accident, en forêt, à Épineuse, près de Montdidier, dans la Somme. Gambetta envoya de cette dernière ville une dépêche par pigeon au gouvernement de Paris. Elle n'y arriva que le 10, à deux heures du matin. Pendant ce temps, le ministre de l'intérieur était parti avec Spuller pour Amiens, et de là tous deux s'étaient transportés, par la voie ferrée, au Mans, puis à Tours, où ils descendirent du train, le 9 octobre, à midi.

XII

Il était grand temps que le nouveau délégué vînt prendre les rênes du gouvernement au dehors de Paris assiégé. Le sort de la France dépendait en effet

de la résistance que pouvait opposer la province aux
armées allemandes, avant que celles-ci n'eussent en
leur pouvoir tout le pays. Or, pendant le mois de septembre, la délégation de Tours n'avait pas même réussi
à organiser un simulacre de forces. Cet échec n'avait
d'ailleurs rien de surprenant, car, d'un côté, la tâche
imposée à MM. Crémieux, Glais-Bizoin, Fourichon ne
pouvait être effi-
cace qu'à la con-
dition d'appeler
aux armes toute
la population
valide des dé-
partements en-
core libres; et,
d'autre part,
pour accomplir
une pareille en-
treprise, consi-
dérée comme
chimérique à
cause des nom-
breux obsta-
cles, il fallait
déployer une vi-
gueur en quel-
que sorte surhu-

Amiral Fourichon.

maine. Les trois délégués n'avaient pas les qualités
voulues pour atteindre ce but. Tous trois étaient des
vieillards : Crémieux avait soixante-quatorze ans; Glais-
Bizoin, soixante-dix; l'amiral Fourichon, soixante et
un. Ce dernier, sentant son incapacité, venait, le 5 octobre, de résigner ses fonctions, à la suite d'un dissen-
timent avec ses collègues. Ce n'était point d'une bonne
volonté sénile que la patrie pouvait attendre son salut,
et tout le monde avait la conviction que si une impulsion plus énergique n'intervenait pas sur l'heure, la
France était irrémédiablement perdue.

L'arrivée de Gambetta changea tout à coup la face des choses ; mais ce qu'il réalisa en quelques semaines tint du miracle. Pour s'en rendre compte, il faut se reporter à cette époque, et faire revivre sous les yeux le tableau des faits, tels qu'ils existaient à ce moment dans leur effroyable réalité. D'abord, plus d'unité patriotique : plusieurs grandes villes, à l'exemple de Lyon, répudiaient l'autorité du gouvernement central. Le Midi tendait à former une confédération de départements, qui devait rompre toute attache avec le Nord. La France se morcelait elle-même, avant que l'ennemi n'eût parlé de la démembrer. Dans beaucoup de régions, les partis politiques, républicains de toutes nuances, bonapartistes, royalistes, cléricaux, attendaient une occasion d'en venir aux mains, et les fauteurs de troubles étaient sur le point de provoquer cette lutte fratricide. Les Allemands avaient sept à huit cent mille hommes établis sur le sol français dans des positions si avantageuses qu'elles paraissaient maintenant inexpugnables. Leurs troupes, bien équipées, étaient excellentes et réquisitionnaient des vivres, en appauvrissant et épuisant tous les endroits où ils passaient. Contre cette immense armée, que l'on pouvait regarder comme invincible, dans les conditions d'alors, on avait quarante mille soldats d'infanterie régulière, environ autant de gardes nationaux mobilisés, cinq ou six mille hommes de cavalerie, et c'était tout, car la garnison de Metz et celle de Paris ne pouvaient compter comme effectifs réels qu'après les avoir débloquées, et plus que jamais ce dernier problème devenait insoluble.

Donc, si l'on voulait aller à la rencontre de l'ennemi avec une armée capable de vaincre, il fallait que celle-ci fût créée, pour ainsi dire, de toute pièce : infanterie, artillerie, génie, intendance, service médical, ambulances. Le jeune ministre de l'intérieur ne se le dissimulait point, tout en n'ignorant pas que, non seulement il lui manquait les soldats, mais que les officiers expérimentés et les cadres de sous-officiers exercés sans lesquels il n'y a pas de troupes faisaient défaut.

Le gouvernement de Paris était si complètement imbu de l'idée qu'il fallait tout sacrifier à la sauvegarde de la capitale, qu'un quart à peine des employés des divers ministères avaient été installés à Tours, les autres étaient restés dans la ville assiégée où ils se trouvaient forcément inactifs. De plus, la délégation ne possédait aucune archive administrative et elle n'avait même pas l'état des officiers en disponibilité, pas même de cartes d'état-major. C'était sous tous les rapports, le chaos, la confusion, le désarroi.

Gambetta devait, avec ces éléments, sauver la France de la ruine. Il le fit, et son secret fut de le vouloir sans perdre courage un seul jour, une seule heure.

XIII

Il arrivait à Tours porteur de la lettre suivante, adressée par le gouvernement de Paris à la délégation. Le message était écrit par le général Trochu à l'amiral Fourichon :

M. Gambetta est un homme d'une rare élévation d'esprit et de cœur. La nature particulière de son brillant talent le rendait plus propre que personne autre, que je sache, pour l'importante mission qu'il va remplir. Vous trouverez en lui, j'en suis sûr, l'appui le plus précieux et le plus puissant.

Tout le gouvernement compte sur votre zèle et sur votre amour passionné de la patrie. Gambetta et vous, vous pouvez beaucoup faire.

Avant tout, mon cher ami, et j'insiste sur cela, ne vous étonnez point des premières ardeurs méridionales de Gambetta. C'est une âme grande et noble, une nature riche et une puissante intelligence. Je suis convaincu que vous vous entendrez bien vite et parfaitement ensemble.

Muni ainsi de pouvoirs réguliers qui lui donnaient tout droit d'initiative et l'investissaient implicitement

d'une autorité dictatoriale contre laquelle aucun des
trois vieillards ne protesta, d'ailleurs, le jeune ministre
se traça aussitôt un plan héroïque : celui de transformer
le peuple français en une armée capable de repousser
l'invasion. Dès le jour de son arrivée, sans prendre de
repos, après avoir décidé l'amiral Fourichon à revenir
sur sa détermination de retraite et lui avoir confié l'administration de la marine, il lança deux proclamations,
l'une à la population des départements, l'autre à
l'armée. La première était ainsi conçue :

Citoyens des départements,

Par ordre du gouvernement de la République, j'ai quitté
Paris pour venir vous apporter, avec les espérances du peuple
renfermé dans ses murs, les *instructions et les ordres* de ceux
qui ont accepté la mission de délivrer la France de l'étranger.

Cette situation nous impose de grands devoirs.

Le premier de tous, c'est de ne nous laisser divertir par aucune préoccupation qui ne soit pas la guerre, le combat à outrance ; le second, c'est, jusqu'à la paix, d'accepter fraternelle-
ment le commandement du pouvoir républicain sorti de la
nécessité et du droit. Ce pouvoir, d'ailleurs, ne saurait, sans
déchoir, s'exercer au profit d'aucune ambition. Il n'a qu'une
passion et qu'un titre : arracher la France à l'abîme où la
monarchie l'a plongée. Cela fait, la République sera fondée et
à l'abri des conspirateurs et des réactionnaires.

Donc, toutes autres affaires cessantes, *j'ai mandat, sans
tenir compte ni des difficultés, ni des résistances, de remédier,
avec le concours de toutes les libres énergies, aux vices de notre
situation, et, quoique le temps manque, de suppléer, à force
d'activité, à l'insuffisance des délais. Les hommes ne manquent
pas. Ce qui a fait défaut, c'est la résolution, la décision et la suite
dans l'exécution des projets.*

*Ce qui a fait défaut après la honteuse capitulation de Sedan, ce
sont les armes.* Tous nos approvisionnements de cette nature
avaient été dirigés sur Sedan, Metz et Strasbourg ; et l'on dirait
que, par une dernière et criminelle combinaison, l'auteur de
tous nos désastres a voulu, en tombant, nous enlever tous les
moyens de réparer nos ruines. Maintenant, grâce à l'intervention d'hommes spéciaux, des marchés ont été conclus, qui ont
pour but et pour effet d'accaparer tous les fusils disponibles
sur le marché du globe. La difficulté était grande de se pro-

curer la réalisation de ces marchés : elle est aujourd'hui surmontée.

Quant à l'équipement et à l'habillement, on va multiplier les ateliers et requérir les matières premières, si besoin est; ni les bras, ni le zèle des travailleurs ne manquant, l'argent ne manquera pas non plus.

Il faut mettre en œuvre toutes nos ressources qui sont immenses, secouer la torpeur de nos campagnes, réagir contre les folles paniques, multiplier la guerre de partisans, et, à un ennemi si fécond en embûches et en surprises, opposer des pièges, harceler ses flancs, surprendre ses derrières et, enfin, inaugurer la guerre nationale.

La République fait appel au concours de tous; son gouvernement se fera un devoir d'utiliser tous les courages, d'employer toutes les capacités. C'est sa tradition à elle d'armer les jeunes chefs : nous en ferons! Le ciel lui-même cessera d'être clément pour nos adversaires, les pluies d'automne viendront, et, retenus, contenus par la capitale, les Prussiens, si éloignés de chez eux, inquiétés, troublés, pourchassés par nos populations réveillées, seront décimés pièce à pièce, par nos armes, par la faim, par la nature.

Non, il n'est pas possible que le génie de la France se soit voilé pour toujours, que la grande nation se laisse prendre sa place dans le monde par une invasion de cinq cent mille hommes.

Serrons-nous donc en masse et mourons plutôt que de subir la honte du démembrement. A travers tous nos désastres et sous les coups de la mauvaise fortune, il nous reste encore le sentiment de l'unité française, l'indivisibilité de la République.

Paris cerné affirme plus glorieusement encore son immortelle devise qui dictera aussi celle de toute la France : « Vive la République une et indivisible. »

XIV

Il promettait de faire de jeunes chefs d'armée et aussitôt il tenait parole. A côté des d'Aurelles et des Faidherbe, il découvrait Chanzy, Billot, Clinchant, Favre, Cremer; il prenait à la marine Jaureguiberry, Jaurès, Gougeard; il formait les deux armées de la

Loire, l'armée du Nord, l'armée de Normandie, l'armée des Vosges, l'armée de l'Est. Il acceptait le concours de Garibaldi, de Cathelineau, de Stofflet, de Charrette; il choisissait de Freycinet pour son délégué à la guerre, Thomas comme directeur de l'artillerie, Loverdo comme directeur de la cavalerie et de l'infanterie; il chargeait Clément Laurier de conclure à Londres un emprunt de 250 millions. Il appelait à lui toutes les forces, tous les courages, tous les patriotismes.

Il envoyait dans les départements des commissaires de la République pour pacifier les esprits et réprimer les rébellions. Challemel-Lacour, Testelin, Grosjean, Valentin, Gent, Paul Bert, Allain-Targé, Desseaux, Tenot, Lechevallier, Ricard, Martin Nadaud, Charton, Pierre Lefranc, Girot-Poujol, Cornil, Camescasse.

Général Clinchant.

Il nommait M. de Chaudordy délégué aux affaires étrangères, M. Cazot, secrétaire général de l'intérieur, M. Ranc, directeur de la Sûreté générale, M. Lecesne, président de la commission d'armements, M. Steenackers, directeur des postes et télégraphes, M. Isambert, chef du service de la presse. Et en s'entourant de tous ces hommes capables et dévoués, il conservait pour lui le rôle de faire mouvoir tous les rouages, toutes les audaces, d'être à la fois la tête et le cœur de la défense nationale, gardant sans cesse en présence des événements cette confiance indomptable qu'il parvenait peu à peu à inspirer à tous.

Le pays tressaillit sous cette impulsion. Un courant d'espoir et de volontés circula dans toute la France. On

De Chaudordy.

comprit qu'avec cette main au gouvernail, il était encore possible de ne pas sombrer au milieu de la tempête.

XV

Le 10 octobre, les troupes françaises, péniblement rassemblées à Orléans, sous le commandement de La Motterouge sont battues par von der Tann et refoulées au sud. Cette défaite avait pour conséquence de découvrir Tours même. Gambetta n'hésite point : il révoque La Motterouge et le remplace par d'Aurelles de Paladine, qui s'établit dans le camp retranché de Salbris. Le 24, on tient un conseil de guerre, auquel assiste M. de Freycinet et l'on décide de faire un mouvement en avant sur Paris. Mais, avant même qu'il puisse être exécuté, on apprend la capitulation de Metz.

C'était un coup terrible. Cette reddition, dictée par la trahison comme le démontrèrent plus tard le procès et la condamnation de Bazaine, laissait toute liberté d'action à deux cent mille Allemands qui pouvaient, sans obstacles, traverser tout le pays, couvrir les assiégeants de Paris, et se jeter sur les forces réunies par Gambetta pour dégager la capitale.

Les plus vaillants désespérèrent. Gambetta, presque seul, ne se laisse pas abattre et lance cette proclamation :

Français,

Élevez vos âmes et vos résolutions à la hauteur des effroyables périls qui fondent sur la patrie.

Il dépend encore de nous de lasser la mauvaise fortune et de montrer à l'univers ce qu'est un grand peuple qui ne veut pas périr, et dont le courage s'exalte au sein même des catastrophes.

Metz a capitulé.

Un général sur qui la France comptait, même après le Mexique, vient d'enlever à la patrie en danger plus de cent mille de ses défenseurs.

Le maréchal Bazaine a trahi.

Il s'est fait l'agent de l'homme de Sedan, le complice de l'envahisseur, et, au milieu de l'armée dont il avait la garde, il a livré, sans même essayer un suprême effort, cent vingt mille combattants, vingt mille blessés, ses fusils, ses canons, ses drapeaux et la plus forte citadelle de la France, Metz, vierge jusqu'à lui, des souillures de l'étranger.

Un tel crime est au-dessus même des châtiments de la justice.

Et maintenant, Français, mesurez la profondeur de l'abîme où vous a précipités l'Empire. Vingt ans la France a subi ce pouvoir corrupteur qui tarissait en elle toutes les sources de la grandeur et de la vie. L'armée de la France, dépouillée de son caractère national, devenue sans le savoir un instrument de règne et de servitude, est engloutie, malgré l'héroïsme des soldats, par la trahison des chefs, dans les désastres de la patrie. En moins de deux mois, deux cent vingt-cinq mille hommes ont été livrés à l'ennemi : sinistre épilogue du coup de main militaire de décembre.

Il est temps de nous ressaisir, citoyens, et sous l'égide de la République, que nous sommes décidés à ne laisser capituler ni au dedans, ni au dehors, de puiser, dans l'extrémité même de nos malheurs, le rajeunissement de notre moralité et de notre virilité politique et sociale. Oui, quelle que soit l'étendue du désastre, il ne nous trouve ni consternés ni hésitants.

Nous sommes prêts aux derniers sacrifices, et, en face d'ennemis que tout favorise, nous jurons de ne jamais nous rendre. Tant qu'il restera un pouce du sol sacré sous nos semelles, nous tiendrons ferme le drapeau de la Révolution française.

Notre cause est celle de la justice et du droit : l'Europe le voit, l'Europe le sent; devant tant de malheurs immérités, spontanément, sans avoir reçu de nous ni invitation ni adhésion, elle s'est émue, elle s'agite.. Pas d'illusions! ne nous laissons ni alanguir ni énerver, et prouvons, par des actes, que nous voulons, que nous pouvons tenir de nous-mêmes l'honneur, l'indépendance, l'intégrité, tout ce qui fait la patrie libre et fière.

Vive la France! vive la République une et indivisible!

Les membres du Gouvernement,

Ad. Crémieux, Glais-Bizoin, Léon Gambetta.

XVI

Presque au lendemain de cet appel, où vibrait la patriotique et fière indignation, d'Aurelles de Paladine, s'avançait au nord, le 7 novembre; attaquait, le 9, von der Tann à Coulmiers, et lui infligeait une défaite. Orléans était évacué par les Bavarois; von der Tann battait en retraite. La fortune pour la première fois souriait à nos armes. Malheureusement d'Aurelles de Paladine ne sut pas profiter de cette victoire après laquelle il ne fit rien, à la grande surprise des Allemands qui croyaient qu'on allait les poursuivre sans prendre de repos.

Gambetta, instruit du succès, s'était immédiatement transporté avec M. de Freycinet au quartier général. Il insiste sur l'urgence de ne pas perdre une heure en temporisation. Qu'importe que les troupes soient jeunes et inexercées, comme l'affirme d'Aurelles de Paladine pour expliquer son inactivité, elles viennent d'être victorieuses et elles ont démontré que l'ennemi n'est pas invincible. La situation de Paris devient de plus en plus grave. A tout prix il faut empêcher l'armée du prince Frédéric-Charles de rejoindre l'armée des Bavarois défaits. Elle n'a pas encore quitté ses positions des environs de Metz. Il est possible de frapper un coup décisif, de percer les lignes allemandes. A ces arguments, dont on a reconnu dans la suite toute la justesse, d'Aurelles de Paladine n'oppose que la ténacité de l'inertie. Loin de vouloir avancer, il parle, assure-t-on, de se replier sur ses quartiers de

Général d'Aurelles de Paladine.

Salbris, et il refuse obstinément de suivre l'avis de Gambetta.

Dans une guerre, quels que soient les avantages de l'ennemi, un succès remporté, même inespérément, peut quelquefois déterminer un revirement complet. Le courage de ceux qui jugeaient tout *perdu* y puise un aliment et s'enflamme. L'histoire de toutes les campagnes militaires en présente de nombreux témoignages. Il eût été possible, sinon certain, après Coulmiers, de marcher dans ce premier sillon de victoire. D'Aurelles de Paladine ne le crut pas et ne le voulut point.

Ce fut une erreur stratégique, peut-être, et incontes-

tablement ce que l'on pouvait appeler une faute d'optique morale, car, en supposant que le général eût raison de croire à l'impossibilité pour ses troupes, de
répondre à l'attente de Gambetta, — et cette impossibilité n'était qu'une conjecture, — il était hors de
doute qu'il valait mieux courir les chances d'un échec
que de ne pas agir du tout. Les événements ne tardèrent
point à le démontrer.

Gambetta ne pouvait infliger à d'Aurelles un blâme
public en lui enlevant le commandement; le pays, si
extrêmement impressionnable alors, n'aurait pas compris cette sévérité à l'égard de celui qui avait remporté
la première et la seule victoire de nos armes depuis
l'ouverture des hostilités. Et, cependant, il y avait un
péril incalculable à temporiser devant l'incendie, car
la situation offrait bien cet aspect. On ne discute point
quand tout est en feu, et c'était le cas de la France.
Gambetta, ne s'occupant que des nécessités évidentes
à ses yeux, substitua son autorité dictatoriale à celle
du général d'Aurelles. Il prit, lui-même, avec M. de
Freycinet, la direction des opérations et donna l'ordre
au général des Pallières d'avancer. On l'en a blâmé,
mais plusieurs historiens ont soutenu que son plan de
marche était préférable à l'abstention (1).

Le 28 novembre, les Français attaquèrent les Allemands à Beaune-la-Rolande. La bataille fut sans résultat
mais plutôt défavorable pour nous. Le 30 novembre,
Gambetta reçut une dépêche de Paris, en retard, annonçant une sortie. Il donna l'ordre à d'Aurelles de
Paladine d'avancer. Ce fut une défaite. Après quatre
jours de lutte confuse autour d'Orléans, nos troupes,
désorganisées, évacuèrent la place dans la nuit du
4 décembre et sous les obus opérèrent leur retraite
au sud.

(1) Voir Félix BONNAT, *Guerre Franco-Allemande*; résumé et commen-
taire de l'ouvrage du grand état-major prussien. Paris, 1878.

XVII

Les adversaires de Gambetta n'ont pas manqué de dire qu'il ne se montra jamais au feu et qu'il se tenait loin des champs de bataille, tandis que les autres allaient à la mort. Ce reproche est aussi absurde qu'injuste. Gambetta était le chef du gouvernement et non généralissime; sa place utile se trouvait tout indiquée à la tête de ses collègues et de ses collaborateurs dans l'organisation de la défense, il n'avait pas à prendre l'épée pour payer de sa personne. Mais, quoi qu'il en fût, il ne reculait pas devant le danger. On en eut la preuve, le 4 décembre, quand, vers deux heures de l'après-midi, il partit de Tours pour Orléans, afin de voir, par lui-même, comment on pourrait réparer l'échec d'Aurelles de Paladine. Un témoin oculaire, le marquis de Castellane, dont le témoignage ne saurait être contesté, ni passer pour complaisant, rapporte que, le 4 décembre, étant de garde à la station de Beaugency, il y vit, à la nuit, arriver la locomotive montée par le jeune dictateur : « Elle ressemblait à un cerf éventré par les chiens et fuyant, les entrailles à nu. Elle était littéralement criblée par les balles. » Gambetta, resté à son poste jusqu'à la dernière minute, avait épuisé tous les moyens pour sauver les débris de l'armée d'Orléans.

XVIII

Ce qui prouve que la résistance était encore possible, c'est que cette défaite ne laissa pas les Allemands maîtres de s'avancer à leur gré et de prendre,

sans coup férir, les positions forcément abandonnées.
Durant trois jours, les 8, 9 et 10 décembre, ils durent
en venir aux mains avec le général Chanzy, qui avait
pris le commandement de nos troupes à l'ouest d'Orléans. Les Français ne purent, il est vrai, tenir davan-

Général Chanzy.

tage contre le nombre, et se virent obligés à la retraite
sur le Mans; mais cette retraite, sans désordre, fut
admirable et montra que, sous un chef capable, nos
soldats savaient être aussi aguerris que l'ennemi. A l'est
d'Orléans, pendant ce temps, l'armée de Bourbaki, rapidement organisée, était prête à l'action.

Cependant le gouvernement ne se trouvait plus à
l'abri à Tours, trop proche maintenant des lignes allemandes. Le 8, il décida de se transférer à Bordeaux.
Gambetta ne l'y rejoignit toutefois pas immédiatement.

Le 9, nous le voyons au quartier général de Chanzy; le 10, à Blois, il empêche les habitants de réparer le pont de la Loire, malgré la menace de l'ennemi de bombarder la ville si elle refuse d'exécuter ce travail. Le lendemain, il est à Bourges, au quartier général de Bourbaki.

Sa confiance dans un retour final de la fortune était inaltérable. Il devait pourvoir à tout, et y pourvoyait, n'ayant guère d'autres aides actifs que Clément Laurier, Spuller, son secrétaire particulier, et de Freycinet. Ses robustes épaules ne sentaient, pour ainsi dire, pas le poids de ses multiples travaux. Il paraissait si rapidement sur tous les points du pays encore libre, voyageant de Bordeaux à Lille, de Lille à Lyon, qu'on ne s'apercevait pas, sur le moment même, de son infatigable ardeur, mais on le trouvait partout où sa présence pouvait ranimer les espoirs, et prévenir les défaillances.

Quelle superbe vitalité! dit un écrivain étranger, en parlant de lui; il avait, tel que nous le vîmes alors, debout sur une locomotive à demi broyée, le courage physique, il eut, tel que nous le jugeons aujourd'hui avec impartialité le courage moral, plus rare, qui ne se laisse abattre ni par les déceptions, ni par les rêves. Si le cœur de la France a jamais battu sous la poitrine d'un de ses fils, ce fut sous celle de Gambetta, durant ces semaines terribles. Évidemment sa foi au succès reposait sur des fondements insuffisants. Évidemment dans l'exubérance de son enthousiasme, la tête remplie des traditions de 1792 et des merveilleux exploits des volontaires de la première République, il s'exagérait la force des recrues inexercées dans les armées modernes, et souvent ses calculs dépassèrent ce qu'il pouvait attendre d'elles. Mais on n'avait pas alors le temps de calculer avec exactitude. C'était l'heure où l'audace seule avait quelque chance de réussite et où le meilleur général ou homme politique était celui qui ne savait pas ou refusait de savoir quand il était battu.

M. de Freycinet, dans son remarquable livre *la Guerre en province pendant le siège de Paris*, a démontré éloquemment que, sans Gambetta, la France eût à coup sûr été encore plus cruellement démembrée qu'elle ne le fut après la conclusion de la paix.

Certes, dit-il en répondant aux reproches souvent adressés
à la délégation de Tours, l'administration a fait des plans, et
elle eût été bien coupable de n'en pas faire. Est-ce qu'il ne
fallait pas que nos armées agissent dans une certaine relation
les unes avec les autres? Est-ce qu'il fallait laisser chacune
d'elles se mouvoir à son gré, sans lui avoir tracé d'avance, au
moins le champ de son action? Nous étions fermement résolus
à ne pas laisser recommencer les désastres de la période impériale; nous ne voulions pas que nos corps d'armée agissent
à l'aventure et se fissent battre en détail. Nous avons établi et
maintenu un lien entre eux. Grâce à ce lien, grâce à cette

direction supé-
rieure, nos armées
n'ont point connu
les catastrophes de
Sedan et de Metz,
non plus que les
écrasements de
Forbach, Wissem-
bourg et Reis-
choffen.

XIX

En se rendant
à Bourges, Gam-
betta avait pour
but d'organiser
avec Bourbaki un

Général Bourbaki.

plan de campagne. Ils s'arrêtèrent à celui d'une marche
sur l'est, pour contenir l'invasion de nouvelles forces
allemandes. Le plan était bon, mais il eût fallu, pour en
assurer l'exécution, joindre à la promptitude des mouvements la possibilité de se ravitailler, de donner aux
soldats des vêtements et des abris en rapport avec la
rigueur de la saison, et tout cela fit défaut. Aussi l'énergie
de Bourbaki succomba-t-elle à l'impuissance de vaincre
ces obstacles. Son armée, entrée en mouvement le

23 décembre, après des succès réels, fut repoussée à Héricourt, où elle se battit avec acharnement durant trois jours, les 15, 16 et 17 janvier, et finalement, épuisée de fatigue, de faim et de froid, n'eut plus d'autre parti que de se jeter en Suisse, où elle trouva les plus généreuses sympathies (1). Bourbaki ne fut pas témoin de cette retraite douloureuse que l'on a justement comparée à celle de la Grande Armée, après la campagne de Russie. Accablé de désespoir, il tenta de se suicider le 20 janvier.

XX

Pendant que ces événements se déroulaient à l'est, le général Faidherbe s'était avancé vers Amiens. Attaqué, le 23 décembre, à Pont-Noyelles par Manteuffel, il avait repris l'offensive, le 3 janvier, à Bapaume, où les chances étaient restées égales; puis, dans sa marche sur Paris, il avait perdu la bataille de Saint-Quentin, le 19 janvier. A l'ouest, Chanzy s'efforçait de refaire ses forces au Mans, avec l'intention de pousser à son tour en avant, tout en disputant le terrain aux Allemands. Le 10 janvier, ceux-ci atteignirent ses positions, et pendant quelques jours il y eut des combats autour du Mans, avec ce résultat que les troupes françaises, ne pouvant tenir longtemps contre l'ennemi pourvu de tout, furent obligées de se retirer en déroute à travers les neiges de l'hiver.

Ainsi, de quelque côté qu'il fixât son regard, à l'est, au nord, à l'ouest, Gambetta ne voyait que la défaite,

(1) Voir Charles SIMOND. — *Histoire d'un enfant du peuple* (Auguste Burdeau). — Alcide Picard et Kaan, éditeurs, pages 94 et suiv.

On sait que l'armée de Bourbaki continua la résistance après l'armistice.

et pourtant il ne cessait de dire : « Les revers doivent
être plus propres à enflammer les cœurs qu'à les
abattre. » Il voulait lasser l'adversité à force de constance et de vaillance.

Général Faidherbe.

Le 27 janvier, il apprit, par les journaux anglais, que
le gouvernement de Paris songeait à faire des ouver-
tures de paix. Aussitôt, il lança une dépêche par pigeon,
dans laquelle il protestait avec une éloquence héroïque
contre toute capitulation qui lierait la province. Il
déclara que celle-ci n'avait pas épuisé toutes ses ressources, et il ajouta que, pour ce qui le concernait, il

était décidé à poursuivre la guerre jusqu'au bout.

Le 29, dans la matinée, un message laconique de Jules Favre lui apprit la conclusion d'un armistice de vingt et un jours avec le prince de Bismarck. Les élections générales étaient fixées au 8 février; l'Assemblée nationale, issue de ces scrutins, se réunirait le 15 février pour décider des mesures à prendre; enfin, un membre du gouvernement de Paris était en route pour Bordeaux.

Gambetta attendit tout le reste de la journée et toute la matinée du lendemain d'autres nouvelles. Il n'en reçut point. A deux heures et demie, il télégraphia à Jules Favre, se plaignant d'être laissé dans l'ignorance des événements. Le télégramme fut intercepté. Le prince de Bismarck n'y répondit que le 31.

Entre temps, Gambetta mandait aux préfets de tous les départements de province, et annonçait au peuple français en une proclamation, qu'il considérait comme « un acte de légèreté coupable » cet armistice, et qu'il exhortait tous les citoyens, sans distinction de rang, à maintenir l'honneur du pays en ne déposant pas les armes, et en ne faisant sortir de l'urne électorale que des noms patriotiques. Il stigmatisa en outre, comme illégale, l'élection de quiconque aurait été au service de l'empire à un titre quelconque.

Le gouvernement de Paris se montra très ému de ces mesures. Il avait perdu tout espoir de continuer la lutte et il ne voulait pas abdiquer en faveur du jeune dictateur dont il ne partageait pas l'intransigeance et la suprême bravoure.

Le décret d'inéligibilité des impérialistes fut considéré par Bismarck comme une entrave à la liberté des élections, et le gouvernement de Paris, cédant à cette pression, ne le ratifia point. En réalité, Bismarck redoutait de ne pas rencontrer dans l'Assemblée nationale une majorité disposée à accepter les dures conditions imposées par le vainqueur. Il savait qu'en ouvrant les portes de cette Assemblée à tous les partis sans restriction, c'étaient les timorés qui s'y empareraient du plus grand nombre de sièges. « Il avait, comme on l'a lu dans ses *Propos de table*, sous la main un homme qui était prêt à souscrire à tout pourvu qu'on lui fît ressaisir le pouvoir : c'était l'empereur détrôné, le prisonnier de Wilhelmshœhe, » et il ne cessait d'évoquer la menace d'une restauration bonapartiste. Gambetta voulait déjouer cette manœuvre, et ce fut à lui que l'on dut, en réalité, de ne pas voir ramener l'homme sinistre de Sedan aux Tuileries par l'armée de Guillaume Ier.

XXI

Jules Simon avait été chargé de faire exécuter en province le décret de convocation des électeurs tel qu'il avait été promulgué par le gouvernement central, c'est-à-dire sans les restrictions et exclusions complémentaires de Gambetta.

Il quitta Paris le 31 janvier. En arrivant à Bordeaux, le 2 février, il fut accueilli par les reproches de la délégation nationale. Il avait de pleins pouvoirs et en usa. Sans vouloir entrer dans aucune discussion générale, il réclama l'annulation du décret contre les impérialistes. Gambetta, Crémieux, Glais-Bizoin, Fourichon s'y refusèrent tous les quatre. Le maire et le conseil municipal de Bordeaux se rallièrent ouvertement à eux. La situation était des plus critiques. Jules Simon ne savait à quoi se résoudre. Sur l'avis de Thiers, qui était en ce moment à Bordeaux, il envoya un message à Paris pour rendre compte des difficultés. Entre temps, Bismarck informa directement Gambetta, par dépêche, que le décret était un acte d'oppression arbitraire et en désaccord avec les conventions préliminaires de la paix. Gambetta s'empressa de faire afficher ce télégramme en signalant la « prétention insolente » du ministre prussien de s'ingérer dans les volontés électorales du pays. Jules Simon, en vertu de ses pleins pouvoirs, en cas de divergences d'opinions, rendit à son tour un décret annulant celui de la délégation. Celle-ci en empêcha la promulgation et Gambetta et Crémieux délibérèrent même sur l'urgence de paralyser la résistance du représentant du gouvernement de Paris, en le faisant arrêter. Le 6, dans la matinée, Garnier-Pagès, Emmanuel Arago et Eugène Pelletan arrivaient à Bordeaux pour soutenir Jules Simon. Le désaccord ne pouvait durer davantage : c'eût été courir le risque d'une guerre civile. Gambetta n'hésita pas devant ces considérations. Toutes ses espérances étaient détruites, mais il crut sage de sacrifier ses aspirations si généreuses au maintien de la concorde. Il avait trop de patriotisme pour vouloir affronter la redoutable lutte entre Français mêmes. Il ne persista pas dans son opposition, mais, le 6 février, il donna sa démission de ministre de l'intérieur et de ministre de la guerre.

<h2 style="text-align:center">XXII</h2>

En regard des accusations dont son administration et sa dictature furent alors l'objet, — accusations qui se reproduisent encore aujourd'hui, — il importe de citer les opinions désintéressées, et c'est à des juges étrangers qu'il faut demander celles-ci de préférence.

Gambetta, dit un écrivain anglais, avait à gouverner, de Paris et de Bordeaux le corps le plus exigeant et le plus indépendant du monde, les généraux de l'ancienne armée française, des hommes qui l'abhorraient comme républicain, le craignaient comme rouge, le détestaient comme pékin. Et pourtant, dès le moment, où, descendant de ballon, il prit le pouvoir à Tours, personne dans toute la France ne contesta son autorité... Le trésor était vide et il l'a rempli ; les arsenaux étaient à moitié déserts, il trouva des soldats, des chevaux et de l'artillerie. On dira que ces résultats pouvaient être obtenus par tout homme énergique, mais Gambetta avait à résoudre trois questions d'une importance infiniment plus grande pour l'avenir de la France et de la guerre; il avait à décider par des faits et non par des paroles si le républicain ou les rouges devaient faire la guerre, s'il fallait employer comme arme l'organisation ou l'anarchie. Lyon, Marseille, Toulouse avaient arboré le drapeau rouge; les combattre, c'était introduire la guerre civile, disaient les faibles. Mais Gambetta fit face au danger; il dit aux rouges de Lyon qu'ils étaient des fous, des fous misérables; il risqua la guerre civile, mais il sut dompter l'anarchie.

La deuxième tâche était plus difficile encore; il s'agissait d'affirmer un principe oublié en France depuis vingt ans, à savoir : qu'un général n'est qu'un serviteur de l'État, que cela est aussi vrai pour lui que pour le plus humble gendarme. Gambetta affirma ce principe par le seul moyen possible, en posant de fait la suprématie des autorités civiles, en révoquant les généraux sans explication ni excuse et en en nommant d'autres.

Et quand les généraux furent revenus à la raison, il restait l'œuvre plus difficile de réprimer le mauvais vouloir des soldats, de leur enseigner l'obéissance. Les difficultés à surmonter étaient énormes. Sous l'Empire les officiers s'étaient habitués à une tolérance excessive, ils n'osaient plus donner un ordre désagréable. La tradition de l'obéissance avait complètement disparu. S'élevant à la hauteur de la situation, l'avocat énergique qui, pour le moment, est à la tête des armées, décrète que, dans cette heure suprême du danger, tout soldat coupable de désobéissance, d'insubordination ou de pillage sera puni avec la dernière rigueur. De tous ces décrets résultèrent des armées capables de livrer bataille en rase campagne.

Écoutons une autre voix, non moins impartiale.

Cinq mois durant, écrit un journaliste russe dont la parole fait autorité, le monde entier a suivi avec une anxieuse attention ce duel de deux peuples, tous deux à la tête de la civilisation. D'un côté, une nation victorieuse, avec une armée dont la préparation avait pris plus de cinquante ans, avec des ressources inépuisables en matériel de guerre ayant à sa disposition tous les perfectionnements de l'art militaire, à sa tête le plus grand stratégiste de notre époque, M. de Moltke; — de l'autre côté, Gambetta, sans armée, sans capitale, sans gouvernement et sans administration, sans finances et sans crédit, sans artillerie, sans généraux, sans forteresses, ayant l'ennemi vainqueur à quelques pas de sa résidence improvisée, chef d'une nation qui venait d'éprouver des désastres inouïs dans l'histoire et qui était près de perdre confiance en elle-même et en son avenir; — cet homme réussit à égaliser à tel point les chances de la lutte que plus d'une fois la victoire fut sur le point de passer dans son camp...

Il faut, une bonne fois, faire justice des ridicules imputations de ses adversaires. Ils prétendent que la continuation de la guerre après Sedan a coûté à la France, pour le moins, Metz et la Lorraine, et trois milliards. Or, tous les documents publiés dans nos dernières années, de source française ou de source allemande, ne laissent aucun doute sur le point suivant : les écrasantes conditions de paix que Bismarck a imposées à la France étaient déjà fixées après Sedan. Si l'on n'en était pas pleinement convaincu, il suffirait de lire avec attention les récentes révélations du docteur Busch, qui accompagna le prince de Bismarck pendant toute la durée de la dernière campagne.

Ce n'est pas tout. Quiconque connait le caractère de Bismarck ne doutera pas un instant que, si la France avait fait la paix aussitôt après Sedan, l'Allemagne aurait, sinon demandé de plus grandes indemnités territoriales et pécuniaires, du moins inséré dans le traité une série de stipulations telles que, de dix années, la France n'eût pas été capable de reprendre son rang parmi les grandes puissances. La restauration de l'empire et, par suite, la guerre civile eussent été les conséquences indubitables d'une paix faite après Sedan.

En tout cas, après les longs mois d'hiver qui retinrent l'armée prussienne sous les murs de Metz et de Paris, après les longs mois de souffrances, de privations, de maladies qui la décimèrent, après une pénible lutte de cinq mois entiers contre un ennemi qui semblait sortir de terre avec des forces renouvelées, après plus d'une défaite sanglante, après les accès de découragement et de désespoir qui s'emparèrent de toutes les classes de la population allemande quand elles virent la guerre s'éterniser, — après tout cela il est évident que l'Allemagne a dû se montrer plus conciliante qu'elle ne l'eût été aux premiers jours, enivrée de triomphes sans précédents dans l'histoire. La France, dans la fixation définitive des conditions de paix, a donc plus gagné que perdu à continuer la lutte...

Et ce n'est pas seulement au point de vue de l'honneur français que nous nous plaçons. Nous n'hésitons pas à affirmer, avec la plus entière conviction, que les efforts gigantesques qu'a faits la France pour continuer la lutte après Sedan l'ont sauvée d'une chute irrémédiable. Si l'Allemagne avait pu laisser la France sous l'impression démoralisante de ses premières défaites, elle n'aurait pas hésité une minute, au premier symptôme de relèvement national, à lui déclarer de nouveau la guerre et à la briser définitivement. Nous ne nierons pas qu'en 1875, lorsque l'Allemagne manifesta certaines velléités de s'opposer par une nouvelle guerre à la réorganisation de la France, l'intervention de la Russie et de l'Angleterre n'ait pas contribué au maintien de la paix; mais nous savons par les documents les plus positifs que le souvenir des efforts de la défense nationale a plus fait pour arrêter l'Allemagne dans ses velléités nouvelles d'invasion que toutes les suggestions de diplomates étrangers.

C'est avant tout la redoutable vitalité et l'indomptable force de résistance manifestées par la France sous l'énergique direction de Gambetta qui ont, en 1875, sauvé sa patrie d'une nouvelle et, cette fois, mortelle guerre avec l'Allemagne.

XXIII

Les fautes de Gambetta, pendant sa dictature, — et quel homme en pareille circonstance eût été infaillible? — s'effacent devant la grandeur de ses services. Il y avait après Sedan plus de conseillers de la reddition à merci que d'âmes fortes prêtes à tous les sacrifices, sauf celui de l'honneur. Les armées de l'empire étaient battues, la fortune visiblement hostile à la France. Beaucoup parlaient d'accepter la loi du vainqueur sans la discuter, de se résigner à l'humiliation, de laisser démembrer le territoire en se soumettant à la fatalité. *Dura lex, sed lex.* Cette opinion a été répétée après a guerre. Elle trouve encore des partisans. Mais ceux qui ne peuvent à aucun prix pactiser avec les résolutions pusillanimes, envisageaient alors et ont envisagé plus tard les choses sous un jour bien différent. Ils ont maintenu toujours qu'en continuant la lutte, la France restait fidèle à l'esprit de son glorieux passé et n'abdiquait rien de sa véritable grandeur. Elle était vaincue, mais les défaites se réparent, tandis que la honte voulue et consentie ne s'efface jamais. Un peuple ne vit pas exclusivement d'intérêts matériels. Il vit surtout de courage, et son existence n'est pas atteinte, tant que son courage domine ses revers, tant qu'il garde l'intense passion de son unité. Gambetta ne se départit jamais de cette conviction, même aux heures les plus sombres, et c'est pour cela surtout que son nom demeurera dans les annales de la patrie un symbole qu'on évoquera dans l'avenir chaque fois que les heures sombres reviendront.

Ses efforts pour résoudre seul le problème stratégique qu'il y eût à considérer alors, et qui était de délivrer Paris assiégé, furent prodigieux pendant les quatre mois que dura sa dictature. A la vérité, ils échouèrent, mais ses échecs mêmes ne sauraient être attribués à de l'incapacité. Il voulut l'impossible, a-t-on dit, il n'avait que des plans irréalisables. Ce n'est pas l'avis de tous ceux qui ont fait la critique de ses actes durant la guerre, et il suffit de lire certains ouvrages allemands, qui devraient plutôt le blâmer sans circonstances atténuantes, pour se faire une juste idée de ce qu'il accomplit, de son œuvre gigantesque, comme l'a dit un officier prussien, le baron Colmar von der Goltz, de sa grande habileté à organiser des armées improvisées, de sa remarquable pénétration dans la vue des grandes lignes de la vérité stratégique et des points vulnérables, des positions ennemies. « Si jamais, ajoute le même officier, l'Allemagne avait à subir une défaite comme celle de Sedan, je souhaite qu'elle trouve dans son sein un homme comme Gambetta, capable d'inspirer à toutes les âmes la résistance à outrance. »

On a répété le mot de Thiers, disant que la politique de Gambetta fut « une politique de fou furieux ». L'histoire ne portera pas sur lui ce verdict. Elle dira, au contraire, que ce fut la seule politique vraiment française, la seule vraiment digne et nationale, celle qui ne voulut lire, dans l'histoire de France, que le mot de François Ier après Pavie, et ne consentit pas à nous ramener à l'époque de Jean le Bon.

CHAPITRE V

LE FONDATEUR DE LA RÉPUBLIQUE

L'Assemblée nationale. — Les monarchistes. — Les prétendants : le
Prince impérial, le comte de Chambord, le comte de Paris. — Gambetta
député de Strasbourg. — Protestation contre la cession de l'Alsace-
Lorraine. — Gambetta à Saint-Sébastien. — La guerre civile. — Les
manœuvres antirépublicaines. — Les ruraux. — Thiers président de la
République. — Le Pacte de Bordeaux. — Retour de Gambetta en France.
— Discours de Bordeaux. — Gambetta élu député de Belleville. — Dis-
cours à la Chambre. — L'enquête sur les actes du gouvernement de la
Défense nationale. — *La République française*, les collaborateurs de
Gambetta. — La campagne républicaine en province. Discours de Gam-
betta à Saint-Quentin, à Angers, au Havre. — Le banquet de Versailles.
Hoche. — Discours de Gambetta à la Ferté-sous-Jouarre, à Grenoble, à
Chinon. — Les calomnies. — Changarnier. — Les légendes de la malveillance. — L'élection Barodet. — La coalition des conservateurs. —
Démission de M. Thiers. — Le maréchal de Mac-Mahon, président de
la République. — Le gouvernement de l'ordre moral. Appel de Gambetta
à la nation. — Le ministère de Broglie-Beulé. — *Le Corsaire.* — Discours de Gambetta contre les manœuvres de corruption du gouvernement.
— Le théâtre de Versailles. — Gambetta à la tribune les 24 juin, 2, 12,
14, 16 juillet, 28 septembre, 3 octobre 1873. — Henri V. — Le drapeau
blanc et le drapeau tricolore. — Le comte de Chambord refuse la couronne. — *Les menées bonapartistes.* — *Discours de Gambetta à*
Auxerre. — Le comité occulte des impérialistes. — Rouher et Gambetta.
— *La flétrissure de l'Empire.* — *Gambetta menacé de mort.* — *Répu-*
blique ou monarchie. — La constitution Wallon. — Pascal Duprat. —
Le Sénat. — Le ministère de Cissey. — Discours de Gambetta sur le
Sénat. — Portrait de Gambetta orateur, par Camille Pelletan. — Le vote
sur le Sénat. — Gambetta fondateur de la République. — Discours de
Belleville.

I

Les élections eurent lieu le 8 février, l'Assemblée
nationale se réunit à Bordeaux le 12. Elle se composait
de sept cent soixante-huit députés, dont trente impérialistes, trente sans programme politique défini, deux
cent cinquante républicains et le reste — c'est-à-dire la

majorité — de prétendus modérés, qui n'étaient en réalité que des monarchistes des deux couleurs : légitimistes ou orléanistes. Ce résultat était prévu. L'empire ne pouvait plus être défendu que par quelques mamelouks sourds à la voix du pays qui le réprouvait. Quant à la République, elle n'avait pas encore assez de racines dans le peuple des provinces surtout, et celles-ci étaient encore en grande partie inféodées aux grands propriétaires fonciers, aux grands capitalistes, qui croyaient sauvegarder les intérêts en travaillant occultement ou ouvertement à une restauration bourbonnienne, branche aînée ou branche cadette, en revenant à cinquante ans en arrière, et en espérant un Louis XVIII dans le comte de Chambord ou dans le comte de Paris. Il faut ajouter aussi que la masse des électeurs était persuadée qu'en votant pour les candidats monarchistes, elle votait pour la paix. Mais là où l'on avait réellement conscience des tendances des partis, on se prononça en faveur des hommes qui, au cours de leur vie, s'étaient montrés sincèrement dévoués aux idées républicaines, et qui ne séparaient pas celles-ci de la vitalité nationale. Aussi Gambetta fut-il élu dans dix départements, le Bas-Rhin, le Haut-Rhin, la Meurthe, la Moselle, la Seine, les Bouches-du-Rhône, le Var, la Seine-et-Oise, à Alger et à Oran. A Paris il obtint 202 399 voix en venant le troisième sur la liste, après Louis Blanc et Victor Hugo. Ces multiples approbations de ses actes étaient significatives. Il opta pour Strasbourg, le chef-lieu du département, la ville alsacienne qui avait eu une attitude si admirable pendant la guerre.

Les premières séances de l'Assemblée après la constitution du bureau sous la présidence de Jules Grévy, lorsque Thiers eut été appelé à la présidence de la République, furent consacrées à l'examen des conditions de paix imposées par la Prusse. Ces conditions étaient l'écrasante indemnité de guerre et l'abandon de l'Alsace-Lorraine. L'Assemblée en écouta la lecture dans une muette consternation et, le 2 mars, elle vota le traité par une majorité de 546 voix contre 147. Ni le magnifique discours de Victor Hugo, ni les protestations de Gambetta et des autres députés de nos provinces rhénanes et lorraines ne purent empêcher ce consentement au démembrement de la France.

Alors, un député alsacien, M. Grosjean, monta à la tribune et donna lecture de la déclaration suivante :

Les représentants de l'Alsace et de la Lorraine ont déposé, avant toute négociation de paix, sur le bureau de l'Assemblée nationale, une déclaration affirmant de la manière la plus formelle, au nom de ces provinces, leur volonté et leur droit de rester françaises.

Livrés, au mépris de toute justice et par un odieux abus de la force, à la domination de l'étranger, nous avons un dernier devoir à remplir.

Nous déclarons encore une fois nul et non avenu un pacte qui dispose de nous sans notre consentement.

La revendication de nos droits reste à jamais ouverte à tous et à chacun dans la forme et dans la mesure que notre conscience nous dictera.

Au moment de quitter cette enceinte où notre dignité ne nous permet plus de siéger, et malgré l'amertume de notre douleur, la pensée suprême que nous trouvons au fond de nos cœurs, est une pensée de reconnaissance pour ceux qui, pendant six mois, n'ont pas cessé de nous défendre, et d'inaltérable attachement à la patrie dont nous sommes violemment arrachés.

Nous vous suivrons de nos vœux et nous attendrons, avec une confiance entière dans l'avenir, que la France régénérée reprenne le cours de sa grande destinée.

Vos frères d'Alsace et de Lorraine, séparés en ce moment de la famille commune, conserveront à la France, absente de leurs foyers, une affection filiale jusqu'au jour où elle viendra y reprendre sa place.

Bordeaux, le 1er mars 1871.

Signé : L. Chauffour, E. Teutsch, André, Ostermann, Schneegans, E. Keller, Kablé, Melsheim, Ball, Thiot, Albrecht, Alfred Kœchlin, A. Saglio, Humbert, Kuss, Rencker, Deschange, Bœrsch, A. Tachard, Th. Noblot, Dornès, Ed. Bamberger, Bardon, Léon Gambetta, Fréd. Hartmann, Jules Grosjean.

Puis les députés de l'Alsace-Lorraine quittèrent la salle des séances, le président Grévy, restant muet au fauteuil.

Le soir même mourait Kuss, le dernier maire français de Strasbourg, et ses obsèques, célébrées le lendemain au milieu d'une affluence énorme, permettaient à Gambetta d'adresser un suprême adieu à l'Alsace :

La force nous sépare, mais pour un temps seulement, de l'Alsace, berceau traditionnel du patriotisme français. Nos frères de ces contrées malheureuses ont fait dignement leur devoir, et, eux du moins, ils l'ont fait jusqu'au bout. Eh bien, qu'ils se consolent en pensant que la France, désormais, ne saurait avoir d'autre politique que leur délivrance; pour atteindre ce résultat, il faut que les républicains, jurant à nouveau une haine implacable aux dynasties et aux Césars qui ont amené tous nos désastres, oublient leurs divisions et s'unissent étroitement dans la pensée patriotique d'une revanche qui sera la protestation du droit et de la justice contre la force et l'infamie.

II

La cession de l'Alsace aux Allemands impliquait l'annulation des élections faites dans les départements livrés à l'ennemi. Gambetta se trouvait ainsi rendu à la vie privée. Il crut qu'il lui était permis, après tant de fatigues, de prendre un repos pour réparer sa santé ébranlée. Il partit, le 4 mars, pour Saint-Sébastien et y resta jusqu'au 26 juin. N'ayant point de mandat de représentant du pays, il n'avait pas le droit d'intervenir dans la direction des affaires. Il ne s'en désintéressait pas, mais il eût été l'objet des plus violentes invectives de la part de ses adversaires, s'il s'était mêlé personnellement aux événements de la guerre civile qui sévit à Paris du 18 mars au 29 mai. Son silence, d'autant plus légitime qu'il n'était plus en ce moment qu'un simple citoyen, n'en fut pas moins interprété contre

lui, tant il y avait dans certaines classes, à son égard,
de préventions résultant de ses convictions républicaines. Au vrai, la majorité de l'Assemblée et du pays,
celui-ci ne se rendant pas compte à ce moment de ses
véritables intérêts, avait le désir et l'intention de ne
pas accepter la République comme forme définitive du gouvernement. Gambetta ne se faisait aucune
illusion à cet égard, il savait que toute l'éducation politique du peuple était à refaire, et c'est à cette tâche
nouvelle qu'il se préparait à vouer maintenant sa vie.
Tandis qu'il se promenait paisiblement au bord du
golfe de Biscaye, la brise lui apportait les échos de
France, et son esprit restait rempli d'angoisses et de
tristesses, en songeant non seulement au douloureux
passé, mais encore à l'avenir chargé d'orages.

Il était, en effet, évident pour lui que si la République succombait dans le conflit des partis, tout était
fatalement perdu. Une restauration monarchique, sous
n'importe lequel des prétendants, ne pouvait avoir pour
conséquence qu'un affaiblissement progressif de toutes
les forces qui avaient encore conservé quelque vigueur. On ne ferait pas impunément reculer une nation
comme les Français vers des régimes condamnés par
l'expérience et qui, fondés sur une oligarchie aristocra-
tique, n'avaient plus de durée possible là ou le peuple
avait été souverain et voulait le redevenir. Car cette
volonté, quoiqu'elle fût alors plutôt latente que manifeste, restait bien au fond du pays et tout courant venant
agir contre elle n'aurait qu'une action factice. Mais si
la République était le seul gouvernement fécond, sa
véritable signification échappait encore à bien des
intelligences. On en avait eu la démonstration dans la
composition même de l'Assemblée de Bordeaux. La
majorité des membres de ce parlement élu à la hâte et
sous l'influence des préoccupations brûlantes du moment, étaient des « ruraux », comme on les appelait,
c'est-à-dire des hommes qui, éloignés des passions et
des entraînements de la grande ville, n'avaient jamais

eu de sympathie pour l'Empire, né d'un coup de force et d'audace, puis tombé sous le mépris, à la suite des désastres provoqués par lui. Mais ces « ruraux », élevés dans la crainte des excès révolutionnaires de 1793 et de 1848, et confirmés dans cette terreur par la toute récente insurrection communaliste, n'éprouvaient que défiance accompagnée d'épouvante pour la République, qu'ils croyaient ne pouvoir exister sans violences, sans menaces, sans échafauds ou tout au moins sans abus et sans vexations.

Avec de telles craintes il n'était pas étonnant que dans les campagnes on se tournât vers les royalistes, et qu'en eux seuls on vît les sauveurs de la société, de l'ordre et de la fortune publique. Les royalistes ou, comme on les nommait, les conservateurs, n'étaient-ils point, dans l'espérance de leurs électeurs, ces hommes prudents par l'éducation, respectables par tradition, supérieurs par origine, et la royauté elle-même ne rappelait-elle point l'âge d'or de la politique? A la vérité, si ceux qui pensaient ainsi avaient lu attentivement l'histoire exacte de tous les règnes et de tous les rois, ils auraient été singulièrement désillusionnés, et sur les régimes antérieurs à la Révolution de 1789, et sur ceux qui avaient suivi la chute de Napoléon, depuis Louis XVIII jusqu'à Louis-Philippe. Ils se seraient convaincus que, sous la Restauration et sous le gouvernement de Juillet, les royalistes eux-mêmes avaient, en bien des rencontres critiqué le pouvoir, renversé les ministères et exprimé leur mécontentement en réclamant des réformes. Les ruraux, maîtres de la situation, ne tenaient pas compte de ces leçons qu'ils ignoraient, d'ailleurs, pour la plupart. Ils arrivaient à Bordeaux avec des prédilections préconçues pour la monarchie, et c'était tout. Il faut reconnaître, toutefois, que leurs forces n'étaient pas concentrées vers un but déterminé, et que leur premier mouvement fut celui du patriotisme, lorsqu'ils confièrent avec une imposante majorité de suffrages, les destinées du pays à M. Thiers.

Ce choix était, au reste, indiqué. Thiers était, sans
conteste, le premier homme d'État de la France, et le
seul, en réalité, à qui il fût alors possible de remettre la
sauvegarde de la patrie. Il n'y avait pas d'autre person-

Adolphe Thiers.

nalité éminente que l'on pût opposer à Bismarck.
L'empire n'avait créé aucune de ces hautes capacités
qui s'imposent à la considération et au crédit de tous.
Thiers, au contraire, se recommandait à tous les partis
par des services passés, par son immense expérience,
par ses qualités merveilleuses d'orateur et de parlementaire familiarisé avec les débats législatifs, par la lucidité et la vigueur de son intelligence, par son ardeur
au travail, par sa grande foi patriotique, par sa sagesse
dont on avait malheureusement si peu profité lorsqu'il

avait protesté contre la politique étrangère de M. Émile Ollivier, et contre la déclaration de guerre, par son dévouement enfin lorsqu'il avait, au cours des hostilités, fait tous ses efforts pour concilier à la France les sympathies de l'Europe.

Son attitude sous l'Empire ne pouvait qu'augmenter son autorité morale aux yeux de l'Assemblée de Bordeaux. Il avait donné des preuves de sa droiture, quand, un des premiers, il s'était déclaré contre le coup d'État avant et après le 2 décembre; quand, le 4 septembre, il avait contribué à refréner les passions démagogiques. Les républicains, tout en sachant que son libéralisme était essentiellement modéré, lui avaient, en grande partie, donné leurs voix aux élections du 8 février. Élu dans vingt-six circonscriptions, il avait obtenu plus de deux millions de suffrages, représentant l'immense majorité du corps électoral. D'autre part, les monarchistes n'oubliaient pas que son libéralisme, si bien vu des partisans de la République, était au fond plutôt favorable à la monarchie constitutionnelle. Ministre de Louis-Philippe, il ne s'était jamais montré l'adversaire personnel du roi et de la royauté, et lorsqu'il avait combattu dans les rangs de l'opposition, c'est contre les hommes au pouvoir qu'il avait dirigé son action. En 1848, quand la République avait été proclamée, il était demeuré l'inflexible soutien de l'ordre et de la loi; on l'avait vu, plus d'une fois, à la tribune, tenir tête aux fanatiques des idées extrêmes, aux socialistes surtout, et il était resté ainsi l'interprète le plus écouté, le plus applaudi des conservateurs eux-mêmes.

En arrivant à la présidence de la République, Thiers comprit que la seule politique viable et loyale était celle de la conciliation. Il eût été prématuré alors de donner au pays une forme définitive de gouvernement. Il le déclara d'ailleurs dans son message présidentiel du 19 février, en faisant ressortir que personne ne pouvait réclamer la discussion calme d'une constitution, quand les prisonniers français mouraient de faim dans les citadelles allemandes où ils étaient internés ; quand, en France, on était forcé de donner son dernier morceau de pain à l'ennemi. Pacifier, réorganiser le pays, relever son crédit, faire revivre son commerce, tel était le seul but honnête que l'on eût à atteindre pour le moment. Quand cette œuvre de réparation des désastres serait accomplie, alors on pèserait les divers systèmes préconisés par les partis. Ce « pacte de Bordeaux », comme on l'appela, fut accepté par l'Assemblée, et Thiers le mit à exécution en s'entourant d'un cabinet mixte où étaient représentées les diverses nuances d'opinion associant à des républicains déterminés comme Jules Favre et Ernest Picard des modérés comme Jules Simon, et même des légitimistes et des orléanistes.

Mais ce pacte n'était en réalité qu'un armistice demandé aux compétitions politiques. Et celles-ci se réveillèrent dès que la paix fut conclue, la Commune défaite, l'ordre rétabli. Thiers, malgré tout son ascendant, ne pouvait empêcher les monarchistes de dire que le gouvernement de fait était la République, et que plus elle durerait, plus leurs propres chances de faire prévaloir la royauté diminuaient. Thiers le savait aussi bien qu'eux, et, quoique déterminé à ne rien préjuger de l'avenir en ce qui concernait la Constitution, il s'efforçait de prouver que la République était dans l'occurrence le gouvernement qui divisait le moins le pays. Mais les ruraux comprenaient, de leur côté, que pour avoir finalement le dessus, ils devaient presser la solution. Aussi tout en maintenant Thiers au pouvoir, se défiaient-ils de ses relations avec les républicains. Ils demandaient de faire sortir du ministère Ernest Picard, puis Jules Favre, et ils harcelaient la présidence de leurs doutes et de leurs mécontentements.

Telle était la situation, lorsque le 26 juin 1870, Gambetta revint en France.

III

Le discours qu'il prononça à Bordeaux, dans la réunion des délégués des comités républicains de la Gironde, démontra comment il entendait rentrer dans l'arène politique.

La situation actuelle de la France, quand on l'examine de très près, quand on est animé, pour cet examen, de la passion de la justice et de la vérité, c'est-à-dire que l'on a, pour se garantir des illusions du cœur, les règles de la raison, est bien faite pour nous inspirer les plus profondes tristesses, mais elle nous invite aux mesures les plus viriles et elle nous interdit le découragement; étudions-la, et nous arriverons à cette conclusion que, si le parti républicain veut, il peut, et que, s'il sait, il parviendra à régénérer ce pays et à y fonder un gouvernement libre, à l'abri des surprises, des réactions et des défaillances.

Puis acceptant la formule de Thiers que le pouvoir doit appartenir « aux plus sages et aux plus dignes », il s'écriait :

Aux plus sages! aux plus dignes! Parfaitement! C'est une gageure qu'on doit accepter. Ce n'est pas une formule nouvelle pour des républicains; c'est leur dogme, de ne voir attribuer les fonctions publiques qu'au mérite et à la vertu. C'est à ce respect du mérite et de la moralité que nous avons vainement rappelé l'empire.

L'âge héroïque et chevaleresque du parti républicain pouvait être considéré comme passé, depuis la réalisation d'une partie de ses espérances. Maintenant que la République existait de fait, les devoirs des républicains changeaient de caractère. Le moment était venu, pour eux, de se montrer circonspects, patients, mesurés, habiles, de se consacrer à l'œuvre de l'éducation nationale, en entendant celle-ci dans son sens le plus large. Cette éducation devait être celle de tous, celle des paysans, surtout, « des paysans intellectuellement en arrière de quelques siècles sur la partie éclairée du pays ».

Oui, s'écriait l'orateur, la distance est énorme entre eux et nous, qui avons reçu l'éducation classique et scientifique, même imparfaite, de nos jours, qui avons appris à lire dans notre histoire; nous qui parlons notre langue, tandis que, chose cruelle à dire, tant de nos compatriotes ne font encore que la balbutier. Ah! ce paysan voué au travail de la terre, qui porte si courageusement le poids du jour, sans autre consolation que de laisser à ses enfants le champ paternel allongé d'un arpent, toutes ses passions, ses joies, ses craintes sont concentrées sur le sort de ce patrimoine. Il ne perçoit du monde extérieur, de la société où il vit, que des rumeurs, des légendes; il est la proie des trompeurs et des habiles; il frappe, sans le savoir, le sein de la Révolution, sa bienfaitrice; il donne loyalement son impôt et son sang à une société pour laquelle il éprouve autant de crainte que de respect. Mais là se borne son rôle, et, si vous lui parlez principe, il ignore, et, naturellement, il vous répond intérêt. C'est justice! C'est donc aux paysans qu'il faut s'adresser sans relâche, ce sont eux qu'il faut relever et instruire. Les mots, que les partis ont échangés, de *ruralité*, de Chambre *rurale*, il faut les relever et ne pas en faire une injure.

Ah! il faudrait désirer qu'il y eût une Chambre rurale dans le sens profond et vrai de ce mot... Malheureusement, nous n'en sommes pas là, et ce progrès nous sera refusé aussi longtemps que la démocratie française ne sera pas arrivée à démontrer, à démontrer jusqu'à l'évidence, que l'intérêt vital des classes supérieures, si l'on veut refaire la patrie, si on veut lui rendre sa grandeur, sa puissance et son génie, c'est précisément d'élever, d'émanciper au moral ce peuple de travailleurs qui tient en réserve une sève encore vierge et des trésors inépuisables d'activité et d'aptitudes. Il faut apprendre et enseigner aux paysans ce qu'ils doivent à la société et ce qu'ils peuvent exiger d'elle.

Le jour où il sera bien entendu que nous n'avons pas d'œuvre plus grande et plus pressante à faire, que nous devons laisser de côté, ajourner toutes les autres réformes, que nous n'avons qu'une tâche, instruire le peuple, répandre l'éducation et la science à flots, ce jour, une grande étape sera marquée vers notre régénération. Mais il faut que notre action soit double, qu'elle porte sur le développement de l'esprit et du corps; il faut, selon une exacte définition; que, dans chaque homme, elle nous donne une intelligence réellement servie par des organes. Je ne veux pas seulement que cet homme pense, lise et raisonne, je veux qu'il puisse agir et combattre. Il faut mettre partout, à côté de l'instituteur, le gymnaste et le militaire, afin que nos enfants, nos soldats, nos concitoyens, soient tous aptes à tenir une épée, à manier un fusil, à faire de longues marches, à passer les nuits à la belle étoile, à supporter vaillamment toutes les épreuves pour la patrie (*mouvement*). Il faut pousser de front ces deux éducations, car, autrement, vous ferez une œuvre de lettrés, vous ne ferez pas une œuvre de patriotes.

Oui, Messieurs, si l'on nous a devancés, oui, si nous avons subi cette suprême injure de voir la France de Kléber et de Hoche perdre ses deux plus patriotiques provinces, celles qui contenaient à la fois le plus d'esprit militaire, commercial, industriel, démocratique, nous ne devons en accuser que notre infériorité physique et morale. Aujourd'hui, l'intérêt de la patrie nous commande de ne pas prononcer de mots imprudents, de clore nos lèvres et de refouler au fond du cœur nos ressentiments, de reprendre à pied-d'œuvre ce grand ouvrage de la régénération nationale, d'y mettre tout le temps nécessaire, afin de faire œuvre qui dure. S'il faut dix ans, s'il faut vingt ans, il faudra mettre les dix années, les vingt années; mais il faut commencer tout de suite; il faut que chaque année on voie s'avancer dans la vie une génération nouvelle, forte, intelligente, aussi amoureuse de la science que de la patrie, ayant au cœur ce double sentiment qu'on ne sert bien son pays qu'en le servant de son bras et de sa raison.

Nous avons été élevés à une rude école; nous devons, si cela est possible, nous guérir du mal vaniteux qui nous a causé tant de désastres.

Nous devons prendre aussi conscience de ce qui nous revient à tous de responsabilité, et, voyant le remède, nous devons tout sacrifier à ce but immédiat : nous refaire, nous reconstituer; et pour cela, rien, rien ne doit nous coûter; nous ne produirons aucune réclamation avant celle-là : l'éducation la plus complète de la base au sommet des connaissances humaines.

Naturellement, il faut que ce soit le mérite reconnu, l'aptitude révélée, éprouvée, qui monte cette échelle : des juges intègres et impartiaux, choisis librement par leurs concitoyens, en décideront publiquement de telle sorte que le mérite seul ouvrira les portes. Rejetons comme les auteurs néfastes de tous nos maux ceux qui ont mis la parole à la place de l'action, tous ceux qui ont mis le favoritisme à la place du mérite, tous ceux qui se sont fait du métier des armes non un moyen de protéger la France, mais un moyen de servir les caprices du maître et quelquefois de se faire les complices de ses crimes.

En un mot, rentrons dans la vérité, et que, pour tout le monde, il soit bien entendu que, lorsqu'en France un citoyen est né, il est né soldat; et que quiconque se dérobe à ce double devoir d'instruction civile et militaire, soit impitoyablement privé de ses droits de citoyen et d'électeur. Faisons entrer dans l'âme des générations actuelles et de celles qui vont naître la pensée que quiconque, dans une société démocratique, n'est pas apte à prendre sa part de ses douleurs et de ses épreuves, n'est pas digne de prendre part à son gouvernement.

Par là, Messieurs, je le répète, vous rentrez dans la vérité des principes démocratiques, qui est d'honorer le travail, qui est de faire du travail et de la science les deux éléments constitutifs de toute société libre. Ah! quelle nation on ferait avec une telle discipline, religieusement suivie pendant des années, avec les admirables aptitudes de notre race à produire des penseurs, des savants, des héros et de libres esprits! C'est en pensant à ce grand sujet qu'on s'élève vite au-dessus des tristesses du présent pour envisager l'avenir avec confiance.

Messieurs, je le dis avec orgueil, sur le terrain de la science, la France peut soutenir la rivalité avec le monde entier; et, malgré l'affaiblissement du niveau de l'esprit public que j'ai dû constater tout à l'heure, il est constamment, grâce au ciel, resté dans notre pays une élite d'hommes qui, tous les jours, ont reculé les limites de la science, qui, tous les jours, ont avancé les progrès de l'esprit humain; et c'est là que la France, quels que soient, quels qu'aient été les désastres qui ont accablé le pays, reste le guide du monde.

Savez-vous ce qu'on disait, pendant la guerre, à l'étranger? « Il n'y a plus de livres! » Et, en effet, tout entière occupée à sa défense, la France ne produisait plus rien pour l'intelligence des peuples.

Mais, Messieurs, ce que je demande, c'est que de la science sortent des livres, des bibliothèques, des académies et des instituts; je demande que ceux qui la détiennent la prodiguent à ceux qui en ont besoin; je veux que la science descende sur la place publique, qu'elle soit donnée dans les plus humbles écoles.

Oui, faisons appel aux savants; qu'ils prennent l'initiative : c'est eux qui doivent hâter le plus puissamment notre restauration morale et nationale. Mais, si nous voulons que la régénération soit rapide, il faut ne plus se défier des intelligences à peine éveillées; il faut ne point craindre de distribuer dans les collèges et dans les écoles toute la vérité; il faut résolument savoir et résolument pratiquer que ce sont les vérités supérieures de la science et de la raison qui saisissent le mieux les jeunes intelligences ; et c'est pour cela qu'un des grands penseurs de ce siècle, Auguste Comte, faisait commencer l'instruction par les sciences exactes. Il a été fait des expériences nombreuses à cet égard, qui ont donné toujours le même résultat, à savoir que les intelligences les plus jeunes ont toujours le mieux recueilli les enseignements même les plus élevés qui s'offraient à elles : elles n'étaient pas encore faussées par des habitudes de paresse ou d'erreur !

Je déclare qu'il n'y aura de paix, de repos et d'ordre qu'alors que toutes les classes sociales auront été amenées à la participation des bienfaits de la civilisation et de la science, et considèreront leur gouvernement comme une émanation légitime de leur souveraineté et non plus comme un maître jaloux et avide. Jusque-là, en persévérant dans la voie funeste où nous sommes, vous serez des ignorants, tantôt les soutiens des coups d'État, et tantôt les auxiliaires des violences de la rue, et nous resterons exposés aux fureurs impies de multitudes inconscientes et égarées, portant la main sur tout ce qui environne, sans respect même pour les choses de la tradition, parce qu'elles ne peuvent arriver à la satisfaction d'appétits impossibles, et qui cherchent à se venger en accumulant les ruines. Alors, il est bon de se rappeler le mot de l'Américain Channing : « Les sociétés sont responsables des catastrophes qui éclatent dans leur sein, comme les villes mal administrées, où on laisse pourrir les charognes au soleil, sont responsables de la peste. »

Eh bien ! c'est mon sentiment.

Il faut, par conséquent, que l'homme politique, dans l'accomplissement de sa tâche, s'attaque vivement à celui de tous nos maux qui engendre les autres, à l'ignorance, sans laquelle il serait établi qu'il n'existe pas de gouvernement qui convienne plus à la nature, à la dignité, au bonheur de l'homme, que la République.

Je voudrais, pour me résumer, que notre opposition fût une opposition de gouvernement ; je voudrais n'y apporter d'autre préoccupation que celle de faire le bien où de forcer les autres à le faire, car je connais une passion plus vive que celle d'exercer le pouvoir : c'est de surveiller avec équité, avec fermeté, avec bon sens, un pouvoir loyal, sous la simple pression des idées et de l'esprit public.

Quant à moi, je m'emploierais parfaitement, je l'avoue, à cette tâche, sous un état politique dans lequel la République serait acceptée comme le gouvernement de droit ; car, contre le droit, il ne saurait surgir que des prétentions illégitimes, et il ne peut pas se faire qu'on nous oppose, pour l'abattre et le fouler aux pieds, ni un consentement surpris à l'ignorance et à la faiblesse, ni un coup d'État de prince, ni un complot de la rue.

C'est en ce sens qu'on a pu dire du droit républicain qu'il est au-dessus des attentats de la force et des caprices de la multitude. Si la République est le gouvernement de droit par excellence, est-ce que tous les partis ne peuvent pas s'y donner rendez-vous? Est-ce que ce n'est pas le seul gouvernement où l'accès du pouvoir soit ouvert à tous ceux qui, sous l'œil de l'opinion publique, ont le mieux affirmé leurs talents et leurs vertus? Et dès lors, est-ce que nous ne pouvons pas nous tourner vers ceux qui ont professé des opinions contraires à la République, et leur dire : Ah! vous voulez gouverner la République, vous voulez la fonder, eh bien! nous ne vous demandons qu'une chose, c'est d'abord de la reconnaitre. Mais une fois que vous l'aurez reconnue, nous admettrons parfaitement votre passage aux affaires...

Mais il faut pour cela que le parti républicain soit d'une absolue sévérité sur les principes; et nous le déclarons ici : oui, nous serons indulgents pour les personnes; oui, nous nous montrerons faciles à ouvrir la porte, mais nous demeurerons implacables sur les principes. Nous admettrons que des hommes se trouvent éclairés; nous admettrons que d'autres, sans être encore tout à fait convaincus, mais à cause des nécessités d'une situation sociale exceptionnelle, acceptent de bonne foi les conséquences du principe de la République. Sur le devoir seul nous ne transigerons point...

Il s'agit de refaire le sang, les os, la moelle de la France, entendez-le bien. Il faut tout donner, le temps et l'argent, à cet intérêt suprême. Le peuple, soyez-en sûrs, ne marchandera pas les millions pour l'éducation de ceux qui souffrent et qui ignorent; il les marchanderait pour ceux dont les desseins ne tendent jamais qu'aux restaurations monarchiques, aux dépenses fastueuses et à l'écrasement du pays; et, en passant, voilà Messieurs, une des raisons qui démontrent qu'il n'est plus possible de relever la monarchie parmi nous : nous ne sommes plus assez riches pour la payer.

Tel est le programme à la fois radical et conservateur que la République seule peut accomplir. Et alors, dans le monde entier, les amis de la France pourront se rassurer; elle sortira régénérée de ses grandes épreuves, et, sous les coups mêmes de la mauvaise fortune, elle apparaîtra plus grande, plus prospère, plus fière que jamais.

Les salves d'applaudissements firent écho à ces paroles. Amis et adversaires, tous ceux qui entendaient cette magnifique profession de foi, devaient convenir qu'elle était celle d'un véritable patriote. Les événements prouvèrent d'ailleurs, dans la suite, que cette aurore pleine d'espérances nouvelles qu'il voyait si brillante et qui ouvrait l'ère républicaine devait tenir ses promesses..

Gambetta fut élu le 2 juillet dans trois départements, la Seine, les Bouches-du-Rhône et le Var, lorsqu'on procéda aux élections complémentaires. Cette fois il accepta le mandat des électeurs de Belleville, prit place à l'extrême-gauche, et se fit inscrire à l'Union républicaine radicale qui le choisit pour son président.

Ceux qui ne l'avaient pas revu depuis le procès Baudin constatèrent que l'année terrible avait laissé des traces profondes sur sa physionomie, que ses traits étaient devenus plus virils, et que des fils blancs commençaient à argenter par endroits sa chevelure noire.

IV

Dès son entrée à l'Assemblée nationale, qui siégeait à Versailles, il fut facile de voir qu'on lui faisait un accueil plutôt hostile. Les élections complémentaires avaient tourné à l'avantage des républicains. La majorité royaliste sentait le pouvoir lui glisser des mains et elle n'était pas disposée à se montrer bienveillante à l'égard du chef des radicaux. Les discours qu'il prononça le 22 juillet et le 8 août furent fréquemment interrompus par des clameurs : « Il n'y a pas de dictateur ici, lui criait-on, nous ne sommes pas à Bordeaux. » Le 30 août, au milieu d'un tumulte indescriptible, comme on lui opposait l'incorrection légale de l'avènement du Gouvernement du 4 septembre, il a une de ces réparties foudroyantes :

« Ce que nous avons fait le 4 septembre? Le 4 septembre nous avons renversé l'empire, dont vous avez
proclamé la déchéance; le 4 septembre, nous vous
avons sauvé de la honte; le 4 septembre, nous vous
avons sauvé de l'anarchie et de la terreur et nous avons
rendu à la France un grand et méritoire service. »

Ce discours du 30 août, qu'il est utile de relire
attentivement aujourd'hui, avait une portée capitale.
Gambetta n'y oppose pas seulement de brillantes
ripostes aux attaques de ses interrupteurs et de ses
contradicteurs, il y déclare aussi que l'Assemblée, élue
pour décider de la paix ou de la guerre à poursuivre,
n'avait point d'autre mission; que le mandat qu'elle
avait reçu expirerait quand le dernier soldat allemand
aurait quitté le territoire français, mais qu'elle ne
pouvait s'arroger le droit de voter une Constitution.
C'était une réponse à la proposition Rivet, qui voulait
faire donner à M. Thiers le pouvoir présidentiel pour
trois ans avec des prérogatives constitutionnelles définies. Le président de l'Union républicaine voyait fort
bien où l'on voulait en venir, et n'ayant pas d'autres
aspirations que la sauvegarde de la République, il
apercevait ce que beaucoup d'autres ne remarquaient
point : le fossé où l'on avait dessein de la culbuter. Il
empêcha ce que, dans le langage parlementaire, on
appelle un escamotage, et il déjoua les plans des
monarchistes avoués ou déguisés.

Le 7 septembre, il comparut devant la Commission
parlementaire chargée de l'enquête sur les « actes du
gouvernement de la Défense nationale ». Cette enquête
avait été réclamée par les radicaux extrêmes, Louis
Blanc, Victor Hugo, Edgar Quinet et d'autres députés
de Paris, auxquels, en cette occasion, les royalistes
s'étaient ralliés. La présidence de la Commission avait
été attribuée à Saint-Marc Girardin, qui était orléaniste,
mais que tout le monde estimait à cause de ses remarquables qualités de journaliste, de critique littéraire,
d'écrivain judicieux. Mais Saint-Marc Girardin, dont la

santé était très débile, n'avait pu prendre part aux
débats et les avait laissé conduire par le comte Daru,
un impérialiste. Gambetta se refusa nettement à donner
des explications à une créature de l'empire, et Saint-
Marc Girardin consentit, en cette circonstance toute
exceptionnelle, à présider. L'enquête démontra, en ce
qui concernait le dictateur de Tours et de Bordeaux,
que, pendant toute la durée de son administration au
cours de la guerre, sa conduite avait été irréprochable
et que rien dans la gestion des affaires ne pouvait soulever le moindre prétexte de blâme à son égard.

V

L'Assemblée nationale se sépara le 17 septembre pour
ne reprendre ses travaux que le 4 décembre. Durant
ces vacances, Gambetta, quoique atteint d'une grave
maladie, une rechute de sa laryngite mal soignée,
fonda, avec quelques amis, le 3 novembre 1871, un
journal, *la République Française*, dont il prit la direction politique et littéraire, et qui devait devenir le principal organe du parti démocratique. Parmi ses collaborateurs figuraient Spuller, Challemel-Lacour, Allain-
Targé, Paul Bert, Combes, de Freycinet, Alcide Duso-
lier, Paul Arène, Gougeard.

Quelques jours après, le 16 novembre, il inaugura
une série de discours extra-parlementaires qui eurent
un grand retentissement dans tout le pays, parce
qu'ils répondaient aux préoccupations générales. Le
premier, prononcé à Saint-Quentin, au banquet commémoratif de la défense de cette ville, eut pour thème
la résistance héroïque de ses habitants et celle de
Saint-Quentin. L'orateur rendait hommage à ceux qui
avaient eu la volonté de mourir plutôt que de céder,
et il exprimait la conviction qu'avec une nation telle

que la nôtre il n'y a jamais à désespérer, à condition
de songer toujours à l'œuvre de régénération et, en
demandant celle-ci au suffrage universel éclairé par
l'éducation. « Car l'avenir, ajoutait-il, dépend uniquement de l'instruction du peuple, mais du peuple tout
entier; et cette instruction large, gratuite, bien distri-
buée, obligatoi-
re, la République
seule peut la don-
ner... Au lende-
main de Sedan,
la France était à
deux doigts de sa
perte, quand la
République avait
surgi : sortie de
la conscience po-
pulaire et des
nécessités de sa-
lut national, elle
avait été trahie
par la fortune et
par les hommes,
mais elle avait
sauvé le bien le
plus précieux des
nations, l'hon-
neur. Et c'est
pour cela que la

Challemel-Lacour.

France s'était ralliée invinciblement à la République. »

Le 7 avril 1872, parlant devant les électeurs d'Angers,
Gambetta répondait aux monarchistes qui accusaient la
République d'être ennemie de l'ordre et, dans un superbe mouvement d'indignation, il s'écriait :

Notre parti, l'ennemi de la propriété, de la liberté de conscience, de la famille, ô triple mensonge et triples vipères qui
colportez le mensonge! Le parti républicain, le parti de la
Révolution française serait l'ennemi de la propriété, lui qui l'a

introduite dans le monde français!... La Révolution française,
la République, c'est-elle qui a donné la terre au paysan, qui l'a
arraché à l'esclavage, qui l'a pris dans le limon, l'a enlevé au-
dessus du sol, qui en a fait un propriétaire et un citoyen, qui
en a fait un homme!

Au Havre, le 18 avril, il insiste sur l'urgence de ré-
nover la moralité nationale, de faire une nation armée,
et une nation instruite. Et comme ses adversaires le
raillaient de parcourir le pays du nord au sud, de
l'est à l'ouest, prêchant, exhortant et persuadant, il
répliquait à leurs sarcasmes :

On a dit, à propos des voyages que j'entreprends pour répéter ces vérités, que j'étais un *commis-voyageur*. Cela n'est
pas fait pour m'humilier. Si l'on a cru froisser en quoi que ce
soit ma vanité ou mon amour-propre, en répétant cette plai-
santerie, on s'est cruellement, et j'ose dire grossièrement
trompé! Je n'en rougis pas, je suis en effet un voyageur, et le
commis de la démocratie. C'est ma commission, je la tiens du
peuple... que voulez-vous? si je ne comprends pas autrement
le bien de la France et si je crois mon pays perdu en dehors
de la République, il faut bien que je le dise, c'est ma mission,
je la remplis.

Le 9 mai, une députation alsacienne se rendit chez
Gambetta pour lui offrir, de la part d'un grand nombre
de souscripteurs de toutes les parties de l'Alsace, un
groupe en bronze dû à Bartholdi. L'ancien député de
Strasbourg remercia avec effusion ceux qui lui remet-
taient ce témoignage des liens de solidarité indisso-
luble, unissant les uns aux autres les membres de la
grande famille française, momentanément séparés.

Le temps est avec nous. Ce n'est pas à dire qu'il faut compter
sur le temps pour tout faire, mais nous devons en tenir compte,
et nous en servir pour solliciter de tous l'esprit de concorde,
l'esprit d'union et, pensez-y bien, l'esprit de résignation et de
sacrifice.

Ah! il est bien cruel de demander à ces frères, durement
abandonnés, l'esprit de sacrifice et de résignation, et cependant c'est à eux que nous adresserons cette demande suprême
de ne pas troubler la patrie dans son travail de reconstruction.
Et, de même que vous avez été le pays où le plus de bras se
sont armés pour la défense nationale, de même que vous avez

donné vos enfants et votre or, de même que vous avez supporté
le plus longtemps les balles, le feu, les bombes, les exactions de
l'ennemi, de même, pendant cette triste paix, il faut que vous
donniez à la France l'exemple d'une population qui sait conserver ses sentiments sans sortir de la mesure, sans provoquer
une intervention.

Vous devez à la mère-patrie cette suprême consolation de
lui faire savoir que, bien qu'elle soit impuissante à vous secourir, votre cœur lui est invinciblement attaché.

Eh bien, cette consolation, cette résignation, vous les lui
donnerez : vous les lui donnerez, parce que, quelle que soit
l'ardeur de vos sentiments, vous n'avez jamais fait de votre
cause d'Alsaciens qu'une cause française, et c'est par là que
vous avez donné une véritable marque de patriotisme, dédaignant, dans la plus large mesure, vos intérêts personnels pour
les subordonner à la cause même de la France. La France
doit vous rendre ces grands et nobles sentiments. Si elle était
oublieuse et impie pour ne pas avoir constamment sous les
yeux cette image de votre Alsace sanglante et mutilée, oh !
alors vous seriez en droit de désespérer !

Mais tant qu'il y aura, en France, un parti national, n'ayez
aucune crainte. Et soyez sûrs que ce parti national se recompose et se reconstitue. L'esprit vrai de la France, saisie et
livrée à l'ennemi par le second empire, est mis en lumière aujourd'hui. De tous côtés, des publications viennent nous faire
connaître le rôle qu'ont joué nos populations, et l'on aperçoit
que la France a été bien plus abattue que battue, bien plus
surprise que prise. Et, en même temps qu'apparaît la vérité
sur les événements, la conscience du pays renaît.

Mais ne nous laissons aller ni à l'effervescence ni au découragement.

Prenons, — c'est là une réflexion que vous me permettrez de
vous soumettre en présence du groupe que vous voulez bien
m'offrir, — prenons à la lettre la pensée qui a animé l'artiste
et le patriote : comme cette mère qui étend sa main sur le
cadavre de son fils tombé, et qui, sentant son sein pressé par
son jeune enfant encore impropre à porter les armes, ne veut
compter que sur l'avenir, tenons la seule conduite digne de
gens véritablement animés d'une pensée sage et ferme; ne
parlons pas de revanche, ne prononçons pas de paroles téméraires, recueillons-nous. Travaillons tous les jours à acquérir
cette qualité qui nous manque, cette qualité dont vous avez si
admirablement parlé : la patience que rien ne décourage, la
ténacité qui use jusqu'au temps lui-même.

Mais un programme ne doit pas seulement être dans les mots, il doit être dans les faits, il doit animer l'administration publique, non pas seulement dans les actes officiels, il doit encore présider à la conduite des citoyens qui se réclament de l'idée républicaine. A tous les degrés de l'administration, dans la commune, au canton, au chef-lieu, au centre et près du gouvernement, les citoyens doivent peser sur le gouvernement pour lui indiquer la voie dans laquelle nous voulons entrer et le but que nous voulons atteindre sans impatience : refaire une France, la France historique, la France qu'il nous faut. Un jour, Messieurs, réunis autour du gouvernement républicain, nous serons tous animés de la même pensée, c'est là mon plus ferme espoir. J'en atteste les efforts immenses et les ressources sorties des entrailles de ce pays, où, malgré le vide de nos cadres, — puisque tous nos officiers avaient été livrés à l'Allemagne, à Metz et à Sedan, — des hommes qui n'avaient jamais tiré un coup de fusil, chaque fois qu'ils étaient commandés par un homme de cœur, par un officier distingué, se montraient de taille à lutter contre les vieux vétérans de Frédéric-Charles.

Soyez persuadés, soyez certains qu'avec un gouvernement qui sera résolu à suivre une politique véritablement nationale, vous pourrez attendre et ne jamais désespérer.

VI

Le 24 juin suivant, eut lieu, à Versailles, le banquet commémoratif de la naissance du général Hoche. Gambetta y prit la parole. Évoquant l'image aimée du pacificateur de la Vendée, l'orateur retraçait, en une magnifique page d'histoire, cette figure restée si populaire, une des plus nobles, des plus radieuses, des plus attirantes de la Révolution.

On ne saurait trop, dans le parti républicain, revenir sans cesse à ce grand modèle, pour y choisir avec intelligence ce qui doit être et rester comme un enseignement permanent et profitable dans nos sociétés modernes.

Fils de la Révolution, enfant du peuple créé par la Révolution, dont il faut savoir débarrasser toutes les merveilles des emportements, des aveuglements momentanés qui ont pu la ternir, par cette Révolution qu'il ne faut voir que dans ses progrès, dans ses grandeurs et dans son immense influence sur l'humanité; — fils de cette Révolution, mère des hommes comme des peuples, Hoche lui resta toujours fidèle, ce qui ne l'empêcha pas d'être le plus modéré des hommes, le diplomate le plus adroit, l'administrateur le plus habile et le plus avisé des capitaines.

Tout jeune, Hoche entre dans les gardes-françaises, il assiste et collabore à la prise de la Bastille, la plus grande date révolutionnaire; il ne se dément pas plus tard, et dans toutes les journées on le retrouve. A Thionville, il fait des prodiges; à l'armée des Ardennes, il inaugure le système nouveau et hardi des reconnaissances, qui le fait remarquer par le général Leveneur qui se l'attache; on l'envoie à Dunkerque qu'il débloque; puis il est désigné comme suspect et il vient se constituer prisonnier. Croyez-vous qu'il s'en émeuve? Du tout : il reste le fils de la Révolution. Il comparaît devant ses juges, s'explique, affirme nettement ce qu'il pense, sans rien rejeter de ses idées, on l'acquitte et on le fait brigadier.

On l'envoie immédiatement à l'armée de Moselle.

C'est là qu'il apparaît avec cette figure d'une si étonnante pureté, cette décision d'esprit, cette promptitude de résolution qui en font véritablement un homme nouveau dans des temps nouveaux.

En effet, dans quelle situation arrive-t-il prendre le commandement de l'armée de Moselle?

Ce qu'on appelait l'armée de Moselle, c'était une troupe composée de quinze à vingt mille hommes, mal armés, mal équipés, avec l'indiscipline partout. Les chefs n'étaient pas obéis; les soldats mettaient, permettez-moi le mot, le gaspillage jusque dans les vivres qu'on volait; partout enfin on ne voyait que la confusion, le désordre et l'indiscipline.

Hoche arrive, et nous voyons aussitôt apparaître un des symptômes les plus visibles de la grandeur de ce caractère, de la nouveauté de cette méthode révolutionnaire.

Dès son arrivée, il aborde immédiatement les soldats, interroge les officiers, ouvre les rangs, se rend compte de tout et parle sévèrement quand il le faut. C'est là qu'il fit cet admirable choix de lieutenants, parmi lesquels Michel Ney.

Il questionne les hommes, les juge sur un mot, leur donne sa confiance, ou bien il reste impénétrable; il fait sortir tout de suite des rangs ceux dont il apprécie le mérite; il fallait des hommes nouveaux, il les improvise. N'était-il pas lui-même un homme nouveau, un chef improvisé, et il rompt avec les vieux représentants, avec les hommes attardés et les souteneurs des vieilles monarchies.

De ces soldats, il fit de jeunes chefs, et ces chefs devinrent, plus tard, les premiers hommes de guerre de leur temps; ils ont sauvé la France luttant contre l'Europe entière coalisée. C'est à l'âme de Hoche qu'ils avaient allumé leur âme pour soutenir cette lutte jusqu'à la mort, jusqu'à l'immolation d'eux-mêmes, et c'est ainsi que Hoche avait fait des armées républicaines. Elles ont commencé par délivrer la France; on les a fait servir à conquérir le monde plus tard; enfin elles ont fini, dénaturées et détériorées par un égoïste ambitieux, par perdre la patrie.

Quand il eut ainsi encadré et formé ses brigades et ses divisions, quand il eut choisi ses généraux, quand il eut passé deux mois à stimuler le zèle de tous, à établir parmi ses soldats la discipline par un travail continuel, il eut l'armée qu'il voulait donner à la République pour sa défense et sa gloire.

Car cet homme, ce fils de la Révolution, ce général républicain qui ne s'est jamais démenti, mettait au-dessus de tout la valeur de la règle et de la discipline, et c'est lui qui a dit ce mot si vrai : « Les armées qui n'ont pas de discipline sont toujours battues. »

Respectueux des droits de chacun, connaissant la valeur des hommes, il ne se laissait jamais aller ni aux erreurs, ni aux chimères, il savait que les hommes ne valent pas seulement parce qu'on leur a donné un fusil et un équipement, mais encore par leur instruction, par leur abnégation personnelle, par leur cohésion en masses, par leur discipline et par leur esprit militaire.

Et, en effet, après qu'il eut préparé, pendant deux mois, cette armée, que fit-il?

Cent mille Allemands bordaient la frontière. L'armée du Rhin, sous Pichegru, était neutralisée; Hoche projette de se jeter entre les Prussiens du Palatinat et ceux des Vosges, de les couper, d'enlever les lignes de Wissembourg et de passer au cœur de l'Allemagne.

C'était là un plan hardi, il l'exécute et réussit malgré la mauvaise volonté de quelques-uns et l'attitude de Pichegru.

Il se couvrit, dans cette campagne, d'une gloire immortelle; il fut forcé par les envieux de revenir dans ses cantonnements; on le surveillait, mais, comme on ne pouvait pas le frapper au milieu de son armée, on prit le parti de l'en arracher, on le nomma général à l'armée d'Italie.

S'il eût vécu, le cours de l'histoire du monde eût été changé, car on n'eût pas vu, à la tête de cette armée, l'homme qui s'est précipité sur l'Italie comme sur une proie, mais le plus incorruptible des héros.

Il arrive à Nice, et c'est un général, un frère d'armes qui l'y fait arrêter. « C'est moi que vous faites arrêter, dit-il, vous êtes donc un gendarme? » C'était déjà un premier avertissement.

Dès qu'il fut arrêté, il demanda à être conduit à Paris; il y arriva.

On l'interrogea pour la forme; il ne reste aucune trace de cet interrogatoire.

Malgré ses préoccupations constantes de l'étude, du travail, de la méditation, sa nature véritablement gauloise apparaissait et lui faisait supporter sa situation avec une véritable force d'âme et une grande sérénité; il se donnait à ses amis, s'arrachant à ses occupations, et il savait parfaitement, dans ses relations avec eux, apporter la familiarité et toutes les séductions de l'esprit que pouvaient avoir les gentilshommes de l'ancienne monarchie. A telles enseignes, qu'il avait déjà été distingué pour son esprit, dans les gardes-françaises, par des dames qui voulaient le faire passer général.

Cet abandon charmant, il le retrouve à la Conciergerie.

Après avoir lu Sénèque, qu'il trouve insuffisant, il se reporte sur Montaigne pour aller bientôt plus loin, je veux parler de Rabelais. Il rasséréna son esprit; et nous avons de lui des observations, des peintures de mœurs, qui donnent de l'esprit de finesse et de l'humeur de Hoche une idée qui ne serait pas indigne d'un moraliste du dix-huitième siècle.

Il était nécessaire de dire comment il supporta cette cruelle captivité. Le 9 thermidor vint le faire sortir de prison. C'est ici que je rencontre les plus nobles qualités de son cœur et la preuve de sa fidélité imperturbable à défendre les hommes de la Révolution.

Après avoir fait partie de ce pâle troupeau dont parle Chénier, un homme vulgaire se fût retourné, l'injure à la bouche contre la Révolution, dont il fût devenu, de près ou de loin, un ennemi acharné. Ah! que vous connaissez peu cet homme! Un jour que le faisant revenir sur son passé, on cherchait à l'exciter contre ses persécuteurs, il arrêta rudement son interlocuteur et lui dit : « Monsieur, est-ce que vous n'avez pas de patrie? »

Eh bien, c'est précisément dans sa prison que Hoche a montré la véritable trempe de son caractère; c'est là qu'il a efficacement médité sur ce qu'il y avait de juste, de sage, d'irrésistiblement vrai dans l'œuvre révolutionnaire, sur ce qu'il fallait en laisser, en dégager, en éliminer; et ce sont ces méditations et ces réflexions qui en font le grand homme de guerre de la Vendée. C'est parce qu'il avait vu de près ce qu'il y avait au fond des passions politiques, c'est parce qu'il avait pu mesurer ces plaies sociales et politiques, et connaître la vérité des accusations des uns, ainsi que l'effronterie des autres, qu'il va tout à l'heure apporter toutes ses grandes qualités dans la guerre civile et que vous allez le voir apparaître là plus grand, plus sublime encore que devant l'étranger.

Oui, à ce moment, la France menacée par l'Europe avait des enfants assez dénaturés pour conspirer son démembrement, sous l'œil même de l'ennemi. C'était le moment où la flotte anglaise bordait nos côtes; c'était le moment qu'on avait choisi pour lever le drapeau de la révolte dans une partie de la France; dix généraux en chef, cent cinquante divisionnaires, des commissaires extraordinaires avaient passé dans ce terrible pays de la chouannerie : tous avaient échoué! Les guerriers et les politiques s'étaient déclarés impuissants; la Convention, et plus tard le Directoire, en étaient réduits à traiter de puissance à puissance avec ces rebelles. Bonaparte, entre autres généraux, y alla, mais il craignit de s'engager dans une mauvaise voie, il vit le pays, revint, et il ne fut plus jamais possible de l'y réexpédier.

Hoche est un autre homme, et c'est précisément parce qu'il est mis en présence d'une immense difficulté, d'un terrible problème à résoudre, que, quelles que soient les difficultés à vaincre, les tristesses qu'il faudra surmonter, et probablement dans sa pensée, la méconnaissance des services rendus à laquelle il faudra se résigner, il voudra se dévouer à cette tâche ingrate. « Il faut, dit-il, résoudre le problème ou périr »; ce problème, il l'a résolu. Voici comment : il l'a résolu de deux manières, en général et en homme d'État : en général, en sachant opposer à ces chouans, à ces bandes qui apparaissaient au nombre de quinze, de vingt, de cent et deux cents hommes, qui fuyaient comme le nuage, qui fondaient tout à coup sur les troupes, qui étaient insaisissables, qui apparaissaient partout et qu'on ne rencontrait nulle part; en opposant à ces invisibles ennemis qui sortaient des fossés et faisaient feu derrière les haies, qui avaient recours au pillage et à l'incendie, en leur opposant à la fois l'immobilité et la mobilité, en faisant un grand nombre de camps retranchés et en créant des colonnes mobiles. Des camps retranchés se reliaient depuis le département de Maine-et-Loire jusqu'à la Normandie, et, en même temps, partaient comme les doigts de la main, des colonnes mobiles chargées d'opérer contre les bandes; et alors, selon une terrible expression, on n'accordait que « la capitulation des baïonnettes ».

Mais voici où son génie apparaît. Il dit : « Ces rebelles sont des Français, ce sont des frères, il y a parmi eux deux parts à faire : il y a les pauvres, les paysans et ceux qui les exploitent », et c'est là que l'on constate ce qu'il y avait de sensibilité exquise, de tendresse démocratique, de véritables entrailles plébéiennes dans ce superbe héros ; en voyant cette masse de paysans aveuglés, égarés comme un troupeau de bœufs que pousse par derrière un pâtre irrité, il se dit : « Non, non, il faut leur faire grâce ; il faut leur faire comprendre qu'on vient les délivrer de la dîme et de la corvée... »

Il n'est pas inutile de feuilleter la vie de tels hommes et de leur rendre cet hommage suprême que Tacite réclamait pour les grands citoyens, non des louanges, mais une fidèle imitation de leur conduite.

Cette vie, on pourrait la retourner dans tous les sens, elle doit devenir le catéchisme des enfants du département de Seine-et-Oise, il faut leur apprendre l'origine, la vie de Hoche, les efforts qu'il a faits pour ne pas rester inférieur aux postes qu'il occupait. Car, à mesure qu'il montait, son cerveau s'agrandissait, s'élargissait, montait aussi, et il finissait par honorer la fonction dont il était revêtu, si élevée qu'elle pût être. Et vous allez voir, à quel point il était un homme supérieur, et combien nous avons besoin de nous instruire à son école ; après avoir dompté en six semaines la révolte et rendu à la République l'Anjou, le Maine, la Bretagne, la Normandie, au moyen de cette force combinée de la répression terrible et de la douceur, après avoir proclamé l'état de siège, le lendemain du jour où il a vaincu, il proclame l'amnistie.

Messieurs, les règles de la politique sont éternelles, parce qu'elles reposent sur la morale et qu'il n'y a pas de politique vraie, efficace, fructueuse, quand la force viole, même momentanément et passagèrement, les principes éternels de la justice et de l'humanité. Cet homme de guerre, qui a mis son honneur, — c'est là certainement sa plus grande gloire, — non pas à s'appeler un grand capitaine, mais à être un pacificateur, cet homme moissonné avant la saison, cet homme pouvait rendre à la France le plus complet, le plus noble de tous les services, oui, il pouvait montrer au monde de quoi la France est capable dans la paix comme dans la guerre, quand elle a des enfants dévoués, résolus, que rien n'ébranle, qui ne veulent pas désespérer. En face de ces Anglais qu'il avait vus, — admirez la noblesse de cet homme, — qu'il avait vus à Quiberon canonner les royalistes acculés à la presqu'île, il avait conçu contre ce peuple une aversion, une colère qui sont heureusement passées de mode aujourd'hui ; il rêva, non pas ce rêve insensé que plus tard voulut réaliser, pour son propre

compte, un aventurier plus heureux, non, un rêve désinté-
ressé qui n'avait pas pour but d'écraser une nation libre,
mais d'affranchir une population noble et malheureuse, il rêva
cette expédition d'Irlande; on la traitait de chimérique; mais
que ceux qui en parlent sans avoir interrogé l'histoire, peut-
être, se fassent apporter les rapports, les travaux qui se rattachent à ce projet.

Ils verront que Hoche, sans éducation première, par la seule
force de sa volonté, s'était trouvé à la hauteur de la tâche qu'il
méditait d'entreprendre. Cette expédition avorta par la faute
de la vieille organisation de la marine; les anciens officiers de
la marine royale ne voulaient pas être commandés par un
général de l'armée de terre; Hoche voulait tout simplement
étouffer la coalition dans l'œuf. Pitt a eu à ce sujet un mot
éloquent et cruel : « L'armée française et Hoche ne nous ont
échappé que parce qu'ils se sont mis à l'abri sous les tem-
pêtes. »

Hoche sentit qu'il n'avait échoué qu'à cause de la haine, de
l'envie de rivaux qui ne le valaient pas.

Plus tard, il alla commander l'armée de Sambre-et-Meuse;
là, il fut ce vaillant héros qui poussa jusqu'à Vienne, qui, en
quatre jours, fit 35 lieues à partir de la frontière, arriva à
Francfort, passa la rivière, et là fut arrêté, après avoir gagné
trois ou quatre batailles dont vous avez les noms sous les yeux
et que je ne rappelle pas, parce qu'il est pénible de rappeler
des souvenirs de gloire, alors que notre devoir, à nous, nous
commande à ne rappeler que les désastres immérités que nous
avons dû subir.

Il aurait pu pousser jusque sur le Danube, il fut arrêté par
Berthier, sur un ordre venu d'Italie; Bonaparte venait de conclure un armistice, et Hoche, ce grand soldat, était tellement
resté civil, patriote, républicain, qu'il n'eut, au sein de son
triomphe, qu'une seule parole : « Ah! quel bonheur! nous
avons la paix, et nous la devons à d'autres. »

Vous savez, qu'au retour de cette glorieuse campagne de
quatre jours, dans laquelle il avait enlevé huit mille prisonniers, des canons, et toutes les positions de l'ennemi, il fut
récompensé par un ordre du jour qui déclara qu'il avait bien
mérité de la patrie.

Il poussa la modestie, qui est une autre qualité du guerrier
républicain, jusqu'à éloigner cette couronne et à faire un rapport spécial où il établissait que c'était aux autres qu'il devait
tout. Rare exemple, qui devait se perdre bientôt dans les
armées républicaines, car on vit, moins de deux ans après,
toute l'habileté d'un homme s'appliquer, non pas seulement à

gagner des batailles, mais à vouloir les avoir gagnées tout seul.

Mais il ne faut pas parler seulement de Hoche comme militaire et comme homme de guerre, au point de vue spécial de l'organisation des armées, de cette sollicitude du général qui veille sur les besoins les plus humbles du soldat, surveillant tous les services, le service de santé, le service des vivres, et, par-dessus tout, gardant le secret le plus absolu sur ses opérations, dirigeant lui-même cette organisation de l'espionnage qu'on a laissé de côté, comme s'il suffisait à certains généraux, non pas de vaincre, mais d'être surpris, il faut encore retenir de cette existence cette qualité dominante, le civisme. Il considérait la guerre, non seulement comme un exercice des plus difficiles et des plus nobles facultés de l'homme, il la considérait aussi comme un état passager, violent, momentané, et il gardait, aussi loin que le menait la fortune des armes, l'image de la patrie et du foyer, ne séparant jamais la profession militaire des droits et des devoirs civiques.

C'est par là surtout que Hoche est digne d'être cité en exemple à une nation qui, quels que soient les préjugés, les résistances, les entraves ou les intérêts qui se croiront froissés, fera de tous ses enfants des soldats et des citoyens.

Je ne vous parlerai pas de sa mort; vous savez, combien elle fut subite et mystérieuse; il faut jeter un voile sur les derniers moments de cette existence, car nous ne sommes pas ici pour résoudre des problèmes historiques, mais pour nous inspirer des rares vertus, des nobles qualités et du grand caractère de notre héros, pour nous dire qu'à son exemple nous pouvons affirmer hautement que la démocratie qui monte, qui travaille, qui étudie, qui ne demande que l'ordre, la paix sociale, sent que tous ses intérêts ne seront satisfaits qu'à la condition que la France soit grande et indépendante comme nation. De là, le devoir de ne jamais séparer ces deux buts : le relèvement moral et le relèvement matériel de la patrie, de telle sorte que nous n'ayons d'autre préoccupation que de donner à nos enfants, à la génération qui vient, — car celle qui existe, qui a subi le spectacle de tous ces désastres et le contact de toutes ces défaillances, tout en redoublant d'efforts, ne peut plus compter sur elle seule pour refaire la patrie, — de confier, dis-je, à la génération qui vient après nous, à ceux qui ont l'âme toute neuve, les germes qui devront s'épanouir plus tard. C'est à eux qu'il faut adresser ces grandes leçons, il n'en est pas de plus juste, de plus nécessaire à leur répéter constamment que la loi du travail, formulée dans cette devise de Hoche que l'on vous citait tout à l'heure : *Res non verba*.

Je retiens une autre formule qu'il avait faite sienne après avoir lu la *Vie d'un président de la République néerlandaise*, de Witt : *Ago quod ago*. « Je fais ce que je fais. » Oui, faisons ce que nous faisons, ne cherchons pas à tout résoudre, ne pensons pas qu'il existe un moyen de rendre uniforme le bonheur général, de résoudre tous les problèmes à la fois, *ago quod ago*. Que tous nos amis qui sont ici, que ceux qui sont en province nous donnent cet exemple du travail à tous les degrés, dans les conseils municipaux, dans les conseils généraux, dans tous les corps électifs; qu'ils se souviennent de la grande formule avec laquelle Hoche et d'autres délivrèrent la France, qui enfanta tant de prodiges et qui nous inspire aujourd'hui la grande formule moderne : « Du travail, toujours du travail, et encore du travail! »

VII

Le 14 Juillet, à la Ferté-sous-Jouarre, Gambetta, s'inspirant de cette grande date de l'affranchissement du peuple, rappelle que si, avec la chute de la Bastille le despotisme a été renversé, le lendemain de cette glorieuse journée a laissé inachevée l'œuvre de la liberté :

Que s'est-il passé après l'émancipation légale des citoyens, après ce don magnifique de joyeux avènement de la Révolution française, qui prend dans son sillon, où il croupissait comme une bête de somme, le paysan, qui le redresse et lui fait figure humaine, qui lui fait figure civile et politique et qui lui dit : Cette terre est à toi : c'est ta passion dominante, tu l'aimes, tu la travailles, tu la fécondes, tu sens là toutes les joies qui appartiennent à l'homme sur son propre fonds; chaque jour tu ornes cette maîtresse, tu la surveilles avec des soins jaloux, ne permettant d'empiétement à personne, mais cherchant toujours à l'agrandir, à l'amplifier, mettant constamment dans chaque pli, dans chaque recoin, l'empreinte de ta personnalité avec celle de ton travail; eh bien, ce travail de chaque jour, ce travail accumulé, ce travail associé à ta personne, c'est ton bien, c'est ta propriété, il est à toi!

Voici ce qu'a fait la Révolution française pour le travailleur des champs.

Eh bien, le voilà livré à lui-même sur ce morceau de terre.

Et ceux qui ont dirigé ce mouvement estiment qu'on a assez fait pour la justice.

Quant à lui assurer la compréhension de ces principes pour lesquels on vient de verser tant de sang, quant à lui donner l'intelligence de ses droits et de ses devoirs dans cette nouvelle société, quant à faire de cet homme une conscience après en avoir fait un propriétaire, oh, ce sont là des soucis qui ne montent pas jusqu'à la tête de ces grands égoïstes, ou, s'ils y montent, ils les considèrent comme dangereux et périlleux.

Et alors, depuis le Consulat jusqu'à aujourd'hui, on n'a plus eu qu'une seule préoccupation, barrer le chemin à ces intelligences, refuser de les éclairer; car c'est là pour ces égoïstes que réside le véritable péril, c'est là qu'est pour eux l'effroyable danger.

Le 26 septembre, à Grenoble, le grand orateur républicain fut l'objet d'une des plus émouvantes ovations qu'il eut reçues jusqu'alors. Des milliers de citoyens l'acclamèrent sur son passage. Tout son voyage dans le sud-est de la France avait été vraiment triomphal. Partout on le saluait des cris les plus enthousiastes. A Grenoble, ces transports ne connurent plus de bornes.

Le discours qu'il prononça dans cette ville est certainement un des plus beaux chefs-d'œuvre oratoires de notre siècle. Il y étudiait la situation politique, en déclarant, comme il l'avait fait déjà ailleurs, que la France et la République devaient demeurer inséparables sous peine de courir à des désastres encore plus effroyables que ceux dont on venait à peine de sortir. Examinant ensuite le rôle de la démocratie dans les sociétés modernes, il énonçait cette conviction, qui, considérée par ses adversaires alors comme audacieuse et démagogique, n'est plus même contestée maintenant par les plus timides et les plus rétrogrades :

Il faut aujourd'hui descendre dans les couches, dans les rangs profonds de la société; il faut comprendre que ce n'est que de la discussion manifestée, contredite, et qui rencontrera autant d'affirmations que de négations, que peut se dégager l'opinion, car la démocratie n'est pas le gouvernement de l'uniformité ni de cette discipline passive que l'on rêve dans d'autres partis, dans d'autres sectes; c'est le gouvernement de la liberté de penser, de la liberté d'agir. De là, par conséquent, la nécessité d'une perpétuelle communication de tous les citoyens entre eux, quand ils le veulent et comme ils le veulent, à la seule condition — condition unique — de délibérer pacifiquement, sans armes, ainsi que le disaient les premiers législateurs de la Révolution française, afin de ne pas fournir à quelques-uns la tentation de violer le droit des autres.

Mais que voulez-vous? En France on ne peut pas s'habituer, depuis quarante-cinq ans, dans certaines classes de la société, à prendre son parti, non seulement de la Révolution française, mais de ses conséquences, de ses résultats. On ne veut pas confesser que la monarchie est finie, que tous les régimes qui peuvent, avec des modifications différentes, représenter la monarchie, sont également condamnés. Et c'est dans ce défaut de résolution, de courage chez une notable partie de la bourgeoisie française, que je retrouve l'origine, l'explication de tous nos malheurs, de toutes nos défaillances, de tout ce qu'il y a encore d'incertain, d'indécis et de malsain dans la politique du jour.

On se demande, en vérité, d'où peut provenir une pareille obstination; on se demande si ces hommes ont bien réfléchi sur ce qui se passe; on se demande comment ils ne s'aperçoivent pas des fautes qu'ils commettent et comment ils peuvent plus longtemps conserver de bonne foi les idées sur lesquelles ils prétendent s'appuyer; comment ils peuvent fermer les yeux à un spectacle qui devrait les frapper? N'ont-ils pas vu apparaître, depuis la chute de l'Empire, une génération neuve, ardente, quoique contenue, intelligente, propre aux affaires, amoureuse de la justice, soucieuse des droits généraux? Ne l'ont-ils pas vue faire son entrée dans les conseils municipaux, s'élever, par degrés, dans les autres conseils électifs du pays; réclamer et se faire sa place, de plus en plus grande, dans les luttes électorales? N'a-t-on pas vu apparaître, sur toute la surface du pays, — et je tiens infiniment à mettre en relief cette génération nouvelle de la démocratie, — un nouveau personnel politique électoral, un nouveau personnel du suffrage universel? N'a-t-on pas vu les travailleurs des villes et des campagnes, ce monde du travail à qui appartient l'avenir, faire son entrée dans les affaires? N'est-ce pas l'avertissement caractéristique que le pays — après avoir essayé bien des formes de gouvernement — veut enfin s'adresser à une autre couche sociale pour expérimenter la forme républicaine?

Oui! je pressens, je sens, j'annonce la venue et la présence, dans la politique, d'une couche sociale nouvelle qui est aux affaires depuis tantôt dix-huit mois, et qui est loin, à coup sûr, d'être inférieure à ses devancières.

« Cette prédiction de l'avènement des nouvelles couches sociales a été, dit un de ses biographes, l'un des points les plus lumineux de la carrière politique de Gambetta; et non seulement il a annoncé cet avènement, mais il l'a préparé; c'est lui, plus que tout autre, qui l'a mené au but. Ce jour-là, la colère des vieux partis réactionnaires fut vraiment clairvoyante, et, en effet, depuis la grande parole de Bonaparte : « La carrière est ouverte aux talents », aucun mot d'une pareille portée politique et sociale n'avait été prononcé en France. » M. J.-J. Weiss a dit à ce sujet dans l'un de ses plus beaux articles :

Ils sont nombreux ceux qui, n'étant pas de la même doctrine philosophique ni du même parti politique que M. Gambetta, se sont toujours sentis du même parti social. On demande quelquefois ce que c'est que les « nouvelles couches ». Je vais le dire. Il y a toute une génération politique sortie des derniers rangs de la foule, fils de petits boutiquiers, de petits fonctionnaires, de simples soldats, d'ouvriers à la tâche, d'artistes plus riches de talent que d'argent; cette génération s'était formée à force de travail solitaire; elle s'était abreuvée aux sources les plus pures. Les poètes, les romanciers, les dramaturges, les constructeurs d'utopies du règne de Louis-Philippe l'avaient illuminée, dès l'adolescence, d'un rêve éblouissant. Tout ce qu'il y avait de plus grand dans le monde n'aurait pas rempli son cœur. Elle avait vingt ans, elle s'élançait, lorsqu'elle fut tout à coup arrêtée et refoulée par la nuit de Décembre. Il lui a fallu attendre une aurore jusqu'en son âge mûr. M. Gambetta s'est fait son homme. L'occasion l'a porté; mais il a su saisir l'occasion. Il nous a réalisé, au moment où nous n'espérions plus, le rêve de notre jeunesse. Croyants ou philosophes, monarchistes ou républicains, qu'importe! Nous n'avons tous fait qu'un avec le fils de l'épicier de Cahors, s'élevant tout à coup au premier rang, commandant les armées et incarnant la France. Sa fortune a été littéralement la nôtre. Nous débordions en lui, après la longue compression de 1852. Voilà ce qu'a été pour nous M. Gambetta.

VIII

A Chambéry, à Albertville, à Pontcharra, à Thonon, à Bonneville, à la Roche, à Annecy et à Saint-Jullien, dans tous les principaux centres de la Savoie, Gambetta entretint les républicains de la situation politique présente et de la conduite à suivre dans l'avenir. Au banquet de Thonon, le 29 septembre, où on lui offrit le traditionnel et patriarcal vin d'honneur, il dit ces admirables paroles :

La France, à proprement parler, depuis la Réforme, depuis la grande moitié du quinzième siècle, a été tour à tour, pour tous les peuples de l'Europe, le guide, l'initiateur et le martyr. C'est de son sang, de son dévouement, de ses sacrifices et de ses servitudes que sont faites la gloire, l'émancipation et la liberté des autres peuples.

Eh bien, il faut réfléchir quand on parle du patrimoine de la France. La France, vous avez eu raison de le dire, sera d'autant plus attrayante, qu'elle sera aux mains de tous les citoyens et non plus aux mains et soumise aux caprices d'un seul.

Ah! oui, la France glorieuse et replacée, sous l'égide de la République, à la tête du monde, groupant sous ses ailes tous ses enfants désormais unis pour la défendre au nom d'un seul principe et présentant au monde ses légions d'artistes, d'ouvriers, de bourgeois et de paysans; ah! oui, il est bon de faire partie d'une France pareille, et il n'est pas un homme qui, alors, ne se glorifiât de dire, à son tour : je suis citoyen français!

Mais il n'y a pas que cette France, que cette France glorieuse, que cette France révolutionnaire, que cette France émancipatrice et initiatrice du genre humain, que cette France d'une activité merveilleuse et, comme on l'a dit, cette France nourrice des idées générales du monde; il y a une autre France que je n'aime pas moins, une autre France qui m'est encore plus chère, c'est la France misérable, c'est la France vaincue et humiliée, c'est la France qui est accablée, c'est la France qui traîne son boulet depuis quatorze siècles, la France qui crie, suppliante, vers la justice et vers la liberté, la France que les despotes poussent constamment sur les champs de bataille, sous prétexte de liberté, pour lui faire verser son sang par toutes les artères et par toutes les veines, la France que dans sa défaite, on calomnie, que l'on outrage; oh! cette France-là, je l'aime comme on aime une mère; c'est à celle-là qu'il faut faire le sacrifice de sa vie, de son amour-propre et de ses jouissances égoïstes; c'est de celle-là qu'il faut dire, là où est la France, là est la patrie!

J'espère que notre malheureux et noble pays, instruit à la rude école de l'adversité, remontant par degrés de l'abîme où l'ont poussé les bonapartistes, pourra comprendre enfin qu'il n'y a d'avenir régulier, de fortune stable, de développement assuré, de place véritablement honorable dans le monde que pour une France régie par le consentement universel, laquelle, sous peine d'abdiquer, ne peut plus vivre sous une autre forme de gouvernement que la République.

Comme gage de cet avenir pour mon pays, j'aperçois plusieurs symptômes de bon augure dans les modifications de l'esprit français. Il me semble tout d'abord que la jeunesse, dans tout le pays, que la génération qui a vu la chute de l'empire sans l'avoir provoquée, que cette génération qui a été poussée sur les champs de bataille, inconsciente de la cause qui amenait nos malheurs; troublée peut-être par ce sacrifice immédiat demandé à l'entrée de la vie, ne s'expliquant que d'une façon fort obscure les nécessités d'une lutte aussi acharnée, et aussi, sans doute, l'esprit inquiété, intimidé par de pervers conseillers qui cherchaient à égarer sa conscience et peut-être à énerver son courage, — il me semble que cette jeunesse s'est recueillie depuis et qu'il s'est opéré en elle, après coup et par le contre-coup des épreuves par où elle a passé, une véritable transformation morale.

Oui, on sent de tous côtés, aussitôt qu'on la voit apparaître, qu'elle est meilleure, qu'elle est plus saine, qu'elle est plus fière, qu'elle est plus laborieuse à mesure que nous nous éloignons de ces fatales années de l'empire; et c'est là une raison fondamentale d'espérer, parce que c'est cette jeunesse qui sera appelée nécessairement à réparer les fautes de ses devanciers. Aussi, quand il nous est donné de l'entretenir, de la voir, de constater qu'entre elle et nous il n'y a pas d'écart ni de distance, et qu'il ne peut y avoir de désaccord, nous n'avons qu'un langage à tenir, qu'un conseil à donner : c'est de lui dire de travailler, de travailler virilement, énergiquement à s'instruire; de s'abreuver aux sources pures de la science et de la vérité; de se réunir pour s'initier peu à peu à l'étude et à la pratique des affaires publiques. Je voudrais voir les jeunes gens former partout une sorte d'association dans laquelle, par une éducation mutuelle, ils mettraient en commun, les uns au profit des autres, ce qu'ils auraient appris, lu, observé, examiné. Il faut songer tout d'abord à créer la solidarité des connaissances et de l'instruction.

Qui que vous soyez, quelque occupation, quelque relation, quelque influence, petite ou grande, que vous ayez dans la vie, vous ne serez véritablement des hommes utiles, des honnêtes gens, dans le sens démocratique du mot, que si vous vous rendez cette justice intime d'avoir contribué à délivrer les esprits de l'ignorance et à leur inspirer l'amour de la patrie qui est le résumé de toutes les vertus civiques. Oui! on doit aimer par-dessus tout son pays, mais non pas avec cet esprit étroit, léger, railleur, qui, trop souvent, nous a livrés à l'animadversion des autres peuples. Faisons bien comprendre aux autres peuples que nous n'aimons tant notre patrie, et d'un amour si ardent et parfois si jaloux, que parce qu'elle est le meilleur instrument que la civilisation ait jamais eu pour le progrès général de l'avancement de l'esprit humain.

IX

La malveillance et la calomnie qui n'épargnent aucune réputation ne pouvaient manquer de s'exercer contre l'homme dont les paroles enflammaient le pays, mais excitaient en même temps les colères des adversaires de la République. Ceux-ci ne négligeaient aucune occasion de lui témoigner leur antipathie. Dans l'Assemblée nationale, la majorité conservatrice avait applaudi aux mesures d'exception réclamées par Changarnier pour mettre ce collègue turbulent (on avait même dit : ce factieux démagogue) hors d'état de faire progresser le radicalisme. On ne l'accusait de rien moins que de comploter le renversement de toutes choses pour ressaisir la dictature « dont le retour impliquait la ruine fatale et éternelle de la France ».

Le général Changarnier était octogénaire, mais il avait l'oreille de l'Assemblée. Vétéran de l'armée d'Afrique, soutien de l'orléanisme, sous l'empire, qui l'avait fait arrêter le 2 décembre, exilé ensuite, il ne pouvait être soupçonné de parler autrement que par patriotisme. Aussitôt après la déclaration de guerre du 15 juillet 1870, il s'était, quoiqu'il entrât alors dans sa soixante-dix-huitième année, mis immédiatement au service du pays. Enfermé à Metz, il avait, à la capitulation de cette ville, été envoyé comme prisonnier en Allemagne. Son prestige et son influence étaient restés grands. Élu député en 1871, il avait renoué un des premiers les intrigues monarchistes, apportant dans les discussions parlementaires une allure de militarisme dont son grand âge ne tempérait pas l'ardeur.

Général Changarnier.

Sa motion] contre Gambetta aurait inauguré peut-être une sorte de « Terreur blanche », si M. Thiers n'avait pas été au pouvoir et pesé de son autorité sur l'attitude législative de la droite. Au vrai, Gambetta devenait redoutable pour les ennemis de la République non à cause de son éloquence turbulente, comme ils le disaient, mais parce qu'ils voyaient au contraire que le jeune tribun savait s'assagir.

Il avait appris en effet à attendre et il connaissait maintenant le prix du silence.

Il ne montait plus à la tribune que dans les moments

décisifs, et lorsqu'il parlait c'était plutôt sur des questions administratives d'un caractère pratique. C'est ainsi que, le 1er février 1872, il intervint dans la discussion sur les traités de commerce avec l'Angleterre et, le 7 juin de la même année, dans le débat sur le recrutement de l'armée. Il se recueillait, suivant une expression célèbre du prince Gortschakoff.

X

Bien que la création de ses journaux, *la République Française* et *la Petite République Française*, lui eussent assuré une aisance beaucoup plus grande qu'auparavant et, même un commencement de fortune personnelle, il n'avait pas apporté un bien grand changement dans son genre de vie. Sur le conseil de sa tante Jenny, il avait pris, à son retour à Paris, un appartement un peu plus important que les précédents qu'il avait occupés rue Vavin et rue Bonaparte. Mais en allant se loger rue Montaigne, 12, il n'avait pas eu l'idée de s'afficher; un cabinet de travail, un salon, deux chambres à coucher, c'était tout. Tata présidait au ménage et à la dépense comme avant la guerre, et les menus de repas restaient tout aussi modestes; seulement la table était plus large et il y avait un plus grand nombre d'amis.

XI

Cette existence sans faste ne pouvait évidemment faire taire ses ennemis politiques, — il n'en avait pas d'autres, — qui mirent, à cette époque, en circulation les légendes d'accaparement des deniers publics et de

malversations au cours de sa dictature. L'enquête dont
nous avons déjà parlé réduisit à néant ces bruits, mais
étouffe-t-on jamais complètement les calomnies? Ce
que l'on voulait, au fond, c'était trouver un moyen de
perdre Gambetta dans la considération du pays. Quand
la majorité dut reconnaître qu'il était inattaquable sous
le rapport de la droiture morale, de la probité publique
et privée, elle changea ses batteries et se retourna
contre Thiers.

Le 17 mars 1873, M. de Rémusat, ministre des affaires étrangères, annonça à l'Assemblée que, le 5 septembre, le dernier versement de l'énorme indemnité
de guerre à payer à l'ennemi serait effectué, et que
ce jour-là, le territoire français se trouverait complètement affranchi de la présence des armées étrangères.
Cette déclaration fut accueillie par des applaudissements unanimes, et la majorité ne put refuser à Thiers
un vote de remerciements, mais ce vote n'impliquait
pas qu'elle eût confiance en lui. La droite était en effet
décidée à le renverser. Toutefois elle n'y réussit pas
immédiatement; peut-être même, ne se sentant pas
prête à prendre le pouvoir, aurait-elle continué à temporiser indéfiniment, si elle n'avait trouvé inopinément
un appui dans l'élection à Paris du candidat radical
M. Barodet, ancien maire de Lyon, contre le candidat
de la présidence, M. de Rémusat. C'était un échec
de M. Thiers, encore plus que de son ministre. Les
conservateurs en firent leur profit.

Le 19 mai, à l'ouverture de la séance, une majorité
de trois cent vingt membres signa une motion insistant sur la nécessité d'adopter une politique résolument conservatrice. Le 23, la motion fut discutée et le
duc de Broglie monta à la tribune pour l'appuyer. Il
n'attaqua pas ouvertement le gouvernement républicain, mais il lui reprocha ses attaches radicales et son
impuissance en face des dissensions de l'opinion, qui
avaient leur écho jusque dans le Conseil des ministres.
Dufaure n'eut pas de peine, en vieux dialecticien par-

lementaire, à réfuter cette théorie spécieuse. Thiers, ne pouvant paraître à la tribune le jour même en vertu des règlements de la Chambre, ne s'y présenta que le lendemain 24, et défendit sa politique sans équivoque. Dédaignant les insinuations de ses adversaires, il entra, dès le début de son discours, au cœur même de la question. A Bordeaux, il avait été impossible de prendre une décision sur la forme du gouvernement. Maintenant elle s'imposait, et il n'y avait qu'une solution possible : la République.

L'orateur rappelait qu'en acceptant la présidence, il s'était engagé tout d'abord à réorganiser la France et à la délivrer de l'invasion étrangère. Ce devoir, il l'avait accompli. L'heure était venue de régulariser la situation du gouvernement, de voter une constitution, et celle-ci ne pouvait être que républicaine.

« Si vous voulez fonder une République, nous sommes avec vous, disait-il, mais si vous aimez mieux prolonger l'indécision et l'incertitude au péril de la France, renversez-nous. Il n'y a pas d'autre alternative. »

C'était une affirmation de principes, dépourvue de toute ambiguité. La majorité coalisée jeta le masque, et le gouvernement tomba. 360 voix contre 344 se prononcèrent contre la politique républicaine. Thiers donna sa démission et fut remplacé par le maréchal Mac-Mahon. La campagne de restauration monarchique commença aussitôt.

XII

La chute de M. Thiers, quoique considérée depuis plusieurs semaines comme imminente dans les coulisses parlementaires, ne produisit pas moins l'effet d'un coup de foudre, quand elle fut annoncée au pays. On n'oubliait pas, en effet, quels services il avait rendus depuis 1870 : c'était lui qui avait conduit avec succès les négociations avec l'ennemi, relatives à l'indemnité de guerre, c'était lui aussi qui en avait assuré le paiement. Il avait, comme Gambetta le proclama dans l'Assemblée même, été le libérateur du territoire. Et non seulement on lui devait la fin de cette douloureuse période de la lutte avec l'étranger, mais aussi l'apaisement des dissensions civiles. C'était lui qui avait relevé le crédit de la France et rendu la confiance au commerce, à l'industrie, aux capitaux. Beaucoup sentaient qu'en le renversant, on avait commis un acte d'ingratitude, d'autant plus inavouable, que ses adversaires y joignaient l'insulte, en l'appelant « le sinistre vieillard ».

On pouvait craindre que les sentiments de révolte contre cette iniquité et ces outrages ne fissent explosion. Mais le nouveau gouvernement aurait évidemment exploité tout mouvement populaire. La majorité avait strictement usé de son droit en refusant davantage sa confiance au cabinet de M. Thiers et à M. Thiers lui-même. Lui dénier ce droit en ayant recours à une insurrection, c'était l'autoriser à user légalement de la force matérielle pour assurer le maintien de l'ordre. Les républicains le comprirent et s'empressèrent de signer, au nombre de 26, l'appel à la nation rédigé par Gambetta :

Citoyens,

Dans la situation que fait la France à la crise politique qui vient d'éclater, il est d'une importance suprême que l'ordre ne soit pas troublé.

Nous vous adjurons d'éviter tout ce qui serait de nature à agiter l'opinion publique.

Jamais le calme de la force ne fut plus nécessaire. Restez calmes. Il y va du salut de la France et de la République!

Cette adresse traduisait les vues dont Gambetta ne s'était jamais départi. Ennemi de toute mesure illégale, de toute intervention de la force dans la politique, persuadé que la démocratie républicaine avait assez de puissance pour triompher par le simple ascendant de la discussion et de la souveraineté populaire, il ne voulait point d'autres armes et ne réclamait que celles-là.

Depuis son entrée à l'Assemblée nationale, en juillet 1871, il n'avait eu pour objectif que de faire l'éducation républicaine du peuple appelé aux urnes électorales, d'empêcher la majorité parlementaire monarchiste de voter une constitution sur laquelle elle aurait eu la main, et de faire dissoudre le Parlement pour en appeler au pays. Mais sa politique avait eu un caractère absolument parlementaire. Maintenant, après l'avènement du « gouvernement de l'ordre moral » et du cabinet de Broglie-Beulé, qui s'intitulait ouvertement « un ministère de combat », les événements entraient dans une nouvelle phase et l'opposition républicaine avait le dessein d'attaquer pour défendre ses positions.

XIII

L'occasion d'une première escarmouche s'offrit aussitôt. Le nouveau ministère était entré en campagne dès le 8 juin en supprimant *le Corsaire*, journal radical, dont le principal rédacteur était M. Lepère. Le parti républicain avait confié à Gambetta le soin de protester à la tribune de l'Assemblée contre tous les abus de pouvoir et contre les manœuvres [gouvernementales. Dans la séance du 10 juin, une interpellation adressée à M. Beulé, au sujet de cette suppression du *Corsaire*, obligea le ministre à répondre. Il le fit avec peu d'habileté en qualifiant, dans une expression qui lui échappa, la représentation nationale sortie des premières élections après la guerre d' « Asssemblée élue dans un jour de malheur » Gambetta se leva, quand l'éclat de

rire provoqué par ce trait d'esprit maladroit eut pris
fin.

L'orateur républicain eut, ce jour-là, un succès indescriptible. Il déclara, en laissant percer sous son calme toute son ironie, que les mesures dirigées contre la presse faisaient partie d'un « programme clandestin ». Et comme de nombreuses dénégations partaient des bancs de la droite, il donna lecture d'une circulaire adressée par le gouvernement de l'ordre moral, et demandant aux préfets « à quel prix les journaux qui pourraient être gagnés au parti conservateur, donneraient leur appui et leur concours bienveillant au gouvernement ». C'était, on ne pouvait le nier, une tentative de corruption, et comme le disait Gambetta : « non seulement on imitait d'une manière servile les procédés de l'empire, mais on allait au delà. »

Jamais le palais de Versailles, qui avait jadis été témoin de tant de débats historiques, n'en connut de semblables.

Il faut, dit M. Camille Pelletan, avoir entendu cette lecture pour se douter de ce qu'elle fut : à la fois une bataille et un drame.

Qu'on imagine sept cents auditeurs passionnés, écoutant cette foudroyante révélation; une cinquantaine de fidèles du ministère, qui avaient flairé le danger, interrompant, criant, niant l'évidence, faisant tapage dans la mesure du possible, se donnant un mouvement du diable pour amortir le coup; trois cents républicains indignés et triomphants, partant en huées formidables aux passages les plus cyniques; la masse de la droite et du centre droit prise à l'improviste, stupéfaite et confondue, irritée de sa confusion, se regimbant en vain, toute cette foule empoignée, surprise, décontenancée, tempêtueuse, indécise, éclatant, puis se calmant, pleine de colloques, de fluctuations et d'incertitude.

Gambetta était étonnant au-dessus du tumulte. Il s'étalait à la tribune, lisant et bataillant, ayant une riposte pour toutes les agressions, faisant place dans le bruit au redoutable document avec sa parole comme avec un fleuret, en détaillant, en commentant chaque phrase, chaque mot de sa voix creuse et retentissante et de son geste gros et puissant, qui savent donner tant d'explosion à la colère et tant de force comique à l'ironie. Il allait en désordre, les cheveux pendant sur le front, tout à tous, en pleine mêlée, secouant la tête, tiraillant contre les interrupteurs, distribuant les coups d'assommoir, semant les apostrophes et les sarcasmes, imposant et décuplant chaque mot du honteux document secret.

Et cette révélation décisive arrivait morceau par morceau, accidentée par les contestations de la droite, par les huées de la gauche, par les ripostes de Gambetta, avec un combat livré autour de chaque phrase, jusqu'à ce qu'enfin l'Assemblée ait tout entendu, jusqu'à la dernière ligne.

Telle fut la première bataille du 24 mai; jamais nous n'avons vu de désastre parlementaire si marqué (1). »

XIV

Ce fut une première défaite pour le gouvernement. Gambetta lui en réservait d'autres. Sans relâche nous le voyons à la tribune le 24 juin, les 2, 12, 14 et 16 juillet, le 28 septembre et le 3 octobre 1873. E chaque fois qu'il élève la parole, il remporte sur ses adversaires d'éclatants avantages, soit qu'il mette à néant les calomnies dont il est lui-même l'objet, quand on l'accuse d'agiter une sorte de drapeau rouge, soit qu'il précise son opinion, en affirmant qu'elle est exempte de toute chimère, de toute utopie, et qu'elle ne tend qu'à l'avènement de la démocratie par la libre manifestation du suffrage universel, au relèvement de la France, appuyée sur l'ordre, le travail et l'instruction.

Il ne se borne pas à des déclarations de principes. Il emploie tous ses efforts à réunir les divers groupes du parti républicain en un seul et solide faisceau, afin de fonder des institutions libérales, sages et durables. Son éloquence se mettait ainsi au service de l'action, et celle-ci puisait dans son ascendant oratoire des éléments de force. Avec une profondeur et une sagacité d'esprit politique, dont les exemples sont rares dans

---

(1) Camille PELLETAN. — *Le Théâtre de Versailles.*

notre histoire parlementaire, il saisissait, il indiquait
la stratégie à suivre pour réduire les partis monar-

Gambetta à la tribune.

chiques à l'impuissance et il jetait, en dépit d'eux, les
premières assises de la République.

XV

La majorité gouvernementale essayait en vain d'éclipser la voix de ce redoutable antagoniste, de réagir contre ses actes. Elle sentait que le terrain sur lequel elle espérait fonder une monarchie, une restauration, devenait de plus en plus mouvant. La tâche qu'elle poursuivait était d'ailleurs extrêmement difficile, et ces difficultés s'augmentaient encore de la désunion qu'elle rencontrait dans ses propres rangs. Cette majorité n'avait, en effet, de lien commun que son hostilité à la République, mais dans son sein régnait un désaccord qui était défavorable à la réussite de ses plans. Elle se composait de trois fractions travaillant chacune pour un prétendant distinct et dans des conditions telles que sur ce point toute conciliation était impossible entre elles.

Le comte de Chambord, à qui ses partisans donnaient depuis longtemps le nom de Henri V, représentait la branche aînée des Bourbons : ses adhérents voyaient en lui le roi légitime et de droit divin. Le comte de Paris, petit-fils de Louis-Philippe et fils du duc d'Orléans qui mourut en 1842 à la suite de l'accident de Neuilly, devait surtout aux souvenirs de libéralisme rattachés à la mémoire de son père, la confiance des monarchistes constitutionnels, impatients de revenir au régime antérieur à 1848, et de mettre la couronne royale de France sur la tête de l'héritier de la branche cadette. Quant aux bonapartistes, la mort de Napoléon III à Chislehurst près de Londres, le 9 janvier 1873, leur avait donné pour chef le jeune prince impérial, qui entrait dans sa dix-huitième année.

De ces trois candidats au trône, lequel choisirait-on, si les tentatives de restauration aboutissaient? Le prince impérial avait le moins de chance, les impérialistes ne formant dans l'Assemblée qu'un groupe trop faible pour lui assurer l'avantage. La lutte se circonscrivait, en réalité, entre le comte de Chambord et le comte de Paris. Le premier n'avait pas d'enfant et après lui la couronne de droit divin passerait légitimement au second, mais, en attendant, quel accommodement pouvait-on faire intervenir entre légitimistes et orléanistes? Un instant, ceux-ci crurent à une fusion des deux branches de Bourbon, et le comte de Paris céda, quoique avec hésitation, aux instances de son parti en se rendant à Frohsdorff, où résidait le comte de Chambord, et en reconnaissant ouvertement les droits de Henri V. Cette tactique, dont le bénéfice devait lui échoir dans l'avenir, constituait une solution, pourvu que le comte de Chambord acceptât la couronne. Trois membres influents de la droite entreprirent de négocier avec lui les termes dans lesquels aurait lieu son avènement. Il ne pouvait être question, à leurs yeux, d'un retour pur et simple à l'ancien régime, c'est-à-dire à une abrogation complète de toutes les institutions issues de la Révolution. On savait trop bien que le pays n'accepterait jamais un pacte de ce genre. Tout en appelant au pouvoir le petit-fils de Charles X, on voulait et on devait ne pas oublier les libertés acquises sous la monarchie de Juillet; sans cela les orléanistes refusaient leur acquiescement à la combinaison, et dès lors, elle n'avait plus d'appui suffisant dans la Chambre.

Le comte de Chambord n'était pas un homme politique et encore moins un homme capable d'entrer dans une coalition politique. La loyauté de son caractère l'avait toujours tenu à l'écart de toutes les menées royalistes. D'une intelligence ordinaire, il ne s'était jamais révélé comme un prince remuant et si son nom avait un certain prestige en France, il le devait uniquement à son honnêteté que personne ne mettait en doute. On savait qu'en devenant roi, il personnifierait à la tête des affaires la sincérité des convictions. Ce fut cette

sincérité même qui fit échouer les calculs de la ligue
monarchiste. Le comte de Chambord ne refusa pas la
couronne, mais il répondit à ceux qui la lui offraient
que ce n'était pas à lui, tenant ses droits de Dieu, à
entrer dans un marché avec l'opinion, à accepter des
propositions, des conditions, et qu'en aucun cas il ne
renoncerait au drapeau blanc, symbole de la royauté
légitime, pour adopter le drapeau tricolore, emblème
de la Révolution. La lettre qu'il écrivit dans ce sens et
qui est datée du 27 octobre 1873, ne permettait aucune
équivoque sur ses vues et ses prétentions : il ne voyait
au vrai dans la démarche des royalistes qu'une aventure à laquelle il ne se souciait pas de se mêler.

Cette attitude impliquait l'avortement du complot
royaliste. Il ne restait plus, dans cette situation, aux
monarchistes qu'une seule ligne de conduite à suivre
pour ne pas abdiquer leurs espérances : attendre la
mort du comte de Chambord ou renforcer dans la
Chambre le groupe orléaniste pour opérer une contre-
marche en faveur du comte de Paris, si celui-ci revenait sur ses engagements pris à Frohsdorff.

Mais il fallait, pour demeurer sur l'expectative, sans
perdre les positions prises, rester dans le *statu quo*,
retenir le pouvoir, avec l'acceptation hypocritement
provisoire de la République, et conserver à la présidence le maréchal Mac-Mahon le plus longtemps possible, avec une sorte de dictature illimitée, à laquelle
on donnerait par le septennat un premier bail, quitte
à le renouveler à l'expiration.

Pour déjouer cette manœuvre, les républicains n'a-
vaient qu'un seul moyen : l'appel au corps électoral,
après la dissolution de l'Assemblée, en d'autres termes
le déplacement de la majorité. Le premier pas à faire
dans ce sens était le renversement du ministère. Gambetta y contribua de toutes ses forces. Le cabinet de
Broglie tomba le 16 mai 1874.

XVI

Si la restauration des Bourbons, de l'une ou de l'autre branche, était, pour le moment, reconnue impossible, la République avait d'autres ennemis dans les bonapartistes, qui espéraient se glisser entre les deux camps pour ressaisir le pouvoir. On peut se convaincre qu'ils commençaient à relever la tête, lorsque le département de la Nièvre élut, le 24 mai 1874, un député impérialiste. Le fait était significatif, car cette circonscription avait été représentée six mois auparavant par un radical. D'autres indices prouvaient la recrudescence des aspirations de ce parti auquel appartenaient plusieurs membres du nouveau cabinet.

Gambetta résolut de faire rentrer le bonapartisme sous terre. La campagne oratoire qu'il entreprit dans ce but fut des plus éloquentes. Dans un banquet à Auxerre, le 1er juin, il stigmatisa l'Empire et ceux qui, avec Louis-Napoléon, s'étaient emparés de la France et avaient vécu pendant vingt ans du fruit de leur crime. Il montra tout ce qu'avait fait l'homme sinistre qui, en étouffant toutes les libertés, était l'auteur de la ruine matérielle du pays, et ajouta qu'il y avait entre l'empire et la République un duel attendu, prévu, inévitable. Car le pays qui avait supporté les Bonapartes, en les croyant par deux fois les héritiers et les continuateurs de la Révolution française, n'était ni complètement guéri de cette croyance ni complètement éclairé. Il n'en pouvait être autrement puisqu'on lui avait marchandé d'une main trop avare l'éducation et la lumière.

Vous souvenez-vous s'écria-t-il, du premier cri que poussa la France républicaine, quand elle se vit au fond de l'abime où l'avaient plongée Bonaparte et ses amis? Des écoles! des

écoles! C'était le cri célèbre : De la lumière! de la lumière !
Qu'a-t-on fait pour éclairer la France? On voudrait, hélas!
qu'elle n'apprît rien. Un peuple ignorant est un peuple docile;
mais il y a, pour déjouer ces plans néfastes, mieux qu'un système complet d'instruction publique, que cette éducation qu'on
reçoit sur les bancs de l'école : c'est l'éducation que nos mobiles et nos mobilisés ont reçue dans les rangs de l'armée,
c'est l'éducation devant le canon prussien ou la lance du uhlan
alors que notre armée combattait pour la défense de la patrie
envahie!... Il suffit de ramener le souvenir de la France, en
ce passé horrible, il suffit de montrer cette portion mutilée et
saignante de la France, en disant : C'est là qu'est la trace de
l'envahisseur. Il nous a quittés, mais il nous surveille. Il mé-
dite de revenir pour nous arracher quelque autre province. Qui
donc l'amène infailliblement? N'est-ce pas l'empire? Est-il
jamais entré victorieux dans ce pays autrement qu'à la suite
des Bonapartes?

Le 9 juin, un député républicain, M. Girerd lut à la
tribune de l'Assemblée une circulaire émanant d'un
comité central bonapartiste qui agissait occultement
pour obtenir les votes des officiers en retraite et organisait un complot en vue de rétablir l'empire. Gambetta interpella M. de Fourtou qui était le véritable chef
du cabinet, et dont les opinions bonapartistes ne faisaient de doute pour personne. Il démontra que certains
agents de l'État prêtaient leur complicité à cette faction.
M. Rouher, l'ancien vice-empereur, se leva et démentit
la participation des impérialistes au document signalé.

Pour faire diversion au débat, il crut habile de
prendre directement à partie le gouvernement du
4 Septembre et d'invectiver Gambetta. Mais celui-ci
releva promptement l'affront que l'on tentait de lui
infliger :

Il y a quelqu'un ici, dit-il, à qui je ne reconnais ni titre, ni
qualité pour demander des comptes à la révolution du 4 septembre, ce sont les misérables qui ont perdu la France.

Et, comme le président Buffet le menaçait d'un
rappel à l'ordre s'il ne retirait pas son expression, l'orateur rugit :

Il est certain que l'expression que j'ai employée renferme plus qu'un outrage, c'est une flétrissure et je la maintiens.

Les bonapartistes ne se contentèrent pas de la riposte du président qui appliqua le règlement parlementaire ; le lendemain, des agents provocateurs se réunirent à la gare Saint-Lazare, où la foule attendait le retour des députés qui siégeaient à Versailles. Ils avaient pour mot d'ordre de huer Gambetta. Le 11 et le 12, ils renouvelèrent leur démonstration. Un énergumène, ex-officier corse de la garde impériale, se jeta, le poing levé, sur l'orateur républicain. La police, presque entièrement impérialiste, ne procéda à aucune arrestation. Le second jour, Gambetta se vit assailli par un jeune homme qui l'aurait frappé s'il avait pu l'atteindre. Le soir, le député de Belleville reçut un coup de canne au-dessus de l'œil droit. Ces insultes et ces attaques étaient préméditées. Elles ne cessèrent que lorsque le préfet de police eut fait de nombreuses révocations en épurant son personnel. Mais durant plusieurs jours, on fut obligé de faire occuper la gare et ses abords par de l'infanterie et de la cavalerie.

XVII

Les impérialistes, en agissant comme ils le faisaient, ne voyaient point qu'ils servaient en réalité les républicains. Thiers et Gambetta, en habiles stratégistes parlementaires, ne perdaient pas de vue le profit qu'ils pouvaient tirer de la tactique inconsidérée de leurs adversaires. Thiers, avec son expérience consommée de la stratégie politique, saisit aussitôt l'opportunité d'un rapprochement de la gauche avec le centre droit pour détacher celui-ci des bonapartistes et de l'extrême droite.

« Vous voyez bien, dit-il à ceux qu'il voulait amener à lui, que la monarchie, absolue ou constitutionnelle, est impossible pour le moment. Vous ne l'établirez point et vous refusez de me laisser faire la République. Le pays en a assez de ces incertitudes. Quel jeu jouez-vous donc? Tout bonnement celui de l'Empire qui ne veut pas plus de vous que de nous. Et l'Empire, vous le haïssez autant qu'il nous est odieux. Rappelez-vous Berryer. Vous n'avez que deux issues possibles; ou l'Empire, ou la République. Choisissez. »

Le centre droit, sans être convaincu, réfléchit. Il avait cent griefs contre l'Empire, et Thiers était un si grand charmeur qu'on pouvait difficilement ne pas lui prêter l'oreille. De son côté, Gambetta opérait un mouvement contre l'ennemi commun. Ce n'était toutefois pas une tâche aisée.

« Il avait, dit M. Joseph Reinach, déclaré vingt fois qu'entre la dissolution de la patrie et la dissolution de l'Assemblée, il voterait pour la dissolution de l'Assemblée. Mais si, par un miracle, par épuisement, par crainte de la colère du pays, par le sentiment d'une responsabilité de plus en plus grave, par horreur du bonapartisme qui relevait la tête, par patriotisme enfin, s'il pouvait se former, sur la frontière du centre gauche une majorité pour fonder la République, fallait-il s'obstiner? Fallait-il s'attacher à la vieille théorie néfaste : « Périsse la République plutôt qu'un principe! » Louis Blanc, Quinet, Jules Grévy hésitaient. Gambetta ne balança point. Il laissa dénoncer par les intransigeants la politique des résultats, et il négocia hardiment avec le centre sur cette base commune : ou la dissolution (que le centre avait toujours repoussée jusqu'alors), ou l'établissement de la République par l'Assemblée.

C'était substituer aux abstractions qui ne pouvaient conduire qu'à la perte de la démocratie, une action pratique justifiée dans l'histoire des pays constitutionnels par de mémorables précédents. N'avait-on pas vu, dans certaines circonstances, les grands parlementaires anglais donner la preuve de la nécessité de ces résolutions dictées par des considérations qui n'atteignirent point, quoique l'on ait pu prétendre à cet égard, la noblesse de caractère et la droiture de vue de ces hommes d'État. Burke et Fox, les glorieux leaders de l'opposition, qui avaient combattu côte à côte, ne s'étaient-ils pas séparés pour obéir chacun à leurs sentiments sur les vues à suivre en vue du succès de la chose publique? Et Burke, quoique si tenace dans ses idées qu'il les soutenait même contre son parti, n'avait-il pas éloquemment démontré qu'une politique asservie aux abstractions est semblable à une stratégie qui refuserait de tirer avantage d'une concession habile faite à l'ennemi?

Gambetta ne se dissimulait pas que fonder la République avec des matériaux et des éléments auxquels les républicains intransigeants pouvaient trouver à redire, c'était élever un édifice qui serait sans doute à reconstruire plus tard, et il était, on n'en peut douter, intimement persuadé qu'une constitution érigée sur l'opportunisme, — mot souvent répété depuis, — serait nécessairement revisée plus tard. Mais il avait trop de clairvoyance, il se rendait trop bien compte de l'urgence de sortir de l'indécision, plus dangereuse que tout le reste; il avait trop attentivement pesé les suffrages dans la balance des destinées nationales, pour ne pas vouloir avant tout arriver à une solution. « Il faut prendre un parti, disait-il, le prendre avec énergie, à tout prix, il faut conjurer l'orage qui s'amoncelle sur la France. »

Lorsqu'on étudie les faits à la lumière que projettent sur eux le temps et l'apaisement des irritations, on les juge d'un regard plus sûr qu'au milieu de la bataille des opinions. Il y a des heures où un homme politique doit être avant tout et pour un moment exclusivement un tacticien, en cessant, devant les positions ennemies, d'être un doctrinaire. Il importait d'obtenir la reconnaissance de la République, et Gambetta, laissant provisoirement de côté les théories, vit très distinctement que, sans renoncer à celles-ci, il n'y avait à s'occuper que de la question brûlante. Il prit une part considérable aux négociations faites en vue d'amener une transaction sur les lois constitutionnelles, et avec le

concours de Thiers, il finit par déterminer ses amis de
l'extrême gauche à sacrifier, dans l'intérêt majeur de
la cause commune, leurs sentiments intimes sur la
création d'une seconde Chambre et sur la septennalité
de la présidence. « Ce fut, dit encore M. J. Reinach,
au bon sens persuasif et à l'activité infatigable de ces
deux chefs de la République que la cause républicaine
dut de triompher finalement. »

XVIII

Quand l'Assemblée rentra en session, le 30 novembre
1874, elle était bien déterminée à faire un pas en avant.
Le 21 janvier 1875, elle aborda la discussion de la nouvelle constitution. La bataille décisive fut livrée le
30 janvier, et ce jour-là, à la majorité d'une seule voix,
par 353 suffrages contre 352, la proposition de M. Wallon
fut votée. Cette proposition était ainsi conçue : *Le président de la République est élu à la pluralité des suffrages par le Sénat et la Chambre des députés réunis
en Assemblée nationale. Il est nommé pour sept ans.
Il est rééligible.* C'était l'acceptation de la République,
et c'était aussi la justification de la tactique de Gambetta, car ce résultat prouvait à l'évidence que, sans la
transaction, les républicains auraient succombé. Une
seule et unique voix, suffisante pour assurer le maintien
de la République, aurait suffi également pour restaurer
la monarchie.

XIX

Il restait toutefois à se prononcer sur une disposition
additionnelle à la loi d'organisation des pouvoirs publics et cette disposition, qui était l'œuvre de M. de

Broglie, cachait un piège. Elle ajournait la promulgation de la Constitution républicaine jusqu'après le vote
sur la nomination des futurs sénateurs. La majorité
réactionnaire s'était rendu [compte de sa force. Il était
évident qu'elle voulait, par une manœuvre parlementaire, défaire
ce qui venait
d'être fait.
Peu s'en fallut
qu'elle n'y
réussît. Un
député répu-
blicain, Pas-
cal Duprat,
proposa,
dans la séan-
ce du 11 fé-
vrier, un
amendement
tendant à fai-
re nommer
le Sénat par
le suffrage
universel.
C'était rou-
vrir la discus-
sion. L'ex-

Maréchal de Mac-Mahon.

trême droite et les impérialistes se saisirent du prétexte.
La gauche appuya l'amendement de Pascal Duprat; la
droite et les bonapartistes s'abstinrent ou votèrent
pour. La proposition passa; mais le lendemain, le centre
droit, se détachant des républicains, s'opposa à la
troisième lecture du projet de loi, et M. de Cissey,
président du Conseil, lut un message du maréchal de
Mac-Mahon laissant entendre que si la loi était votée,
il ne la ratifierait pas. La troisième lecture fut en conséquence repoussée par trois cent soixante-huit voix
contre trois cent quarante-cinq.

C'était revenir aux conflits des partis. Les royalistes et les impérialistes exultaient. Les républicains étaient exaspérés. M. Brisson se fit l'interprète de ces derniers en déposant une proposition de dissolution pour laquelle Gambetta réclama l'urgence.

Nous vous avions donné, dit-il, le spectacle d'un parti que vous aviez souvent qualifié d'intransigeant, d'excessif, d'exclusif, de rebelle à tout compromis et à toute transaction politique; nous vous avions donné ce spectacle, non sans quelque courage et sans de grands sacrifices de la part de nos aînés et de nos devanciers dans la vie politique, nous vous avions donné ce spectacle de nous associer à vous et de vous dire : Conservateurs, vous voulez bien reconnaître qu'après l'échec et l'avortement définitif de vos espérances monarchiques, il est temps enfin de donner à la France un gouvernement qui pourra rester dans vos mains, si vous êtes sincères et véritablement épris de ces principes libéraux dont vous nous parlez sans cesse et dont vous suspendez constamment l'application.

Nous vous avons dit : Eh bien, nous faisons taire nos scrupules, nous prenons sur nous de faire ce sacrifice aux nécessités générales de l'État, troublé au dedans, menacé au dehors, et qui a plus besoin que jamais de gagner sur les heures qui s'écoulent un temps que lui convoite la jalousie de ses adversaires dans le monde; nous prenons sur nous de capituler entre vos mains, si vous voulez faire un gouvernement modéré et conservateur.

Nous avons consenti à diviser le pouvoir, à créer deux Chambres; nous avons consenti à vous donner le pouvoir exécutif le plus fort qu'on ait jamais constitué dans un pays d'élection et de démocratie; nous vous avons donné le droit de dissolution, et sur qui? sur la nation elle-même, au lendemain du jour où elle aurait rendu son verdict!

Mais cela ne vous a pas suffi, vous avez voulu aller plus loin, exiger davantage; vous avez voulu préparer un Sénat qui fût à vous, exclusivement à vous. Peut-être cependant n'auriez-vous pas insisté dans ces prétentions extrêmes, et c'est ici que se place la responsabilité du cabinet. Hier, vous aviez fait une majorité; vous avez fait aujourd'hui deux majorités. Dans la journée, le cabinet, dont l'existence politique individuelle et collective était mise en question d'une façon véritablement définitive si cette majorité restait constituée, le cabinet s'est précipité chez le maréchal, et il en est revenu avec une déclaration. Il vous l'a lue ; l'a-t-il commentée, expliquée ? a-t-il apporté un argument, une raison politique ? Non, il s'est caché derrière cette épée, et il vous a fait voter.

Et maintenant, voici ce que j'ai à vous dire : Je sais, — pardonnez-moi de froisser vos illusions, — je sais qu'il en est encore parmi vous qui poussent cet esprit de sagesse et de transaction politique jusqu'à l'héroïsme, et qui croient pouvoir encore rencontrer, dans des rangs ou rien de solide ne s'est présenté, des auxiliaires pour cette œuvre impossible ; oui, je le sais. Eh bien, expérimentez vos illusions, la déception ne tardera pas à venir. Jusqu'à présent nous vous avons donné des gages, — je l'ai dit et je le maintiens, — plus tard on nous jugera, et on nous jugera moins sévèrement, malgré les fautes que nous avons pu commettre, que vous ne serez jugés vousmêmes. Plus tard on dira que vous avez manqué la seule occasion peut-être de faire une République véritablement ferme, légale et modérée.

Ce discours fit une impression profonde sur l'Assemblée, et l'on en retrouve la trace dans ce tableau de la séance :

« Gambetta s'élance à la tribune tout bouillant d'indignation, la voix tremblante de colère ; il s'empare de la foule lasse, irritée par la lutte, énervée par ces quatre heures de séance toutes pleines d'orages et de surprises. Il la domine, il la tient : c'est l'*orateur* dans toute la force du mot.

« Car, à côté des grands talents, ses égaux, qu'on peut lui préférer selon la tournure ou les habitudes de son esprit, — si l'on prend l'éloquence dans son type propre et traditionnel, si on la place dans le retentissement éclatant de la pensée, dans les inspirations soudaines du moment, dans cette décision impérieuse qui donne au discours la valeur et la force de l'action, dans la passion vivante et toute en dehors qui se livre à la foule pour lui communiquer sa contagion, dans le galop de la parole dirigé par la main habile d'un politique, asservi à une sorte de calcul impétueux qui étonne et qui déconcerte, dans ce grand mouvement, par lequel les exposés de doctrines, les argumentations, les tactiques de tribune, animés, soulevés, entraînés dans un large et rapide courant, enveloppant et emportant la foule sous leur fougueuse impulsion, — si c'est là l'éloquence dans son sens propre, dans son type le plus caractéristique, M. Gambetta est, à l'heure actuelle, l'orateur par excellence ; il l'est de nature, de tempérament, presque malgré lui ; il l'est encore la plume à la main ; il est né pour piétiner de son talon nerveux le piédestal de la tribune.

« Il faut le voir, avec son masque massif, au cou de taureau, aux gros traits frappants modelés sommairement, avec la voix profonde, vibrante, assourdie, au grondement fatigué, — il faut le voir, d'abord déroulant avec lenteur ses amples périodes, puis s'animant par degrés, se jetant en pleine mêlée, s'agitant dans toute la largeur de la tribune, secouant sa tête ardente se pliant sur la foule, se redressant orgueilleusement avec un geste impérieux, croisant les bras d'un air de défi, faisant éclater la sonorité de sa voix méridionale avec des déchirements de coups de foudre, passionné, brusque, en désordre, échangeant avec les colères et les passions soulevées autour de lui, un feu roulant de ripostes, — sans cesser une minute de manier à son gré sa fougue, sa colère et son entraînement (1). »

XX

A droite on se sentait jugé et condamné, à gauche on reprit courage. Des paroles de conciliation furent de nouveau prononcées. Il y eut de nouvelles négociations. Finalement, le centre droit, ou ceux de ce groupe qui n'étaient pas d'une intransigeance absolue envers la République s'entendirent avec le centre gauche pour accepter un sénat nommé en partie par l'Assemblée et

(1) Camille PELLETAN. — *Le Théâtre de Versailles.*

en partie élu au second degré. On s'attendait à une grande opposition de la part de la gauche et de l'extrême gauche, mais dans une réunion du 21 février, tenue par l'Union républicaine, Gambetta prononça un discours persuasif qui arracha des larmes aux délégués présents des autres groupes. Il n'y eut que cinq voix contre, et dans ce nombre celle de Jules Grévy. Les bonapartistes firent une dernière tentative pour semer la discorde parmi les alliés. Ils n'y parvinrent point.

La loi sur le Sénat fut votée le 24 février par 448 voix contre 210. Le lendemain, une majorité de 425 suffrages contre 254 adopta l'ensemble des dispositions relatives à l'organisation du pouvoir exécutif et à sa transmission.

Après quatre années de luttes et d'incertitudes, de débats stériles, de périlleuses expériences provisoires, la République sortait victorieuse de cette bataille et devenait la forme de gouvernement légalement reconnue en France.

XXI

Ce résultat fut dû à Gambetta, non à lui uniquement, mais à lui principalement. Par ses harangues passionnées, il avait empêché la flamme républicaine, la vraie flamme patriotique, de s'éteindre dans le pays et il l'y avait avivée. Profitant avec une merveilleuse adresse politique de l'impuissance incontestable des partis monarchiques, il avait conseillé aux républicains un changement de front qui leur avait permis de remporter la victoire. Sa maxime : « La modération, c'est la raison politique », avait uni la sagesse à l'habileté. Cette maxime a été discutée, cette politique a été combattue. Elles furent l'une et l'autre hautement patriotiques. Il n'avait pour but en les énonçant, en les soutenant, que de servir les meilleurs intérêts de la France.

Le discours qu'il prononça le 22 avril 1875 à Belleville,
en rendant compte à ses électeurs de son mandat, est
la preuve irréfragable de sa sincérité. Modèle d'éloquence populaire, tour à tour frappant, ironique, en-
joué, mais toujours admirablement lucide, ce discours,
où il expose spirituellement le rôle du Sénat qu'il appela
« le grand conseil des communes françaises », ne laissa
plus une ombre de défiance dans l'esprit de son immense auditoire, composé, pour ainsi dire, tout entier
d'hommes du peuple. Les ultra-radicaux eux-mêmes,
qui étaient là, furent persuadés.

CHAPITRE VI

ACTES ET PAROLES

I

« Les sociétés ne commencent pas par l'idéal; les agglomérations humaines ne vont pas d'un seul bond, ni à la perfection absolue, ni même à un état meilleur : le progrès est œuvre de temps et de patience. »

Ces paroles de Gambetta, dites à Belleville le 23 avril 1875, traduisaient exactement toute sa pensée politique. Lorsqu'on envisage celle-ci impartialement, dans son évolution naturelle, on saisit toute la hauteur de cette belle intelligence. Il y a une différence entre le langage du défenseur de Delescluze, lors du procès Baudin, et celui de l'orateur instruit par la connaissance des affaires publiques; mais cette différence n'est pas illogique. Il faut juger un homme politique sur tout l'ensemble des actes de sa vie et non sur une période isolée de son activité. De même que les événements de l'histoire se relient les uns aux autres comme des chaînons d'une même chaîne, quoique chacun de ces chaînons ait un caractère distinct, de même la carrière d'un grand citoyen se compose d'une série de faits dont il importe d'examiner, non seulement la succession, mais aussi la loi générale. Ces faits sont, en outre, inséparables des circonstances qui les ont suscités. Vouloir les apprécier séparément revient à tronquer le texte d'un livre pour s'en servir, comme d'une arme, contre celui qui l'a écrit. Et, quand il s'agit d'une carrière politique, cette vérité est encore plus indéniable.

On se ferait donc une idée tout à fait inexacte de ce que fut l'œuvre de Gambetta si l'on mettait simplement en regard les deux portraits que l'on pourrait faire de

lui en le peignant tel que nous l'avons vu vers la fin de
l'empire, puis tel qu'il s'offre à l'observation au moment où nous sommes de notre récit. De ces deux
physionomies, l'une est éclairée par le flamboiement
d'une âme jeune et ardente, ne songeant, pour le pays,
qu'à la liberté; l'autre, non moins expressive, est plus
virile et plus réfléchie. Mais, interrogez-les longuement
et vous verrez les traits qui accusent leur ressemblance.
Que veut ce jeune avocat mettant en accusation l'empire? Il s'élève contre les ennemis de la patrie à l'intérieur comme il s'élèvera plus tard contre l'étranger
envahissant notre territoire. Et sachant que, ni avec les
bonapartistes, ni avec les Allemands, il n'y a de compromis à faire, ni de modération à employer, il est
violent, fougueux, intransigeant. C'est son devoir, et
il l'accepte, et il y reste fidèle et il y rappelle ceux qui
l'oublient. Que veut, d'autre part, cet homme dont les
années ont mûri vite à l'école du dévouement patriotique? Il n'a changé ni de conduite, ni de principes;
mais les ennemis qu'il a charge de combattre ne sont
plus les mêmes et les armes qu'il doit employer pour
vaincre ne sauraient être celles dont il s'est servi précédemment. Car, parmi ces ennemis de la patrie, auxquels il s'adresse maintenant, il y en a qui céderont
à la persuasion, qui se rallieront à la cause dont il est
le champion quand il leur en aura démontré la justice
et le droit. Sans doute, plusieurs de ses amis, se rappelant sa virulence première, s'étonnaient de cette
seconde phase de son attitude. Et de là des dissidences. Mais est-ce à dire qu'on les puisse appeler
des contradictions entre ces deux états d'âme d'un
même homme? Gambetta s'est chargé de répondre
et a très nettement défini sa personnalité lorsqu'il
disait, le 29 mars 1875, sur la tombe d'Edgar Quinet,
un républicain de la vieille école :

Il est arrivé, surtout dans les derniers temps, que l'on a
parlé de certaines dissidences; je veux m'en expliquer devant
cette tombe qui va renfermer pour jamais les restes vénérés

d'un ami sûr, dont les sages conseils survivront à la mort.

Ces dissidences n'ont jamais pu altérer, n'altéreront jamais l'accord indestructible sur le fond des choses. Oui, mes concitoyens, nous sommes et nous resterons toujours d'accord pour atteindre le même but, c'est-à-dire l'avènement de la démocratie, son installation définitive, complète, pacifique, dans le cadre régulier des institutions politiques et sociales de la France; la victoire, enfin, d'une sage et laborieuse démocratie, tenace et patiente, qui a inscrit sur son drapeau politique cette devise qui nous donnera la victoire : « Alliance de la bourgeoisie et du prolétariat. »

Je le répète, nous sommes dans la tradition de nos devanciers; leurs principes sont les nôtres : seules les méthodes ont changé pour les protéger et les défendre.

En effet, ce n'est pas pour jouir à la façon des despotes que la démocratie est devenue souveraine dans ce pays. En devenant maîtresse elle se trouve en face de grands devoirs. Ayant le pouvoir, elle a les difficultés. Il faut gouverner quand on est la majorité; il faut être digne de garder le pouvoir quand on l'a pris. C'est pourquoi il faut s'astreindre au travail, à la discipline, à la patience, à l'esprit de combinaison, d'arrangement; il faut savoir allier la prudence à la force. C'est là la tâche qui s'impose à tous ceux qui veulent gouverner les hommes, les hommes étant faits de passions et d'intérêts, et les gouvernements étant, dans les principes de la Révolution française, les premiers serviteurs des peuples.

II

Il n'y a eu, en effet, dans toute la vie de Gambetta qu'un seul mobile et un seul but : sauver la France partout où elle était en danger, la sauver en ne cessant de lui consacrer fidèlement tout ce qu'il avait d'intelligence, de force, d'inspiration et mettre au service de la patrie tout ce qu'il devait lui-même à la naissance, à l'éducation et à la volonté. Sauver la France, qu'était-ce autre chose que se dresser contre l'Empire, et, par tous les moyens, travailler à sa chute? Sauver la France, qu'était-ce encore sinon disputer pied à pied aux Allemands le sol français violé, grâce à l'incapacité de Gramont, à l'impéritie des Ollivier, à la forfanterie des Lebœuf, à la trahison de Bazaine? Sauver la France qu'était-ce, enfin, sinon sauver la République? Et, pour assurer le salut de celle-ci, ne fallait-il point donner l'exemple de la sagesse et de la modération à la majorité de la France?

De même que dans le discours du procès Baudin, il avait tracé tout son programme d'action contre l'Empire, de même que dans ses harangues et ses proclamations après Sedan et Metz, il avait expliqué tous ses desseins contre l'invasion allemande; de même dans son discours de Bordeaux, il avait donné toutes ses vues sur le rôle à prendre par le parti républicain après la conclusion de la paix malheureuse.

Et il avait poursuivi l'exécution de chacun de ces programmes avec une indomptable persévérance. Rompant hardiment avec les traditions du barreau, il avait, dans l'enceinte même du tribunal, en présence de juges nommés par l'Empire, arboré le drapeau de la révolte contre l'Empire et l'empereur. Rompant avec toutes les traditions stratégiques, il avait, quand la France était vaincue, proclamé qu'elle ne se rendrait pas aux vainqueurs et, pendant cinq mois, il avait tenu tête à un ennemi alors dix fois supérieur en nombre et dix fois plus aguerri. Rompant enfin avec les traditions de l'école révolutionnaire, dans la lutte législative, il avait prouvé à ses amis, non sans patience, non sans épreuves, que le seul moyen de conduire les affaires d'un pays, c'est d'aborder chaque difficulté séparément.

« Pour les mieux résoudre toutes, dit un écrivain républicain, il porta à l'Assemblée non seulement un esprit politique, mais un esprit pratique. Ce qu'il recommandait à tous, il a été le premier à l'exécuter. Dans les séances, actif et exact, laborieux dans les commissions, forçant les adversaires eux-mêmes à reconnaître son instruction et ses capacités,

au courant de toutes les questions, les plus petites
comme les plus grandes, les plus techniques comme
les plus générales ; à la tribune, plein d'argumentation
vigoureuse et de passion véhémente, habile à saisir
aussitôt dans une discussion le moment opportun, à
profiter de la moindre faute des adversaires ; aux instants de crise où tant d'autres hésitent et attendent, se
décidant aussitôt, prenant position, inspirant la confiance par sa résolution, sachant se dégager aussi bien
que s'engager, s'instruisant par ses fautes mêmes, et
le premier à n'y pas persévérer ; c'est pourtant en
dehors de cette action publique si considérable, la
seule qu'ait pu voir la foule, qu'a été sa principale
influence parlementaire. Elle a été dans les coulisses
du Parlement, où se déployait son habileté à se ren-
seigner, à découvrir les plans des adversaires, à reconnaître, aux jours de péril, ceux des adversaires avec
lesquels un accord momentané pouvait être conclu ;
elle a été plus encore dans ce groupe de l'Union républicaine dont son talent le faisait chef. Ce qu'il a
dépensé de raison convaincante, de pressante éloquence, d'enlaçantes séductions, dans les réunions des
députés républicains, dans les conversations avec les
uns et les autres ; pour calmer les impatiences, pour
apaiser les irritations, pour montrer les avantages de
telle ou telle concession, pour inspirer l'esprit de discipline, ceux-là seuls le savent qui ont été mêlés de
près, depuis 1871, à la vie politique.

« Tel a été cet « opportunisme » longtemps combattu, longtemps contesté, qui a fini cependant par
triompher, et auquel est dû le succès définitif de la
République (1). »

(1) Charles BIGOT. — *La Fin de l'anarchie.*

III

La République avait été reconnue par le vote du
25 février 1875, mais les républicains n'étaient pas
pour cela les maîtres de la situation. La majorité de
l'Assemblée restait une majorité réactionnaire. Le
ministère Buffet, qui était au pouvoir, n'avait aucune
tendance républicaine idéale, il ne s'entourait d'une
armée administrative et électorale de fonctionnaires
républicains, que pour fermer ou interdire les meetings
démocratiques. Toutes ses mesures tendaient au fond
à surexciter les partisans de la République. Mais ceux-
ci, sagement conseillés par Gambetta, ne donnèrent
aucune prise à une répression calculée d'avance par
le gouvernement. Dans quelques mois auraient lieu les
élections sénatoriales et bientôt aussi, sans doute, les
élections générales. La patience, la prudence, l'abstention de toute agitation, étaient donc indiquées. Gambetta ne s'en départit qu'en une seule occasion, lorsque,
le 15 juillet 1875, outré des menées impérialistes et de
l'appui que semblait leur donner M. Buffet, il attaqua
celui-ci avec sa véhémence accoutumée.

Quand l'Assemblée reprit ses travaux après les
vacances, le 4 novembre suivant, Gambetta intervint
dans les discussions sur le mode de scrutin. Il soutint
le scrutin de liste, mais ce fut le scrutin d'arrondissement qui l'emporta.

Les questions brûlantes ne tarderaient pas à surgir.
Tout d'abord, il s'agit du choix des sénateurs inamo-
vibles, au nombre de soixante-quinze. Ce choix appartenait à l'Assemblée, mais comment exercerait-elle son
droit de nomination? Puisque la majorité parlementaire
était réactionnaire, ne ferait-elle pas entrer dans le Sénat

soixante-quinze porte-parole de la réaction? La gauche
le craignait, et ces craintes pouvaient paraître jus-
tifiées; mais Gambetta la rassura. Pour lui, la droite se
morcellerait, comme elle l'avait fait lors du vote de la
constitution, et les républicains n'avaient qu'à lui
opposer une union compacte. Les résultats lui donnèrent raison. Le scrutin du 9 décembre prouva qu'il
n'existait aucune entente entre les groupes de la majorité, et que la division de celle-ci laissait en définitive
tout avantage à la cohésion républi-
caine.

La dissolution de l'Assemblée était
prochaine. Après avoir fixé les élections sénatoriales au 30 janvier et les élections générales au 20 février. elle se
sépara.

Spuller.

IV

Gambetta recou-
vre toute sa prodi-
gieuse activité. Il prend une part considérable aux
deux batailles électorales. A Paris, il fait triompher
les candidatures de Victor Hugo et de M. de Freycinet
au Sénat. A Aix, à Marseille, il insiste sur la nécessité
de faire prévaloir les listes de conciliation. Dans les
réunions qui précèdent les élections législatives, il
prend à tâche de conseiller la modération. Pour faire
triompher ses vues, il se présente en même temps
dans cinq circonscriptions : à Paris, à Marseille, à

Lille, à Bordeaux, à Avignon, et dans chacune d'elles
il prononce des discours qui ont pour objet de pré-
ciser sa politique. Le 2 février, il parle à Paris en
faveur du candidat sur lequel il peut compter le plus :
Spuller. Le 6, il parle à Lille; le 9, à Bordeaux; le 15,
pour la seconde fois à Paris; le 17, dans la petite
ville de Cavaillon, aux environs d'Avignon. Tous ces
discours, variés avec un art infini dans la forme, avaient
au fond le même thème. L'orateur ne cessait, partout
où il se trouvait en présence des électeurs, de les
engager à persévérer dans cette fermeté prudente et
circonspecte dont il avait donné les formules. Il les
exhortait à ne se pas laisser enivrer par le succès et
à tenir compte toujours des obstacles, des difficultés,
des préjugés, à ne pas croire que l'on puisse
impunément oublier, un jour, une heure, la nécessité
de substituer la politique pratique à la politique des
illusions.

Il leur représentait combien il était dangereux de ne
voir dans la politique qu'un simple jeu des partis in-
triguant dans les couloirs et les commissions de la
Chambre. Au vrai, la politique réclamait un travail
incessant, l'expérience acquise par l'observation calme
et réfléchie, la continuité des efforts. La politique bonne
et efficace ne pouvait s'appuyer que sur l'immense
labeur et l'immense dévouement.

Belles et saines paroles qui ne devraient jamais sortir
de la mémoire du peuple. Gambetta les commentait
encore en ajoutant que, pour lui, sa politique était
restée toujours d'accord avec sa philosophie, que ni
l'une ni l'autre n'admettait l'absolu, qu'il ne croyait
qu'à la possibilité du relatif, et que par conséquent la
conduite à tenir dans l'étude ou dans la direction des
affaires publiques devait procéder des intérêts et des
besoins, s'adapter à ceux-ci et changer avec eux.

On comprend que ses auditeurs, parfois peu fami-
liarisés avec ce langage, où chaque idée a sa signification mais veut être entendue dans le vrai sens qu'on

lui donne, n'aient pas assuré dans toutes les circonscriptions le même accueil à l'orateur et que, sous la
pression officielle exercée au profit du candidat gou-
vernemental, il y ait eu contre Gambetta des manifestations hostiles. A Cavaillon, on l'injuria, le menaça;
quelques misérables ivres le menacèrent de mort, lan-
cèrent des pierres dans les vitres de la salle où avait
lieu la réunion. Il ne put échapper à des voies de fait
que grâce à la protection dont l'entouraient ses amis.

Les élections législatives n'en exprimèrent pas moins
la volonté du peuple affirmant la souveraineté des
principes démocratiques. Elles donnèrent aux républicains trois cents sièges sur cinq cent trente. Gambetta fut élu dans quatre collèges (1), tandis que
M. Buffet, président du Conseil, se voyait mis en minorité partout où il s'était présenté. C'était une démonstration aussi complète que possible de la direction à
donner par le gouvernement à la politique pour
répondre aux vœux du suffrage universel. M. Buffet
n'avait qu'à se démettre. Le cabinet qu'il présidait se
retira le 23 février.

V

C'est un usage dans les pays constitutionnels et
presque une loi pour le chef de l'État de choisir ses ministres parmi les représentants les plus autorisés de la
majorité législative et, lorsque celle-ci se déplace, d'offrir la présidence du Conseil et les divers portefeuilles
aux hommes qui ont contribué le plus directement à la
chute du cabinet démissionnaire. Le maréchal de Mac-
Mahon aurait donc dû faire appel aux leaders de la
gauche, à Thiers, où si celui-ci déclinait le pouvoir, à
Gambetta. Mais le maréchal, dont la bravoure mili-

____

(1) à Paris (Belleville), à Lille, à Bordeaux et à Marseille.

taire était admirée par tous les partis, n'avait pas d'idée
bien exacte des obligations de son rôle constitutionnel.
Il croyait possible de faire prévaloir ses opinions personnelles et de résister au courant de l'opinion électorale et parlementaire. Persuadé que la gauche voulait
l'anarchie, il
s'arrogea la mis-
sion de défen-
dre le pays con-
tre elle. Chef
d'un État démo-
cratique, il n'é-
tait pas homme
à faire beaucoup
de progrès dans
la voie de la dé-
mocratie. Aussi
chargea-t-il, et
encore malgré
lui, Dufaure de
former le ca-
binet.

De la même
génération que
Thiers et, com-

Dufaure.

me lui, ancien ministre libéral de Louis-Philippe,
M. Dufaure n'était pas un homme nouveau. Charentais,
ayant les qualités énergiques de sa race, il avait vieilli
sous le harnais politique. Son libéralisme l'avait rallié à
la République en 1848, et il était resté si strictement fidèle
à sa foi républicaine qu'après le coup d'État, on l'avait
vu rentrer complètement dans la vie privée, demeurant
éloigné des affaires politiques pendant toute la durée
de l'Empire; il n'avait consenti à rentrer dans l'arène
parlementaire que sur les sollicitations pressantes de
Thiers, qui lui avait confié le portefeuille de la justice
en février 1871. Démissionnaire en mai 1873, à la chute
de Thiers, il avait repris son siège de député sur les

bancs du centre gauche dont il était le principal chef.

Par son intégrité, sa rigidité envers lui-même, sa sévérité envers les autres, M. Dufaure s'était concilié l'estime de tous ses collègues. On pouvait se reposer sur un homme de sa valeur et de son honnêteté : on avait la certitude qu'avec lui le gouvernement de centre gauche ne se jetterait dans aucune aventure, n'accepterait aucun pacte louche ou déloyal.

Gambetta, qui avait opté pour Paris et était devenu naturellement le chef de la majorité nouvelle, crut pouvoir opérer la fusion de tout le parti républicain, afin d'en finir avec les dissidences des groupes séparés et indépendants. C'était une conception de grand et profond politique qui aurait évité bien des faiblesses et des fausses routes parlementaires en créant dans la Chambre et le Sénat une homogénéité d'action forte et féconde, sans laisser le temps et les travaux se perdre en dissensions et en intrigues stériles. Car le danger de la désunion possible entre les divers éléments de la majorité subsistait et les tronçons du parti vaincu pouvaient se rapprocher si on ne leur en ôtait pas tout moyen, et si on ne les empêchait pas de diviser les républicains pour reconstituer leur propre force. Gambetta et ses amis voyaient très clairement ce qui se passerait si on ne fermait pas tout chemin aux menées antirépublicaines. Il put croire un instant au succès de son projet. Le 7 mars, plus de trois cents députés et sénateurs se réunirent en une assemblée plénière et acceptèrent les vues du chef de la majorité. Le 12, il y eut une nouvelle réunion, dans laquelle, après un discours de Gambetta recommandant une fois de plus la modération, on adopta la résolution d'exiger du ministère une épuration immédiate du personnel administratif et une éviction de tous les fonctionnaires réactionnaires. Le cabinet, soit qu'il se crût appuyé par une forte majorité compacte, soit qu'il se sentît poussé en avant malgré lui, céda, sans hésitation, à cette demande et promit de prendre, sans retard, des mesures. Mais, à

ce moment même où tout paraissait résolu, des divergences se produisirent le 24 mars entre la gauche et le
centre gauche, qui reformèrent leurs groupes distincts.
L'extrême gauche seule resta d'accord avec Gambetta.
Celui-ci, voyant son projet échoué, reprit son ancienne
place dans le groupe de l'union républicaine recons-
titué. Les républicains virent dans la suite combien était
grande la faute qu'ils avaient commise en ne suivant
pas ses avis. Mais il était trop tard : il y a, en politique,
des fautes irréparables.

VI

Le ministère Dufaure n'était plus viable dans ces conditions avec un président de la République, prisonnier
de la réaction, un Sénat à demi hostile, une Chambre
indisciplinée. Il se retira sur la question de l'amnistie
proposée pour les faits insurrectionnels de la Commune. Dans l'intervalle, Gambetta, nommé président
de la commission du budget, avait donné de nouvelles
preuves de ses qualités politiques et s'était révélé aussi
compétent dans les arides matières financières que dans
les autres sujets soumis aux débats législatifs. Son rapport sur les réformes à introduire dans l'assiette de
l'impôt, ses idées larges relatives à l'impôt sur le
revenu, témoignaient, une fois de plus, de la sagacité de son esprit, de sa promptitude de décision et
de son habileté dans la mise à exécution de ses vues.
Il était prêt et documenté pour toutes les discussions,
aussi éloquent quand il s'agissait d'élucider le problème
abstrait de la nomination des maires, que lorsqu'il combattait les prétentions du Sénat à vouloir modifier le
budget et à substituer ses prérogatives aux privilèges
que la constitution reconnaissait à la Chambre des députés. Il se distinguait surtout par sa vigilance alerte à
ne pas laisser son parti s'égarer, soit par des sollicita-

tions captieuses, soit par des impatiences funestes. Tout en opposant une inébranlable résistance à ceux qu'il regardait comme les ennemis intérieurs de la France, aux ultramontains, et que les libéraux les moins militants avaient eux-mêmes combattus à toutes les époques constitutionnelles, il restait modéré dans son attitude générale. Les radicaux intransigeants renouvelèrent contre lui leurs accusations de trahison. Plusieurs milliers d'électeurs de Belleville le sommèrent de comparaître devant eux. Il se rendit à leur appel, et, le 27 octobre, devant une assemblée de cinq mille personnes, dont beaucoup étaient très surexcitées, il s'expliqua comme il l'avait déjà fait (1).

Je viens rendre mes comptes, commença-t-il, le mot me plaît, et je suis peut-être le premier qui l'ai employé dans la ville de Paris, car c'est en effet à Belleville que nous avons contracté et le contrat tient toujours ; seulement, permettez-moi de vous dire que l'exécution en est soumise à des nécessités, et, pour employer un mot que l'on blâme souvent sans le comprendre, à des négociations inévitables ; car écoutez-le bien et sachez le retenir, je ne connais que deux manières de faire de la politique : il faut négocier ou se battre.

Eh bien, moi qui suis pour la négociation, je suis contre la bataille, je suis contre la violence ; j'ai voulu, dans la mesure de mes forces, substituer la politique du suffrage universel à la politique du sentiment, à la politique de la rue, à la politique — permettez-moi le mot — de la déclamation, je le dis sans être le moins du monde inquiet du retentissement de mes paroles. Quelle politique avons-nous suivie? On lui a donné des noms, on a dit que c'était une politique de transaction. Oui, car les hommes ne se gouvernent que par des transactions. On l'a appelée la politique des résultats et on l'a raillée. Ah! Messieurs, ces résultats ils sont là, ils nous crèvent les yeux, il ne s'agit que de les compter.

(1) Le 24 mars, à l'occasion de l'invalidation de M. de Mun, il disait : « Il ne s'agit pas ici de défendre la religion que personne n'attaque ni menace. Quand nous parlons du parti clérical, nous ne nous adressons ni à la religion, ni aux catholiques sincères, ni au clergé national. Ce qui nous préoccupe est de ramener le clergé dans l'Église, et de ne pas permettre qu'on transforme la chaire en tribune politique ; c'est de faire respecter la liberté électorale ; c'est d'assurer le libre combat aux opinions politiques qui n'ont rien à voir avec les questions cléricales. »

Et quand cette politique a abouti, quand la France l'a sanctionnée, quand, tous les jours, on voit les indifférents et les timides de la veille venir s'y rallier, lui apporter le concours de leur adhésion, de la considération sociale dont ils jouissent, de leur importance financière, vous croyez que c'est le moment où je l'abandonnerai sous les invectives de quelques-uns, sous la pression des ardeurs inconsidérées de quelques autres, jamais! car si nous sommes en République, avec une Chambre où domine une majorité sur la sagesse républicaine de laquelle tout le monde peut compter, c'est à elle que nous le devons. Oh! ce n'est pas à dire que nous en ayons fini, ni avec les violences, ni avec les dangers. Il est admirable de se proclamer tout de suite vainqueurs, de croire qu'on va changer le monde, qu'il suffit pour cela d'un peu d'audace, d'une rame de papier et d'une fiole d'encre; mais les sociétés humaines ne se transforment pas d'un coup de baguette magique, il y a des résistances. Ces résistances, elles sont assez graves, assez menaçantes, assez passionnées pour avoir éveillé notre attention, et je ne me plains pas de ces violences, au contraire, car elles sont pour ceux qui les commettent une cause de discrédit dans le pays? Et quand on compare le déchaînement des passions et des coalitions réactionnaires soumises à la sagesse du parti républicain, soyez sûrs que non seulement la France, mais toute l'Europe se prononce pour le véritable parti de la liberté.

Parlant ensuite de la proposition d'amnistie que Raspail demandait entière et sans réserves, que M. Magne, au contraire, croyait plus sage de répartir en catégories, il se ralliait à cette dernière opinion, en démontrant qu'il était aussi périlleux de s'associer à des générosités sentimentales qu'à des passions humaines.

Permettez-moi de vous rappeler, ajouta-t-il, que lorsque nous sommes entré, nous dernier-né à la vie politique, il y a de cela quelque vingt ans, nous nous sommes trouvé seul, isolé, sans guide, sans patron, sans rien qui pût nous indiquer la route à suivre; nous arrivions dans les ténèbres, et quelles ténèbres! les ténèbres que faisait l'ombre des ailes de l'aigle déchaîné sur la France! Et quand nous demandions la cause de ce crime triomphant — car il y a des causes, Messieurs, aux crimes qui triomphent, — savez-vous ce qu'on nous répondait?

On nous répondait que ce qui avait rendu l'attentat possible, c'était la peur suscitée dans le pays, la terreur provoquée par la violence des paroles des braves gens qui, au fond, étaient les plus débonnaires du monde. Mais la terreur avait tellement troublé les cervelles, qu'on n'attendait plus qu'un maître; ce maître, cet aventurier, ce caporal obscur et louche passa, et il suffit de lui pour arrêter pendant vingt ans l'essor de l'humanité.

Savez-vous alors ce que nous nous sommes dit? Nous nous sommes dit qu'après avoir lutté contre ce César d'aventure, si jamais on pouvait en débarrasser la France, pour nous commencerait une nouvelle politique, une politique de sagesse, une politique de mesure qui ne livrerait rien au hasard et qui aurait surtout pour axiome fondamental de rassurer les intérêts et de rallier les esprits.

Cette rupture avec les énergumènes était sensée mais hardie. Gambetta ne pouvait rester davantage sous le reproche d'être l'esclave de ses attaches radicales, de ceux qu'on l'accusait de traîner après lui comme une queue révolutionnaire. Suivant une expression, alors très répandue, il « coupa cette queue ». Les intransigeants ne le lui pardonnèrent jamais.

VII

Le 13 décembre, Jules Simon prit la succession ministérielle de M. Dufaure. Le nouveau chef de cabinet était un homme politique adroit, un des maîtres de l'éloquence parlementaire, un esprit plein de modération et de conciliation. Tout son passé républicain, sa carrière universitaire, ses ouvrages d'une haute philosophie, d'une grande élévation de style et de pensées lui avaient valu une renommée universelle et une véritable popularité dans les classes modérées en France. Il paraissait bien l'homme de la situation, capable, si cette tâche n'était pas absolument impossible, de faire revenir le maréchal de ses craintes croissantes, de rassurer les conservateurs et les cléricaux, de tenir la

majorité libérale dans ses mains et, s'appuyant sur les
deux centres, gauche et droit, de rester longtemps au
póuvoir. Mais la gauche refusa de se laisser conduire.
Elle exigea de lui, sous peine de le renverser, l'acceptation d'un ordre du jour déclarant « les menées ultra-
montaines dangereuses pour la sécurité intérieure et
extérieure du pays, antipatriotiques et en violation
flagrante avec
les lois consti-
tutionnelles ».
C'était un défi
lancé au centre
droit. Jules Si-
mon crut ne pas
devoir tenir
compte de l'hos-
tilité de ce der-
nier, mais il ne
s'attendait pas à
celle du maré-
chal. Aussi son
étonnement fut-
il au comble
lorsque le pré-
sident de la Ré-
publique lui

Jules Simon.

écrivit que sa propre responsabilité devant le pays
l'obligeait à se séparer de lui.

Cette intervention directe du chef de l'État dans un
différend législatif était indiscutablement inconstitutionnelle. Jules Simon n'avait pas été mis en échec
dans la Chambre. Il pouvait continuer à gouverner
avec la majorité, et c'était en réalité parce qu'il avait
cette majorité pour lui que le maréchal le congédiait,
comme il eût fait d'un serviteur dont on se débarrasse
dès qu'on le trouve gênant. Dans l'entrevue entre le
ministre et le président de la République, ce dernier ne
voulut pas revenir sur sa décision, prétendant qu'il

était allé jusqu'aux extrêmes limites des concessions et qu'il ne pouvait garder un ministère « remorqué par M. Gambetta ».

La nouvelle de ce conflit de cabinet se répandit dans Paris comme une traînée de poudre. La gauche s'assembla. Gambetta insista sur l'urgence d'une action compacte contre l'ennemi commun. Une seconde réunion eut lieu dans la soirée. Le chef de l'Union républicaine y déclara « qu'il fallait signifier sans retard au maréchal de Mac-Mahon que la France, à qui il avait fait appel contre le Parlement, serait avec le Parlement contre toute tentative de pouvoir personnel et de gouvernement ultramontain ».

Le coup d'État du 16 mai trouvait devant lui l'adversaire du coup d'État du 2 décembre. Gambetta, dans la séance du 17 mai, prit, avec l'accord tacite de tous les groupes républicains, la direction du mouvement de résistance. Il interpella non le nouveau ministère antiparlementaire de Broglie-Fourtou que le Parlement ne pouvait reconnaître, mais le maréchal personnellement. Il parla avec modération mais avec fermeté, déclarant qu'il était plein de respect pour le président de la République qu'on avait trompé, et le conjurant de rentrer dans les voies constitutionnelles, les seules où le chef de l'État et la législature pussent marcher avec sécurité. La constitution avait proclamé le gouvernement du pays par le pays, elle devait être exécutée loyalement et réellement. Le président de la République n'avait pas de responsabilité personnelle en dehors de la responsabilité légale, et celle-ci ne se plaçait pas constitutionnellement au-dessus de la responsabilité parlementaire et de la responsabilité ministérielle. Ceux dont le maréchal avait un instant écouté les conseils étaient ses pires ennemis et ne pouvaient le conduire qu'à sa ruine. L'orateur ajoutait qu'il ne voulait pas faire la moindre réflexion quant à la personne du président de la République, mais que cependant il lui était permis de dire que le maréchal, dont la gloire

avait toujours été si grande sur les champs de bataille,
dont les services rendus à la patrie au prix de son sang
et de sa vie étaient l'objet de l'admiration de toute la
France, n'avait pas consacré sa carrière pleine de faits
héroïques à l'étude des combinaisons politiques et de
l'équilibre parlementaire, et que, conséquemment, il
était, plus que tout autre chef d'État peut-être, exposé
aux machinations de ceux qui, tirant avantage de sa
droiture, le poussaient à se faire le champion de doctrines et de théories dont ils connaissaient mieux que
lui les terribles effets et les immenses difficultés.

Messieurs, ajouta-t-il en s'adressant à ses collègues, Messieurs, il faut en finir avec cette situation, et il vous appartient
d'y mettre un terme par une attitude à la fois virile et modérée.
Demandez, la Constitution à la main, le pays derrière vous.
demandez qu'on dise enfin si l'on veut gouverner avec le parti
républicain dans toutes ses nuances, ou si, au contraire, en
rappelant des hommes repoussés trois ou quatre fois par le
suffrage populaire, on prétend imposer à ce pays une dissolution qui entraînerait une consultation nouvelle de la France.
Je vous le dis, quant à moi, mon choix est fait, et le choix de
la France est fait aussi : si l'on se prononçait pour la dissolution, nous retournerions avec certitude et confiance devant le
pays qui nous connaît, qui nous apprécie, qui sait que ce n'est
pas nous qui troublons la paix au dedans, ni qui inquiétons la
paix au dehors. Je le répète, le pays sait que ce n'est pas nous,
et, si une dissolution intervient, une dissolution que vous aurez
machinée, que vous aurez provoquée, prenez garde qu'il ne
s'irrite contre ceux qui le fatiguent et l'obsèdent! Prenez garde
que, derrière des calculs de dissolution, il ne cherche d'autres
calculs et ne dise : La dissolution, c'est la préface de la guerre!
Criminels seraient ceux qui la poursuivraient dans cet esprit!

La Chambre, en réponse à ces exhortations, vota, par
une majorité de 347 voix contre 149, la résolution
adoptée la veille dans la réunion générale des gauches.
Le maréchal répliqua par un message présidentiel dont
M. de Fourtou donna lecture dans la séance du 18. Ce
message déclarait que le président de la République,
après avoir vainement essayé de gouverner avec un
ministère de gauche, était décidé à faire appel à ceux

qui croyaient nécessaire de consolider la République, en y introduisant de grands changements dans les institutions administratives, judiciaires, financières et militaires.

Le même jour les Chambres furent prorogées pour un mois.

VIII

Gambetta rédigea, avec quelques-uns de ses amis, une protestation contre le manifeste présidentiel. Cette protestation fut votée par 363 députés de la gauche.

Aussitôt la campagne de défensive contre le gouvernement anticonstitutionnel commença.

Le ministère de Broglie-Fourtou n'hésita pas à s'embarquer, comme le dit M. Reinach, dans une politique de corruption et de violence. Il révoqua tous les petits fonctionnaires suspects d'attachement à la République. Il invita les tribunaux à poursuivre avec la dernière rigueur la presse républicaine. Il donna l'ordre à la police de traquer les colporteurs des écrits hostiles au gouvernement. Ce fut une vraie bataille. Thiers y entra avec une ardeur toute juvénile, en redevenant ce qu'il était en 1830, quand, dans *le National*, il s'était attaqué à M. de Polignac, et avait, avec Armand Carrel, culbuté le trône de Charles X.

Mais l'âme du mouvement était Gambetta. Il avait son quartier général dans les bureaux de *la République Française*, et tous ses collaborateurs donnaient, obéissant à son énergique et infatigable impulsion. En même temps, il allait en province, à Amiens, à Abbeville, prêcher la résistance légale et l'union.

Le 16 juin, à la rentrée des Chambres, où le débat se résuma en un duel parlementaire entre lui et le ministère, M. de Fourtou l'attaqua avec violence, en lisant les déclarations du leader républicain à ses électeurs de

Paris, en 1869, déclarations assurément aggressives, mais qui ne pouvaient être autres puisqu'elles étaient dirigées contre l'Empire. Gambetta, au milieu des clameurs, des vociférations, des insultes, fut, dit un témoin impartial (1), « magnifique ». Dédaignant les invectives de ses ennemis, il démontra la position inconstitution-

Le libérateur du pays, le voilà !

nelle du ministère, et, faisant allusion à la dissolution prochaine de l'Assemblée, il s'écria :

Écoutez maintenant : en 1830, on est parti 221 et on est revenu 270. J'affirme que, partant 363, on reviendra 400.

Ce fut pendant cette session, la plus tumultueuse qu'aient jamais eu à signaler les annales parlementaires, que se produisit un incident d'un caractère particulièrement dramatique. M. de Fourtou, en parlant de l'Assemblée de 1871, dit qu'elle avait délivré le pays

(1) M. Wasbburn, qui était alors ministre des États-Unis à Paris.

de la présence des Prussiens. Gambetta qui avait jusqu'alors écouté ce discours avec un silence contenu, se dressa tout à coup, et d'une voix indignée, repoussant l'affirmation du ministre en même temps que d'un geste superbe, il désignait à tous ses collègues M. Thiers, il lança ces paroles : « Le libérateur du pays, le voilà ! » Toute la gauche se leva et un tonnerre d'applaudissements salua l'illustre vieillard.

IX

La constitution ne permettait au président de la République de prononcer la dissolution qu'avec le concours du Sénat. Mais les conservateurs avaient la majorité dans la « Chambre haute ». Celle-ci ne refusa pas son consentement au maréchal, d'autant plus qu'il la menaçait, en cas de refus, d'en appeler au pays. La dissolution fut donc votée par une faible majorité sénatoriale (149 voix contre 130), et le 25, la Chambre, après avoir voté les ressources budgétaires, tint sa dernière séance.

La lutte était engagée sur le terrain électoral. Gambetta l'entreprit avec une incroyable ardeur. Nous ne la raconterons pas ici dans tous ses détails. Elle fut victorieuse pour les républicains et il n'en pouvait être autrement. La coalition antirépublicaine manquait de discipline. En outre, ni les orléanistes ni les légitimistes n'avaient l'expérience de la conduite des électeurs. Les impérialistes, plus exercés sous ce rapport, profitèrent de cette incapacité. Dans beaucoup de collèges où les conservateurs avaient eu le dessus, ils échouèrent par suite de manœuvres bonapartistes. Les républicains, au contraire, marchèrent au scrutin comme un seul homme. Ils avaient à cœur de renvoyer à la Chambre les 363, en augmentant le nombre des députés de gauche. Gambetta trouva, une fois de plus, la formule du moment, ou, suivant une expression consacrée, la plate-forme électorale. Dans un discours resté fameux, qu'il prononça le 15 août à Lille, à la fin d'un banquet, en une phrase qui devint le mot d'ordre des électeurs, il résuma tout le conflit :

Quand la France aura fait entendre sa voix souveraine, croyez-le bien, il faudra se soumettre ou se démettre.

Il faisait en même temps la critique de la dissolution de la Chambre, prononcée sans prétexte, sans motif, sans raison, et stigmatisait les manœuvres du cabinet depuis cette époque.

Vous, disait-il, en s'adressant aux ministres de la réaction. vous, à qui on ne pouvait que si difficilement arracher une seule signature pour changer un seul fonctionnaire; vous qui criiez sans cesse contre les hécatombes faites par les ministres républicains, on vous a vus, en moins de huit jours, presque en une nuit, bouleverser tout le personnel administratif, chassant tous ceux qui vous déplaisaient, avec la dernière violence. sans tenir compte des ruines qui sont la conséquence de ces expulsions, sans tenir compte des droits acquis ni des légitimes exigences des populations. Ne songeant point aux intérêts du pays, vous avez chassé quiconque était soupçonné par vous d'être encore libéral, patriote ou républicain.

Oui, Messieurs, on a stipendié une certaine presse, toujours prête à vomir l'injure et qui se nourrit exclusivement de mensonges et de calomnies; on n'a réussi qu'à attrister la conscience du pays et de l'Europe par les infamies qu'on a laissé s'étaler au grand jour dans les papiers des auxiliaires les plus intimes du gouvernement, qui se disent conservateurs et qui n'emploient d'autres armes contre leurs adversaires politiques que l'injure, l'outrage et la calomnie.

On peut opposer à cette levée de plumes vénales et corrompues le dédain et le mépris qui surgissent dans ce pays de France contre ceux qui n'ont pas d'autre ressource pour vivre et pour durer : on peut s'en fier au bon sens français, à la rectitude de l'honneur national pour faire justice de ces tentatives qui ne sont déshonorantes que pour ceux qui les emploient ou pour ceux qui en profitent. Ce n'est pas, Messieurs, ce qui inquiète le pays, et il peut laisser passer sous ses pieds ce ruisseau chargé de bave et d'ordure.

Mais il y a plus, on tolère, on encourage, on subventionne,

dans des feuilles dont on garantit la circulation et la distribution, des appels à la force contre la constitution et contre le droit, des suggestions criminelles et persistantes à l'adresse de ceux qui détiennent le pouvoir, sans que la justice soit émue, sans que les ministres aient senti leur responsabilité atteinte ou éveillée.

X

On attendait le manifeste que Thiers avait accepté d'adresser à la nation en vue des élections prochaines. L'ancien président de la République avait invité Gambetta chez lui pour lui communiquer le texte de ce document. Tous deux à la tête du mouvement, il importait qu'il n'y eût aucune divergence dans leurs vues et leurs convictions.

Le 3 septembre 1877, quand Gambetta, de retour à Paris, se préparait à se rendre à la place Saint-Georges où devait avoir lieu l'entrevue, Thiers mourut subitement à Saint-Germain.

C'était une grande épreuve pour le parti républicain.

A la veille des élections générales d'octobre, alors que Thiers était, dans la pensée de tous, le candidat désigné pour remplacer à la présidence de la République le maréchal de Mac-Mahon vaincu par le suffrage universel, il sembla d'abord que cette mort serait une catastrophe pour la démocratie. Elle paraissait destinée à ramener à la réaction les voix des conservateurs les plus récemment convertis à la République. Elle pouvait susciter dans le camp des 363 des compétitions dangereuses. Elle rendait au gouvernement du 16 mai la confiance qui commençait à lui manquer.

C'est dans la grave situation créée par la mort de Thiers que le parti républicain montra vraiment qu'il était le seul digne de gouverner la France. S'il fut effrayé par la disparition soudaine de son chef le plus illustre, il ne le fut qu'un jour. Dès le lendemain, à la voix de Gambetta, il se rallia et continua sans plus d'hésitation la lutte contre le Seize-Mai. Il paya à Thiers le tribut d'hommages et de respects que méritait la mémoire du premier président de la République et du libé-

rateur du territoire. Il lui fit de magnifiques funérailles. Et il
se remit à l'œuvre, pour la défense de la République et des
conquêtes de 1789, mon-
trant ainsi que les leçons
des orateurs patriotes n'a-
vaient pas été perdues pour
lui.

Ce fut Gambetta qui con-
duisit ce second mouve-
ment, comme il venait de diriger, d'accord avec Thiers,
celui du 17 mai, et il débuta
par un acte de grande sa-
gesse et de plus grand dé-
sintéressement. Comme la
réaction cherchait à ex-
ploiter la mort de Thiers
pour poser la question électorale entre Gambetta et le
maréchal, Gambetta n'hé-
sita pas : chef reconnu de

Jules Grévy.

la résistance républicaine, maitre d'une popularité immense
que le procès intenté contre lui pour le discours de Lille avait
encore décuplée, il pouvait aspirer, dans le cas probable de là
victoire des 363, à la succession présidentielle. Il s'effaça
devant Jules Grévy. Il fut le premier à prononcer le nom de
l'ex-président de la Chambre des députés comme celui du
candidat éventuel à la présidence de la République. Et la voix
de Gambetta fut entendue (1).

XI

Deux jours après les funérailles du libérateur du territoire, le gouvernement traduisit en police correctionnelle, le 16 septembre, l'orateur de Lille, comme ayant
offensé le maréchal et ses ministres. Gambetta fut condamné par défaut avec *la République Française*, qui
avait reproduit le discours. Les juges lui infligèrent

(1) J. REINACH, *Léon Gambetta*. Alcan, éditeur, 1895.

2000 francs d'amende et trois mois de prison. Il en appela sur un point de droit, le jugement fut confirmé le 22 septembre. Il alla de nouveau en appel et avant que l'affaire revînt au rôle, le ministère de Broglie-Fourtou avait vécu.

En effet, pendant ces délais de jurisprudence, les élections s'étaient faites. Le gouvernement en avait reculé l'époque jusqu'à la dernière heure et même au delà des limites légales, mais il lui avait été impossible de les ajourner indéfiniment. Elles eurent lieu le 14 octobre. Les résultats ne répondirent ni à l'attente des républicains, ni à celle des conservateurs. Les premiers maintenaient la majorité, mais ne triomphaient pas sur toute la ligne : ils perdaient une cinquantaine de sièges. Le gouvernement, de son côté, malgré ce succès partiel, était en minorité impuissante. La nouvelle Chambre, en s'assemblant à Versailles le 7 novembre, nomma une commission de trente-trois membres pour ouvrir une enquête sur l'élection des candidats officiels. MM. de Broglie et de Fourtou tentèrent vainement d'endiguer le torrent qui les menaçait.

Vainement ils appelèrent le Sénat à la rescousse. C'en était fait d'eux. Le 23 novembre, ils durent se démettre et un ministère d'affaires les remplaça. L'enquête sur la nomination des députés de la droite se poursuivit. Il y eut plus de 80 invalidations.

XII

Dès l'avènement du ministère d'affaires présidé par M. Rochebouet, Gambetta, réélu membre de la Commission du budget, avait voté, avec ses amis, un ordre du jour de défiance contre le cabinet, en déclarant que la majorité parlementaire ne voterait pas le budget tant que le président de la République ne consentirait

pas à rentrer dans la Constitution. Cet ordre du jour
fut voté par 315 voix contre 204 et provoqua une
crise gouvernementale. Le maréchal ne savait à quoi
se résoudre. Soldat, il voulait demeurer jusqu'à la dernière heure, et surtout à l'heure du danger, au poste
qu'il tenait des représentants du pays. Il entendait
avant tout être conséquent avec ses paroles. Le mot
souvent répété qu'il avait prononcé en Crimée : « J'y
suis, donc j'y reste », était pour lui l'expression du
devoir.

Il ne pouvait en outre se décider à livrer le pouvoir aux mains de la gauche républicaine et radicale,
puisque à ses yeux les radicaux étaient les ennemis de
l'ordre. Il ne pouvait non plus attendre du Sénat un
nouvel acquiescement à une seconde dissolution. Sa
loyauté répugnait à un recours illégal, à la force
armée. Sa situation était perplexe. Il se trouvait littéralement dans l'impasse. La Chambre ne sachant
quelle décision il prendrait, retenait, en refusant de
voter le budget, les cordons de la bourse. Gambetta,
réélu président de la Commission du budget, s'opposait formellement à toute discussion à cet égard. Le
maréchal comprit enfin qu'une plus longue résistance
eût été coupable. Il ne se démit pas, mais se soumit.
Le 13 décembre, il accepta de nouveau un ministère de
gauche avec M. Dufaure, comme président du Conseil.

« C'est un homme sage, dit-il, je sais qu'il ne m'en-
traînera pas à une politique désastreuse. Je puis rester
à mon poste tant qu'il restera avec moi, mais le jour
où il s'en ira, je m'en irai aussi. »

Ce fut la fin du conflit. Sans doute, les républicains,
maîtres des affaires, avaient encore dans le président
de la République et dans le Sénat, non des ennemis
irréconciliables, puisque les armes de la réaction
étaient émoussées, mais un obstacle à la marche en
avant des réformes projetées. Mais des réélections sénatoriales devaient avoir lieu au commencement de
1879, la majorité se déplacerait très probablement dans

le Sénat, et alors la Chambre aurait le champ libre.
On touchait au moment où le parti de la République,
de la gauche, allait arriver au gouvernement et où il
aurait à faire l'application de son programme, à montrer par des faits ce que valaient ses aspirations, ses
théories et ses promesses. Telle était la question posée
à la fin de 1877.

XIII

Gambetta, en janvier 1878, entrait dans la période
la plus difficile de sa vie politique. Chef reconnu et
acclamé de la démocratie républicaine, il avait assuré
le triomphe de celle-ci par sa stratégie et son éloquence. C'était son habileté politique et la puissance de
sa parole qui avaient formé les majorités, qui, de lutte
en lutte, dans les collèges électoraux, étaient parvenues
à vaincre les monarchistes et à paralyser les manœuvres
de toutes les coalitions antirépublicaines. Comme orateur parlementaire et populaire il eût été impossible
de lui opposer un rival, de mettre n'importe quel
nom en parallèle avec le sien.

« Deux hommes, disait Charles Bigot, dans l'ouvrage
remarquable que nous avons déjà cité plus haut :

Deux hommes ont représenté et comme résumé en leurs
personnes cette double évolution du temps présent, l'une des
conservateurs vers la République, l'autre des républicains vers
la sagesse politique; deux hommes ont également contribué à
mettre un terme à l'anarchie qui se prolongeait depuis près
d'un siècle. Venus des deux points extrêmes de l'horizon,
sortis l'un des classes dirigeantes, l'autre des rangs de la démocratie, ils sont montés sur le vaisseau de la Patrie, et,
comme deux vaillants pilotes, unissant leurs efforts, ils ont
également travaillé à le conduire au port, au travers des écueils.

Et, comme il était bon que cela fût, pour symboliser cette
réconciliation de l'ancienne France conservatrice et bourgeoise
avec la nouvelle démocratie, il s'est rencontré que l'un de ces

hommes était un vieillard aux cheveux blancs, touchant pour ainsi dire au terme extrême de la vie humaine, l'autre un homme dans toute la sève de la vie, sortant à peine de la jeunesse pour atteindre à la maturité.

Mais Thiers n'était un républicain ni de sentiment ni de conviction. Son idéal politique ne dépassait pas la monarchie constitutionnelle. Il avait travaillé à l'avènement de celle-là... Il voulait une France libérale, affranchie du despotisme du souverain comme du joug théocratique, mais il l'imaginait gouvernée par les classes dirigeantes. Il redoutait la démocratie, il se défiait de la République... Il avait, en 1848, compté parmi ses adversaires les plus acharnés, mais s'il l'avait combattue, c'était au nom des « intérêts conservateurs ». Lorsque vingt ans après l'avènement de l'Empire, la République avait reparu, il avait suivi le mouvement de l'opinion publique.

Semblable à Turenne qui devenait plus hardi à mesure qu'il avançait en âge, à soixante et quinze ans il rompit avec les idées, les habitudes, les relations, les préjugés de toute une vie, et, une fois décidé à franchir l'Atlantique, il le franchit résolument, sans regarder en arrière.

C'est lui surtout qui, par sa conversion à la République, détermina tant d'autres conversions dans les rangs des « conservateurs », autour de lui d'abord, et parmi ses amis, puis, de proche en proche, par toute la France et dans toutes les classes de la société. Il fit voir, par l'expérience, que la République peut être le gouvernement où sont le mieux garantis l'ordre de la rue, la liberté des transactions, la prospérité des affaires ; lorsqu'il tomba sous l'effort des monarchistes coalisés, le territoire était libéré, l'armée réorganisée, un emprunt sans précédent, quatorze fois couvert, venait de prouver que jamais le crédit national n'avait été plus solide ; la paix était partout, la fortune matérielle du pays, en dépit de charges écrasantes, surpassait ce qu'elle avait été aux années les plus brillantes de l'empire.

Il avait, au lendemain du 16 mai, repris son poste d'honneur à la tête des combattants ; le plus âgé n'était pas le moins vaillant. Il était mort à la veille même du combat définitif.

Entre lui et Gambetta la différence était profonde, comme caractère, comme origine, comme aspiration, comme éducation. Gambetta venait de naître à la vie politique au moment où éclataient nos désastres. Il était arrivé au Corps législatif comme le représentant de l'opposition républicaine. Et depuis sa toute première jeunesse, depuis son enfance même, il n'avait suivi qu'un même drapeau, celui de la République. Il était l'éloquence même, convaincant, entraînant, passionnant. Thiers, au contraire, avec sa petite taille, ses minces effets de geste, son filet de voix aigrelette, était plus causeur qu'orateur.

Répandant plus de lumière que de chaleur, ennemi du gros rouge, peu fait pour comprendre le peuple et, pour être compris de lui, ne cherchant ni les grands effets de passion ni capable d'y atteindre, mais merveilleux de légèreté, de souplesse, de science, d'habiletés ingénieuses, malin, narquois, acéré, toute raison claire et convaincante, toute grâce attrayante et charme pénétrant, l'esprit le plus délié et la parole la plus exquise, un fils de Lysias et de Voltaire, réunissant toute la limpidité attique à toute la verve française, la nature et l'art l'avaient formé pour exercer la plus sûre action sur la bourgeoisie éclairée, instruite, capable d'écouter les avis de la sagesse, et lui sachant gré d'être aimable.

Ces deux hommes si divers s'étaient complétés admirablement, et l'œuvre commune avait réussi précisément par leur concours (1).

Thiers disparu, Gambetta restait seul pour porter tout le poids des événements.

XIV

Quand la mort eut terrassé soudainement l'un des deux combattants, tous les regards se tournèrent vers celui qui survivait. Et dans la pensée de toute la France l'avènement de Gambetta au pouvoir était non seulement indiscutable mais nécessaire. Thiers, s'il avait assez vécu pour rentrer à l'Élysée, n'aurait pas eu d'autre premier ministre que le chef de la gauche. Non seulement ce choix était dicté par la politique, mais il

____

(1) Charles BIGOT. — *La Fin de l'anarchie.*

eût constitué un hommage rendu à Gambetta et le
pays s'y serait associé avec acclamation. La France, en
effet, se rendait, maintenant que le temps l'avait assa-
gie, plus impartialement compte des services rendus
par celui qui l'avait sauvée de tant de périls. Elle le
voyait maintenant sous son véritable jour, elle avait
conscience en quelque sorte de la supériorité du plus
dévoué de ses fils, elle reconnaissait en lui l'homme de
génie et l'homme de bien, l'homme qui dépassait en
mérite tous ceux mêlés à la politique depuis la fin de
l'Empire, et qui, plus que tout autre, avait donné des
gages de son patriotisme.

Seul, le maréchal de Mac-Mahon ne portait point ses
regards sur le président du Conseil désigné par l'opinion. Il s'en tenait à M. Dufaure et ne voulait pas aller
plus loin. Gambetta était, dans ces conditions, sans
avoir de portefeuille, plus influent que les ministres
eux-mêmes. Grand maître de la politique prépondérante, il pouvait dicter sa volonté au gouvernement, et,
en dehors de celui-ci, exercer sur le pays une dictature
morale. Se souvint-il, en ces circonstances, des lectures
de sa jeunesse, d'André Doria, et résolut-il, une fois de
plus, de prendre l'illustre Génois pour modèle? Toujours
est-il que sa conduite se régla sur ce glorieux exemple
de sagesse.

XV

De retour d'un voyage en Italie, où il eut plusieurs
entrevues avec Victor-Emmanuel, il avait parlé, à Marseille, de la modération nécessaire, qui était désormais
le fond de sa pensée, et dans la Chambre, le 21 et le
26 janvier, il avait insisté sur la moralisation du suffrage
universel. C'est pour ne pas s'écarter de ces principes
qu'il avait répondu dans la séance du 31 janvier par
une improvisation sanglante à Rouher, qui avait cru
devoir faire sa propre apologie et celle de l'Empire.

L'histoire est faite, s'écria-t-il, l'histoire à siégé à Versailles sous la forme de l'Assemblée nationale et vous a déclarés responsables. Je comprends que M. Rouher, sentant qu'il faut qu'il explique les capitulations de Sedan et de Metz, vienne plaider la lâcheté universelle du pays.

Vous avez dit que vous aviez été opposé à la guerre, eh bien, écoutez le langage que tenait, le jour de la déclaration de la guerre, l'homme qui descend de cette tribune. Vous saurez alors ce que pèse la dénégation de ce coupable aux abois.

« Sire, disait M. Rouher, n'avons-nous pas le droit de demander des garanties?... » Et il oubliait, lui qui parlait d'importation de princes étrangers, qu'il avait importé Maximilien au Mexique. Il oubliait que si le premier empire a le fossé de Vincennes, le second a celui de Querétaro... J'entends encore la grande voix de Berryer disant à la tribune du Corps législatif : « Eh quoi! vous menez un archiduc d'Autriche au Mexique, quel sort réservez-vous à cet enfant de vos victoires? La banqueroute ou la mort? » Cette parole prophétique s'est doublement réalisée. C'était la banqueroute et la mort! C'est d'ailleurs là, le cortège habituel des Bonapartes...

Je continue ma citation. M. Rouher disait au misérable vieillard dont la volonté fatiguée obéissait aux funestes conseillers qui l'entouraient et voulait que l'Espagnole eût sa guerre : « La France est prête depuis quatre ans; l'empereur a porté au plus haut point le perfectionnement de l'armement du soldat et élevé à la plus haute puissance notre organisation militaire. » Et maintenant, qui a menti, de l'opposition ou de M. Rouher?

Et M. Rouher ajoutait : « Si l'heure des périls est venue, l'heure de la victoire est proche. » Mais, pour conduire vos armées à la victoire, il fallait d'autres hommes que vous; vous n'avez jamais été des gouvernants, mais des jouisseurs, et vous avez fini comme des traîtres!

Rouher, avec des larmes dans la voix, essaya de se justifier devant le tribunal du pays. La Chambre lui répliqua par un vote de clôture de l'incident en passant à l'ordre du jour. Gambetta avait prouvé, en cette circonstance, que la modération n'exclut pas la sévérité inéluctable de la justice et qu'il y a des actes pour lesquels il n'y a pas de clémence à invoquer.

XVI

Ce qui prouve bien que sa politique était sincèrement modérée, c'est le discours qu'il prononça le 18 septembre, à Romans. En vertu des lois constitutionnelles, il fallait procéder, au mois de janvier suivant, à la réélection d'une partie du Sénat et, le 28 octobre, on devait nommer les nouveaux délégués sénatoriaux. C'était une pierre de touche pour l'opinion républicaine. Si les élections sénatoriales lui étaient favorables et lui donnaient définitivement la majorité dans la seconde Chambre, la République n'avait plus de dangers à courir puisqu'elle tiendrait dans ses mains toutes les forces législatives. Gambetta, comprenant l'urgence de cette campagne électorale, s'était rendu dans le Midi où l'opinion avait besoin d'être éclairée et l'accueil enthousiaste qu'il reçut à Romans lui donnait toute confiance dans l'issue de la lutte. Plusieurs passages de ce discours de Romans sont à citer ici, parce qu'ils précisent très exactement ce que voulait Gambetta et ce qui est resté l'expression de sa politique, non seulement pour lui, mais pour ceux qui, après lui, en sont demeurés les dépositaires et les continuateurs.

Ah! retenez-le, disait-il, nous n'aurons véritablement fondé la République sur le roc que le jour où nous pourrons répondre victorieusement à tous les fauteurs de restaurations monarchiques qui parlent de stabilité. Depuis un siècle, sauf le cas fortuit de Charles X succédant à Louis XVIII, jamais pouvoir n'a été régulièrement transmis dans ce pays en vertu des lois à un successeur. Eh bien, ce que je veux voir, ce que j'appelle de tous mes vœux, ce à quoi j'adjure tous les bons républicains de consentir, faisant taire momentanément tout mouvement d'impatience, tout ressentiment, et même de légitimes aspirations, c'est le fonctionnement de la Constitution, c'est-à-dire le mécanisme républicain placé au-dessus de toutes les objections et de toutes les controverses, démontrant qu'enfin nous avons trouvé la vraie stabilité, celle qui se fait par la dévolution de la loi. Et quand vous aurez cet argument, quand vous pourrez dire qu'un président de la République mis au pouvoir par vos adversaires, installé par vos ennemis et n'ayant à coup sûr, au fond du cœur, rien de passionné pour nos institutions nouvelles (*On rit*), quand vous pourrez dire que ce président de République a complétement, pacifiquement, légalement, et aux applaudissements de l'opinion, rempli sa charge et qu'à l'expiration de ses pouvoirs la nation s'est trouvée tout naturellement, tout simplement, tout pacifiquement, passer d'un pouvoir présidentiel à un autre pouvoir présidentiel, non seulement pour la France, mais pour le monde entier, vous aurez fait la seule preuve qui existe du mouvement : vous aurez marché.

Il réclamait l'application des lois réglant les rapports de l'État avec l'Église, et l'inamovibilité de la magistrature; il insistait sur toutes les mesures qui devaient contribuer à faire de l'armée « la représentation fidèle de la patrie », ne servant qu'à son honneur et à son indépendance. Renouvelant ses déclarations sur la question religieuse, il disait :

Non, nous ne sommes pas les ennemis de la religion, d'aucune religion. Nous sommes, au contraire, les serviteurs de la liberté de conscience, respectueux de toutes les opinions religieuses et philosophiques. Je ne reconnais à personne le droit de choisir, au nom de l'État, entre un culte et un autre culte, entre deux formules sur l'origine des mondes ou sur la fin des êtres. Je ne reconnais à personne le droit de me faire ma philosophie ou mon idolâtrie : l'une ou l'autre ne relève que de ma raison ou de ma conscience; j'ai le droit de me servir de ma raison et d'en faire un flambeau pour me guider après des siècles d'ignorance ou de me laisser bercer par les mythes des religions enfantines.

Il traçait, enfin, les grandes lignes de son programme de réformes de l'éducation nationale.

Il faut, affirmait-il, que cette question soit la passion de tous les députés républicains, il faut que vos sénateurs, que vos députés, que votre pouvoir exécutif, que tous les rangs de l'Etat concourent, rivalisent à faire de ce pays-ci le pays le plus instruit, le plus éclairé, le plus cultivé, le plus artiste du monde.

Et pour cela que faut-il? Il faut refouler l'ennemi, le cléricalisme, et amener le laïque, le citoyen, le savant, le Français, dans nos établissements d'instruction, lui élever des écoles, créer des professeurs, des maîtres, les doter, ne pas craindre la dépense sur ce chapitre, car c'est une dépense que vous retrouverez dans l'abaissement des sommes que réclame l'entretien des prisons, dans la valeur de votre armée, dans la valeur de vos industries, dans l'augmentation de vos capitaux.

Mais il faut que les méthodes d'enseignement soient changées à la base même de l'enseignement, car il ne suffit pas d'envoyer les enfants à l'école primaire : il faut que les méthodes ouvrent la raison et n'y déposent que des choses saines et sûres; il faut trouver le procédé pour faire tomber, des sources les plus élevées, le rayon prestigieux de la science dans les cervelles les plus tendres et y déposer le germe des progrès de la raison publique.

Il faut modifier les méthodes barbares qu'on suit encore dans les écoles primaires. Il faut y enseigner les pages de notre histoire, les principes de nos lois et de nos constitutions. Il faut qu'on y apprenne les droits et les devoirs de l'homme et du citoyen. Il faut que l'on mette sous des formules parfaitement compréhensibles, les résultats généraux des connaissances humaines. Je ne demande pas qu'on fasse des savants, mais des hommes sensés et des Français.

Voilà pour l'éducation primaire. Et je parle pour les deux sexes, car je ne distingue pas entre l'homme et la femme. Ce sont deux agents dont l'entente est absolument nécessaire dans la société, et, loin de les séparer et de leur donner une éducation différente, donnez-leur les mêmes principes, les mêmes idées, commencez par unir les esprits si vous voulez rapprocher les cœurs.

Quant à l'enseignement secondaire, c'est encore là une de nos gloires, mais dont bien des rayons commencent à s'éteindre. Là aussi les méthodes sont à transformer. Je voudrais que cet enseignement secondaire fût de deux ordres. Je voudrais qu'au-dessus de l'enseignement primaire et avant d'arriver à l'enseignement secondaire, il y eût des écoles professionnelles, mais non pas dans le genre de celles qu'on a créées, ce seraient des écoles de métiers, des *mechanic's institutes*, comme on dit ailleurs, dans lesquelles on donnerait à la fois l'éducation de l'esprit et de la main, où l'on acquerrait un capital manuel *et où se formeraient* des légions d'ouvriers capables de devenir des tâcherons, des entrepreneurs et des capitalistes; et nous arrivons par là à toucher du doigt que l'éducation est le commencement de la solution des problèmes sociaux qui pèsent sur le monde, solution qui n'appartient à personne, mais qui est parcellaire, quotidienne et qui dépend de la bonne volonté de tous.

De plus, je voudrais diriger cette instruction secondaire, de manière que l'État en fût le maître. Je ne voudrais pas de ces institutions dans lesquelles on tronque l'histoire, où l'on fausse l'esprit français, et où l'on prépare des générations hostiles prêtes à se ruer les unes sur les autres. Il faut se donner une éducation française, et des citoyens libres peuvent seuls la donner.

Je crois, Messieurs, que lorsque vos mandataires auront abordé cette série de problèmes, ils auront rempli une certaine tâche. Je crois aussi que, chemin faisant, la République sera entrée non seulement dans les lois, dans les habitudes et dans les intérêts, mais, permettez-moi de le dire, dans les veines et dans les artères du pays. Elle ne sera plus en question. Le pouvoir sera occupé par l'élu de vos représentants. Ce sera un double verdict, un double jugement qui portera à la présidence de la République le citoyen qui présentera le plus de garanties.

Alors la France apaisée, sûre d'elle-même, pouvant compter sur le dévouement de tous les siens, occupée uniquement du développement de ses admirables ressources, la France, restaurée, appuyée sur une armée réellement nationale, pourra se présenter au monde, débarrassée de ses adversaires, ayant, je l'espère, par le pardon et la clémence, réuni tous ses enfants, et lui dire : Je suis forte, je suis invulnérable parce que je suis libre et pacifique.

XVII

Gambetta, en préconisant la modération, avait-il déserté le drapeau radical? Rien n'autorise à l'affirmer. Aucun fait ne le prouve. On peut dire simplement qu'avec les années qui affinent la réflexion philosophique, il avait acquis une vue plus exacte des besoins de la vie politique et qu'il comprenait combien il était indispensable que celle-ci, dans le changement et le devenir auquel tout est soumis, se développât graduellement. C'était bien le sens des paroles de son discours de Romans.

Mettons-nous en face de notre situation. Que nous faut-il? Ah! il nous faut toucher à bien des choses, mais je ne suis pas pour y toucher comme des enfants, ou comme des violents, ou comme des utopistes. Je suis l'ennemi de la table rase, je suis aussi l'ennemi des abus, mais je veux qu'on tienne compte du temps, de la tradition et même des préjugés, car avant tout ils existent, ils sont une force, et on doit non pas les respecter, mais les étudier pour les dissiper, les faire disparaître, et ce résultat ne peut être obtenu qu'à la condition d'agir sans passion et sans emportement.

Mais la modération, la temporisation, l'évolution lente et progressive pouvaient-elles se concilier avec le besoin de réfréner le courant révolutionnaire qui, si l'on avait laissé agir les intransigeants, eût emporté le pays vers de fatales et cruelles expériences. Gambetta réussirait-il là où Mirabeau avait échoué? Les contradictions apparentes de son attitude à l'époque où nous en sommes de sa carrière démontrent les difficultés avec lesquelles il était aux prises, mais elles ne sauraient servir d'argument contre lui. En réalité, il ne cessa jamais d'être radical de cœur, car il était trop intelligent pour ne pas savoir que le radicalisme en politique c'est le mouvement, et que le mouvement c'est la vie. Mais il était aussi devenu un homme politique trop pratique pour ne pas prévoir que la fougue radicale ne pouvait mener qu'aux précipices. Aussi, d'une part, sa conviction du péril immanent le retenait dans l'élan de ses aspirations intimes et, d'autre part, il avait la certitude qu'en ajournant les réformes excessives, il serait dépassé par beaucoup de ses adhérents qui le qualifieraient de traînard et se retourneraient vers lui pour lui jeter la pierre. Tant il est vrai que le chemin de la politique est pour ceux qui sont sincères la voie douloureuse.

XVIII

Le 27 octobre 1878, les conseils municipaux élurent les délégués sénatoriaux et l'on put conclure de ce premier résultat que les élections renforceraient considérablement le parti républicain. Cette même fin d'année 1878 et le commencement de 1879 furent marqués pour Gambetta par un certain nombre d'incidents. Le 21 novembre, à la suite d'un échange de paroles violentes entre lui et de Fourtou, il se battit en duel avec le ministre du 16 mai. Le 4 janvier, il reparut au Palais, où il n'avait pas plaidé depuis dix ans, et soutint la cause de son ami Challemel-Lacour, qui avait été calomnié par une feuille légitimiste.

Le 5 janvier, les républicains obtenaient soixante-seize sièges au Sénat dans le renouvellement triennal. Leur majorité était imposante. Les deux Chambres se réunirent le 14. Le ministère leur soumit son programme de réformes. Il obtint un simulacre de confiance dans la séance du 20. Plusieurs généraux donnèrent leur démission. Le maréchal, incapable de dominer la crise, résigna ses pouvoirs présidentiels le 30. M. Dufaure et ses collègues se retirèrent le même jour.

Il est hors de doute que si Gambetta avait posé sa candidature à la succession du maréchal, s'il avait cédé aux avances d'un grand nombre de ses amis, il aurait été élu président de la République. Il ne le voulut pas et, pour la seconde fois, comme en 1877, il s'effaça devant Jules Grévy.

Il n'entre pas dans le cadre de cet ouvrage de parler du troisième président de la République, dont la vie et les actes ont été l'objet d'autres travaux auxquels nous renvoyons le lecteur. Nous nous bornons à dire

que le successeur du maréchal de Mac-Mahon à l'Élysée n'accepta pas les offres de concours de Gambetta
à qui il devait sa haute position. « Il ne sut pas comprendre, dit M. Reinach, ce qu'étaient la vérité et la
logique parlementaires, il lui suggéra seulement de se
porter candidat à la présidence de la Chambre des
députés », et il
choisit pour
président du
Conseil M. Wad-
dington.

XIX

Gambetta fut
nommé prési-
dent de la Cham-
bre par 314 voix
sur 405 votants.
Il quitta ses ap-
partements de
la Chaussée
d'Antin pour al-
ler occuper sa

M. de Freycinet.

résidence officielle au Palais-Bourbon. En prenant possession du fauteuil présidentiel, il montra qu'il n'était
pas au-dessous de cette tâche toute de tact et de sang-
froid. Il sut faire respecter le règlement avec autant de
fermeté que de calme. La droite, impatiente de voir conduire les débats par l'homme dont les interruptions
étaient naguère les plus promptes et les plus ardentes,
ne manquait point, en certaines occasions, de les lui
rappeler, mais il savait rester inflexible et impassible
en s'inspirant de la justice et de la dignité.

Plusieurs mois s'écoulèrent. La Chambre tint sa dernière séance à Versailles, le 2 août 1879, et se réunit,

pour la première fois, à Paris, le 27 novembre. Avant
la fin de cette session, le cabinet Waddington s'effondra,
et M. de Freycinet prit la direction du gouvernement.
Le 11 janvier, Gambetta fut réélu président de la Chambre. Le 21 juin, il rentra dans l'arène législative en
prononçant un de ses plus magnifiques discours sur
l'amnistie pleine et entière en faveur des insurgés de
la Commune. Et il terminait par cette superbe péroraison qui emporta le vote :

On a dit, et on a dit avec raison, — cela saute aux yeux, —
que le 14 juillet était une fête nationale, un rendez-vous où,
pour la première fois, l'armée, organe légitime de la nation,
se trouvera face à face avec le pouvoir, ou elle reprendra ses
drapeaux, hélas! si odieusement abandonnés... Oh! oui, il faut
que ce jour-là, devant la patrie, il faut qu'à la face du pouvoir,
en face de la nation représentée par ses mandataires fidèles,
en face de cette armée, « suprême pensée », comme disait un
poète qui lui aussi, dans une autre enceinte, avant tout le
monde, avait plaidé la cause des vaincus, il faut que vous
fermiez le livre de ces dix années, que vous mettiez la pierre
tumulaire de l'oubli sur les crimes et sur les vestiges de la
Commune, et que vous disiez à tous, à ceux-ci dont on déplore
l'absence, et à ceux-là dont on regrette quelquefois les contradictions et les désaccords, qu'il n'y a qu'une France et qu'une
République.

La Chambre et le Sénat furent convaincus ; l'amnistie
fut votée.

« Ce fut là, dit encore M. Reinach, l'apogée de la
fortune de Gambetta ; un immense sentiment de reconnaissance emporta encore une fois toute la démocratie
vers lui ; il fut acclamé à Belleville ; il reçut au 14 juillet
les félicitations enthousiastes de l'armée ; tous les patriotes le montraient avec orgueil et joie comme le plus
bel espoir du pays. »

Quelques jours après, il était, à Cherbourg, l'objet
d'une ovation non moins chaleureuse. C'est là qu'il
prononça cette allocution si indignement commentée
par ses adversaires qui prétendaient y voir des intentions belliqueuses à l'égard de l'étranger.

Les grandes réparations peuvent sortir du droit; nous ou nos enfants pouvons les espérer, car l'avenir n'est interdit à personne.

Je veux, en deux mots, répondre à une critique qui a été formulée à cet égard; on a dit quelquefois que nous avons un culte passionné pour l'armée, cette armée qui groupe aujourd'hui toutes les forces nationales, qui est recrutée, non plus maintenant parmi ceux dont c'était le métier d'être soldats, mais bien dans le plus pur sang du pays; on nous reproche de consacrer trop de temps à l'examen de la progression de l'art de la guerre, qui met la patrie à l'abri du danger... Eh bien! ce n'est pas un esprit belliqueux qui anime et dicte ce culte, c'est la nécessité, quand on a vu la France tombée si bas, de la relever, afin qu'elle reprenne sa place dans le monde.

Si nos cœurs battent, c'est pour ce but et non pour la recherche d'un idéal sanglant; c'est pour que ce qui reste de la France nous reste entier; c'est pour que nous puissions compter sur l'avenir et savoir s'il y a dans les choses d'ici-bas une justice immanente qui vient à son jour et à son heure.

C'est ainsi, Messieurs, qu'on mérite de se relever, qu'on gagne les véritables palmes de l'histoire; c'est à elle qu'il appartient de porter un jugement définitif sur les hommes et sur les choses; en attendant nous sommes des vivants, et on ne nous doit qu'une égale part de soleil et d'ombre. Le reste vient par surcroît.

On organisa contre lui, à cause de ce discours, pourtant si noble et si plein de patriotisme, une campagne que l'on a très justement appelée la *campagne de la peur*. On alla jusqu'à insinuer qu'il voulait rallumer l'incendie de 1870, et que son désir secret était d'amener un conflit avec l'Allemagne. Ces calomnies *odieuses trouvèrent un écho dans les classes timorées.* Ce que l'on ignorait alors, ce qui a été prouvé depuis par des écrivains allemands comme *Treitschke et de Sybel, c'est que cette campagne de la peur* était menée à l'instigation de M. de Bismarck. Car, à Berlin, dans toute la Prusse, dans beaucoup d'autres pays de l'empire allemand, on craignait réellement Gambetta. Et l'on voulait, en le rendant impossible à la tête des affaires en France, éviter de la part des Français toute idée de représailles. M. de Bismarck n'ignorait pas que

la question de l'Alsace-Lorraine restait brûlante, que les
mots de revanche étaient alors sur toutes les lèvres et il
avait trop de difficultés et de complications à l'intérieur
de l'Allemagne avec les divers partis, pour ne pas
vouloir empêcher tout différend avec ceux qui, sous
l'impulsion de Gambetta, ne cesseraient jamais de se
souvenir de Metz et de Strasbourg et ne désarmeraient
point, au fond de leur cœur, tant que le traité de
Francfort ne serait pas déchiré.

XX

Le 19 septembre, M. de Freycinet fut remplacé à la
présidence du Conseil par Jules Ferry. Le 20 janvier 1881, Gambetta était réélu président de la Chambre,
mais avec une minorité significativement inférieure à
celle qu'il avait obtenue précédemment. La malveillance et la calomnie faisaient à la fois sourdement et
ouvertement leur œuvre. Il le savait et il essaya de faire
front aux calomniateurs après leur avoir longtemps
répondu par le mépris du silence. Dans la séance du
21 février 1881, il monta à la tribune pour protester
contre ces manœuvres. Il déclara qu'il n'avait jamais
cherché l'occasion de réduire à néant le tissu de mensonges ourdi par ses ennemis, parce que la politique
intérieure seule y était attaquée, mais, maintenant
qu'il était question des affaires extérieures et de l'influence qu'on lui attribuait sur la direction des relations
de la France avec l'étranger, il se voyait obligé de
s'expliquer devant ses collègues et devant le pays. Il
repoussait hautement toutes les insinuations et les
accusations d'ingérence de sa part dans la diplomatie et
dans la chancellerie, il mettait au défi un ministre
quelconque ou agent français, en France ou ailleurs,
de prouver qu'il eût jamais donné des instructions
relatives à la politique étrangère du pays, qu'il y eût

jamais eu, sous ses ordres, un cabinet occulte, une police secrète, opérant côte à côte avec les représentants et les agents de la République, et il ajoutait : « Je parle avec chaleur parce que j'ai longtemps contenu mon émotion en apprenant que chacune de mes intentions, chacun de mes actes a été calomnié. »

Et il disait vrai : toutes les fautes commises lui étaient imputées, tous les renversements de ministères procédaient de ses machi-
nations, s'il fallait en croire ses adversaires; toutes ses paroles, toutes ses pensées étaient travesties. Et les attaques ne venaient pas seulement des anciens partis monarchistes, légitimistes, orléanistes et impérialistes, mais de certains républicains qui l'accusaient d'aspirer à la dictature de l'intrigue; M. Roche-

Jules Ferry.

fort allait jusqu'à l'outrager en l'appelant « misérable fils d'épicier », oubliant qu'en 1871 Gambetta avait employé son influence à le sauver des rigueurs de la justice martiale.

Tout en opposant le calme à ce déchaînement d'injures, Gambetta voyait parfaitement que les difficultés de sa situation allaient croissant. Ses amis le pressaient d'accepter le pouvoir qui s'offrirait bientôt à lui et il n'en avait très probablement pas le désir.

Son jugement sur les partis était trop mûri pour qu'il ne vît point leur confusion de programmes au lendemain de la victoire sur la réaction du 16 mai. Il sentait qu'avec de tels éléments, tout gouvernement fort et solide était impraticable et impossible. Il savait combien dans la serre chaude parlementaire, les hommes politiques s'usent vite et que ceux qui les poussent au gouvernement n'ont pas d'autre but que de leur faire perdre irrémédiablement leur prestige. Il croyait mériter un meilleur sort et être encore apte à rendre des services dans un jour de malheur, et c'est pour cela qu'il se réservait. Mais un homme politique, quelle que soit sa circonspection, ne peut pas se dérober quand il est à la tête d'un parti, quand tous les yeux se fixent sur lui. Il devenait de plus en plus évident que les chutes de ministères, les instances de ses amis, leurs espoirs, les nécessités même de la cause dont il était le chef, le forceraient de prendre la direction des affaires publiques. Et puisque ce devoir s'imposerait tôt ou tard, ou pour mieux dire prochainement, il voulait se préparer à le remplir. Pour cela, il espérait trouver un avantage dans la substitution du scrutin de liste au scrutin d'arrondissement, afin d'élever le niveau de la Chambre, et de faire entrer dans celle-ci des éléments républicains disciplinés. Le projet de loi du scrutin de liste fut déposé par M. Bardou et la Chambre le vota à 8 voix de majorité. Mais l'Élysée y était opposé, et M. Waddington, porte-parole de Jules Grévy, avait ouvertement interprété la pensée du président de la République, en insinuant que le scrutin de liste c'était Gambetta : César menant la France. Le Sénat, sous l'influence de M. de Broglie et de Jules Simon, singulièrement rapproché des conservateurs, repoussa, le 19 juin, le projet Bardou par 148 voix contre 114. La Chambre ne répliqua pas à ce défi : sa session se clôturait en juillet et toutes les considérations furent sacrifiées à la politique électorale. La fin de la législature délivra Gambetta du fardeau de la présidence.

XXI

Les pouvoirs de la Chambre expiraient le 14 octobre 1881. Le ministère, qui avait ajourné les élections
« pour faire pièce à Gambetta », les brusqua tout à
coup et les collèges électoraux furent convoqués pour le
21 août. Gambetta, pour démontrer ouvertement l'ina-
nité des accusations de visées césariennes soulevées
contre lui, ne voulut se présenter que dans deux circonscriptions, à Tours et à Ménilmontant (vingtième
arrondissement de Paris). Il prononça deux discours
pour défendre son programme : à Tours, il indiqua les
conditions dans lesquelles il fallait réformer le Sénat;
à Ménilmontant, sa profession de foi fut surtout l'exposé de sa politique depuis son entrée dans la vie
publique.

Ce qu'on attaque en moi, dit-il, ce n'est pas la personne,
c'est le système, c'est la méthode de défense et de protection
des intérêts de la démocratie française.

C'est cette politique que je viens défendre, non parce qu'elle
est attaquée, mais parce que j'ai un souci qui domine tous les
autres : c'est d'empêcher les intelligences loyales, les cœurs
honnêtes que certaines difficultés de la vie sociale et politique
excitent et passionnent, de grossir le troupeau que veulent
mener des sophistes et des démagogues sans vergogne. Voilà
pourquoi je veux m'expliquer encore une fois ici, et pourquoi
je tiens à ce que ce soit à Belleville que cette politique reçoive
encore une fois sa sanction et sa consécration.

Cette politique, on l'a appelée d'un nom mal fait, d'un véritable barbarisme. Pour une chose mal conçue, il fallait un vo-
cable mal conçu, on l'a appelée « opportuniste ». Si ce barbarisme signifie politique avisée, ne laissant jamais passer l'heure
propice, les circonstances favorables, mais ne sacrifiant rien
ni au hasard, ni à l'esprit absolu, ni à l'esprit de violence, on
pourra tant que l'on voudra appliquer à cette politique une épithète malsonnante et même inintelligible, mais je dirai que je

n'en connais pas d'autre, car c'est la politique de la raison, et
j'ajouterai que c'est la politique du succès.

En effet, quand je suis entré dans la vie politique, et depuis,
je ne me suis pas contenté d'étudier l'histoire générale de ce
grand et malheureux pays qu'on appelle la France; j'ai étudié
aussi l'histoire de notre parti, et non pas seulement à partir de
1789, mais dans la nuit des temps historiques de notre France,
à l'époque où notre démocratie ne faisait que balbutier. J'ai
suivi, pour ainsi dire à la trace de son sang, ses progrès, ses
défaillances, ses témérités suivies de réactions; c'est alors que
je me suis fait un serment, — le serment de dire, après l'avoir
appris, pourquoi cette admirable cause de la démocratie républicaine avait eu, dans le cours de notre histoire, ses poussées
chroniques en avant et aussi ses défaillances et ses retours en
arrière, également chroniques, et il m'est apparu avec la clarté
solaire que ce qui avait fait autrefois la triste gloire de l'héroïsme démocratique, en même temps que sa perpétuelle confusion dans les affaires, c'est que notre parti sacrifiait trop,
d'un côté, à l'esprit de chimère, d'aventure et de violence, et
que, d'un autre côté, du côté des classes dirigeantes, le reste
de la France avait cédé à la plus basse, à la pire des passions
sociales, à la peur, la peur, mal terriblement français en politique, la peur, le pire des conseillers d'une nation; la peur qui
a fait souvent, avant l'adoption de la politique que je défends
devant ceux que l'on a appelés les dirigeants, que les bourgeois ont été obstinément opposés, aveuglément fermés à
toutes les idées de revendication politique; la peur qui faisait
qu'à la moindre rumeur publique la rue s'emplissait du bruit
de la force militaire et que tout se liquidait par la mort et la
misère des uns — toujours les mêmes — et par la victoire ab-
jecte des cynismes et des apostasies accouplés pour le triomphe
de la réaction.

Voilà ce qui m'a inspiré de rompre avec ce passé et de me
dire : Tu consacreras ta vie à soutirer l'esprit de violence qui
a tant de fois égaré la démocratie, à lui interdire le culte de
l'absolu, à la diriger vers l'étude des faits, des réalités con-
crètes, des mœurs, des préjugés, — car les préjugés sont une
force, on ne les brise pas : il faut les dissiper par la persuasion
et la raison. Tu apprendras à ton parti à abdiquer, à détester
l'esprit de violence. Tu t'efforceras d'arracher l'aiguillon de la
peur qui pousse à prendre des mesures de réaction. Tu te présenteras, — et c'est par là que nous avons vu le succès couronner nos premiers efforts, — tu te présenteras comme une
sorte de conciliateur entre les intérêts des uns et des autres; et
si tu pouvais arriver à réaliser cette alliance du peuple et de la

bourgeoisie, tu aurais fondé sur une assise inébranlable l'ordre républicain.

Et alors, qu'est-ce que nous avons fait? qu'avons-nous fait dans les Chambres, dans le pays? qu'avons-nous fait dans la presse? Nous avons fait cette double propagande, ce double prosélytisme; nous avons parlé à la fois aux prolétaires et aux bourgeois, essayant de les convaincre de part et d'autre, et nous avons réussi. Car, Messieurs, ne l'oubliez pas, c'est grâce au triomphe de cette politique que nous avons vu d'abord l'adoption du régime républicain par le pays dans son immense majorité; c'est grâce à cette politique pratique, à cette politique expérimentale, ayant ce caractère vraiment moderne et contemporain, que la bourgeoisie a laissé de côté ses frayeurs, ses aversions, ses antipathies; c'est grâce à cette politique que l'on a pu installer dans les communes, dans les conseils généraux, dans les départements, et faire monter jusqu'aux grands pouvoirs publics, quoi?... L'expression des vœux de cette partie de la nation française que j'ai appelée les nouvelles couches sociales, qui sont aujourd'hui aux affaires et qui les gèrent à la grande confusion, au dépit et à la rage des partis vaincus, et pour la grande prospérité de la France.

Cette politique, qui est véritablement nationale, car elle s'adresse à tous les membres de la famille française, à l'ouvrier des champs, comme à l'ouvrier des villes, à l'homme de labeur et d'étude dans son cabinet, comme à celui qui sert sa patrie sur les champs de bataille, cette politique est celle qui dit à tous : Désormais vous pouvez être absolument convaincus que cette démocratie, par les exemples de sagesse qu'elle a donnés, a assuré la sécurité de vos intérêts, l'ordre dans la rue; elle a fait voir qu'un grand peuple de trente-six millions d'âmes peut vivre, que dis-je : peut vivre? peut se développer et grandir sous la forme républicaine, si bien qu'aujourd'hui, Messieurs, il ne s'agit plus que d'une chose, et cette chose, nous l'aurions eue si le scrutin de liste avait triomphé, il ne s'agit que d'en finir avec toutes les compétitions, avec toutes les résistances, et de n'avoir plus qu'un peuple, comme nous n'avons qu'un drapeau.

De cette politique-là, Messieurs, j'ai le droit de dire qu'elle a été couronnée de succès. Dès le lendemain de nos désastres, elle a mis la France en état d'affirmer qu'elle avait sauvé son honneur, et depuis elle a mis la France en état d'éblouir le monde par la richesse de son crédit, en état de refaire à la fois sa sécurité intérieure et son outillage matériel et économique, en même temps qu'elle la mettait à même de refondre cette immense coulée de bronze militaire que l'empire avait enfoui et perdu dans le désastre de Metz et dans le gouffre de Sedan.

Aussi, Messieurs, la France ainsi refaite, de qui se réclame-t-elle aujourd'hui? De la République, et rien que de la République. Et, quant à moi, j'ignore les nuances, et je ne veux pas chercher les distinctions et les qualifications. Je l'ai dit une fois pour toutes : Que me font à moi vos querelles personnelles, vos divisions en groupes et en sous-groupes? que me font les noms et les surnoms? Tout cela ne m'intéresse pas et n'intéresse pas la France. Elle ne reconnaît, elle n'adore qu'une idée devant laquelle elle s'incline : la République!

Après cette exposition éloquente des principes de l'opportunisme, il indiquait les points de son programme : réforme judiciaire pour la réorganisation des cours et des tribunaux, par la suppression progressive des tribunaux d'arrondissement et l'extension de la compétence des juges de paix; décentralisation administrative; suppression du volontariat d'un an; réduction du service militaire après une bonne composition des cadres des sous-officiers; établissement d'un impôt sur le revenu; maintien provisoire du Concordat, mais en respectant strictement ses clauses, qui permettent de maintenir le clergé dans la limite de ses attributions; suppression des biens de mainmorte — à l'extérieur *des mains libres et des mains nettes.*

XXII

Cependant, les électeurs bellevillois ne se montrèrent pas satisfaits de ces déclarations. Il y avait contre Gambetta une coalition. Son discours du 12 août paraissait avoir répondu aux vœux des électeurs du vingtième arrondissement. On l'avait écouté attentivement et applaudi à plusieurs reprises. Dans la réunion du 16 août, l'auditoire était composé pour la plus grande partie de démagogues venus là pour l'insulter. Dès les premières paroles qu'il essaya de prononcer, on l'ac-

cabla de clameurs, de criailleries, de sifflets. Il vit aussitôt à quelle bande soudoyée il avait affaire et exha-
lant sa colère, il stigmatisa cette populace gagée comme
elle le méritait, en l'appelant « esclaves ivres, irres-
ponsables », et il lui annonçait qu'il la poursuivrait
jusque dans ses derniers repaires. Ce fut son premier
échec oratoire, mais peut-on appeler de ce nom l'inu-
tilité de l'eloquence devant une manifestation payée
pour outrager l'orateur? En dépit des efforts et des
manœuvres des intransigeants, Gambetta fut élu le
21 août, dans une des deux circonscriptions de Belleville. Les élections, dans leur ensemble, furent, du
reste, un éclatant triomphe pour son programme et
pour la politique républicaine : 457 républicains
entrèrent à la Chambre contre 90 réactionnaires.

Cette majorité compacte était évidemment due à
Gambetta. Avec elle il ressaisissait toute son autorité
sur l'orientation de la politique.

XXIII

Au mois d'octobre, à la rentrée de la législature, le
ministère Ferry se mourait. Le 9 novembre, après une
discussion de quatre jours sur l'expédition de Tunisie,
la Chambre refusa un vote de confiance au cabinet. Il
s'ensuivit une véritable confusion parlementaire. Les
motions se succédèrent pendant deux heures, toutes
repoussées coup sur coup. Gambetta, qui avait jusqu'alors gardé le silence, monta à la tribune. Il parvint
à rappeler l'Assemblée au sentiment de la patrie en
faisant voter un ordre du jour sanctionnant les clauses
du traité au bas duquel la France avait mis sa signature. Il était descendu de la tribune au milieu des
acclamations. Mais il ne se dissimulait pas que pour
sauver la situation, il avait joué sa propre destinée. Ce

n'était pas au Capitole que le portait l'enthousiasme de ses collègues, mais en réalité à la roche Tarpéienne. Il le pressentait, il en était presque certain, et cependant il avait lu le texte de l'ordre du jour d'une voix calme, — un peu triste, dit un témoin, — faisant à l'honneur de la patrie une fois de plus le sacrifice de sa personne.

Le 10 novembre, Jules Grévy le chargea de former le nouveau cabinet.

Le ministère Gambetta était attendu depuis la chute du maréchal de Mac-Mahon. Amis et ennemis fondaient sur lui toutes leurs espérances, les premiers dans l'intérêt de la République, les seconds pour avoir l'occasion de traîner bientôt aux gémonies l'homme dont la gloire et l'ascendant les irritaient. Longtemps avant son avènement, on l'avait considéré comme le grand ministère, celui qui réunirait tous les talents et dans lequel, pour avoir droit à un portefeuille, on devrait avoir fait preuve de supériorité. Gambetta avait cru possible de réaliser ce rêve. S'entourer de toutes les capacités pour créer un gouvernement vraiment à la hauteur de sa tâche, cet idéal l'avait toujours hanté. Il eut un moment l'illusion de pouvoir y atteindre. Mais ce ne fut qu'une illusion de très courte durée. Les hommes éminents auxquels il s'adressa et qu'il s'était persuadé avoir pour auxiliaires déclinèrent ses offres. Léon Say, le président du Sénat, lui opposa leurs divergences de vues réciproques sur les questions financières, M. de Freycinet se renferma dans une attitude énigmatique, M. Brisson et Challemel-Lacour se tinrent à l'écart. Jules Ferry était impossible. L'idéal disparaissait ne laissant à Gambetta d'autre alternative que de recourir à des hommes nouveaux, comme M. Waldeck-Rousseau, J. J. Weiss, le général de Miribel, dont l'avenir démontra la haute valeur incontestable.

Entouré de ces collaborateurs, le président du Conseil se mit à l'œuvre avec le dessein très résolu de gouverner réellement, de ne pas fuir les responsabilités,

de pratiquer une politique digne et forte tout en restant pacifique. Les travaux législatifs et administratifs
élaborés par ce ministère attestent son énergie : projets
de réforme dans l'armée et dans la marine, dans la
magistrature, dans les services civils, dans les rapports
de l'État avec les grandes compagnies de chemin de fer,
dans tous les départements ministériels, instruction
publique, agriculture, colonies, réformes constitutionnelles surtout. « Le président du Conseil, dit M. J. Reinach, fut le vrai chef de gouvernement. Et c'est pour
cela que ses ennemis le renversèrent. » Le ministère
Gambetta ne dura pas trois mois. Entré en fonctions
le 14 novembre avec une déclaration qui disait fièrement : « Notre politique sera celle de la France! », il
tomba le 26 janvier, parce qu'il avait été fidèle à cette
déclaration.

XXIV

Les Chambres s'étaient séparées le 16 décembre 1881,
elles reprirent leurs travaux le 14 janvier 1882. Deux
jours après, Gambetta, toujours infatigable, présentait
son plan de revision de la Constitution. Elle portait
sur plusieurs points dont le plus important était le
retour au scrutin de liste. Des murmures accueillirent
cette proposition. Renvoyée, suivant l'usage, à une
commission, elle y trouva vingt-deux membres hostiles
sur vingt-trois. Le débat eut lieu le 20 janvier. Gambetta
fut admirable d'éloquence, de raison, de hauteur politique. Il exposa les motifs qui dictaient son projet de
revision et la nécessité impérieuse du scrutin de liste.
Il annonça le dépôt immédiat des nombreux projets de
lois, préparés par ses collègues et par lui et qui donnaient satisfaction à toutes les aspirations de la démocratie. En terminant, il répudia, une fois de plus,
l'odieuse accusation d'ambition dictatoriale.

Je ne puis. mettre en face de vos appréhensions que ma loyauté, que la sincérité de mes paroles, que les projets que nous avons préparés, enfin, que mon passé... et je fais appel à vos consciences.

Oui, je pense que cette légion républicaine avec laquelle j'ai débuté, avec laquelle j'ai passé à travers les luttes et les épreuves, ne nous fera pas plus défaut au jour du succès qu'elle ne nous a fait défaut au jour de la bataille. Dans tous les cas, ce sera sans amertume, surtout sans l'ombre d'un sentiment personnel blessé que je m'inclinerai sous votre verdict. Car, quoi qu'on en ait dit, il y a quelque chose que je place au-dessus de toutes les ambitions, fussent-elles légitimes, c'est la confiance des républicains, sans laquelle je ne pourrais accomplir ce qui est, — j'ai bien quelque droit de le dire, — ma tâche dans ce pays : le relèvement de la patrie.

Par 282 voix contre 227, la majorité, affolée, se refusant à voir dans le programme du gouvernement la prévoyance et la sagesse même, le rejeta. Une heure après ce vote, Gambetta remit sa démission au président de la République. Le 30 janvier, M. de Freycinet revint au pouvoir.

<h2 style="text-align:center">XXV</h2>

Ainsi, après soixante-six jours d'existence, le grand ministère sur qui la France fondait son avenir n'était plus que lettre morte. Il succombait à la coalition de l'extrême-gauche avec la droite, à la manœuvre de ceux qui se cramponnaient au scrutin d'arrondissement parce qu'ils s'en servaient comme instrument pour eux-mêmes. Il succombait devant l'incapacité et les appétits personnels. Sa chute avait été si rapide que dans le pays on crut généralement qu'elle était voulue. On ne pouva it, en effet, se persuader que Gambetta, si habile, fût allé lui-même au-devant d'un échec qu'il devait savoir certain. Cette opinion, si singulière qu'elle paraisse, a été reproduite par quelques historiens. Et ils y ont vu une conséquence logique de la sincérité de Gambetta. On l'avait accusé d'exercer une influence occulte et inconstitutionnelle. En acceptant la responsabilité ministérielle, il trouvait le moyen de démentir ses accusateurs et de les confondre. Ce moyen était de ne sacrifier, dès son avènement au pouvoir, aucun des points de son programme énuméré dans tous ses discours antérieurs à la constitution de son ministère. Et parmi ces points, le plus discuté était précisément le scrutin de liste. En le maintenant comme clef de voûte de tout son édifice, il savait que celui-ci tomberait peut-être immédiatement, comme il tomba en effet. Mais sa chute, dans ces conditions, serait telle que sa loyauté resterait intacte et désormais à l'abri de tout soupçon. Le ministère renversé un jour pouvait revenir aux affaires dans l'avenir. Nous ne croyons pas que Gambetta ait fait ce calcul. Quoi qu'il en soit, il tomba comme il l'avait annoncé, sans amertume et sans rancune personnelle. Il s'était engagé à accepter le verdict de la Chambre. Il tint sa promesse, reprit au sortir du Palais-Bourbon la direction de *la République Française* et se consacra aux devoirs de la présidence de la Commission de l'armée.

Deux fois seulement il reparut à la tribune : le 1er juin 1882 et le 18 juillet suivant, dans la discussion sur la question égyptienne. La politique étrangère de M. de Freycinet ne pouvait le laisser indifférent. Il en voyait, lui, tous les périls, toutes les conséquences funestes, et lorsque le ministère demanda des crédits pour l'armement de la flotte, il les vota, mais en prédisant que l'on s'engageait dans une voie fausse et fatale pour les intérêts de la France, que le cabinet de Londres visait à une occupation de l'Egypte qui, sous prétexte d'être provisoire, serait définitive.

Les événements prouvèrent bientôt combien il voyait clair. La Chambre renouvela le cabinet le 30 janvier, mais il était trop tard : M. de Freycinet avait livré à l'Angleterre, « des territoires, des fleuves et des passages, où notre droit de vivre et de trafiquer était égal à celui des Anglais ».

On comprit alors dans le pays que la chute du ministère Gambetta avait été une faute. On saisit toute la droiture, toute la sagesse et le vrai patriotisme de sa politique si sincèrement républicaine et nationale. Et la France revint à lui, avec l'espoir de le voir bientôt reprendre le gouvernement.

XXVI

« Ce fut à ce moment même, dit M. Joseph Reinach, *à l'heure où il retrouvait ainsi toute sa popularité d'autrefois* que survint l'accident de Ville d'Avray (1). Le 27 novembre 1882, Gambetta se blessa à la main droite en maniant un revolver; l'accident, sérieux en lui-même, fut encore aggravé par l'état général de sa santé. Le 17 décembre, une inflammation de l'intestin se déclara, et le progrès du mal fut effrayant. Gambetta allait mourir de sa vie dépensée sans compter depuis quatorze années au service de la nation; il succombait pour avoir trop présumé des forces qu'il avait consacrées tout entières au relèvement de la patrie. Ses forces déclinaient graduellement. Le 31 décembre, à minuit moins cinq, il s'éteignait sans douleur. Il n'avait pas survécu à cette année de 1882, si cruelle pour lui et pour la France.

« Aussitôt une immense douleur s'empara de la patrie et devant cette mort tragique dans la pauvre bicoque de Ville-d'Avray, transformée en lieu de pèlerinage, les dernières calomnies s'évanouirent. Beaucoup qui

---

(1) Gambetta avait acheté à Ville-d'Avray, à la limite de Sèvres, la maison du jardinier de Balzac, les Jardies. C'était une très modeste habitation, où l'auteur de la *Comédie humaine* écrivit quelques-uns de ses romans de 1838 à 1842.

Les Jardies.

l'avaient méconnu s'inclinèrent tristement devant son cercueil. Il entra de plain-pied dans la sereine immortalité de l'histoire.

« Le gouvernement de la République décréta les obsèques nationales à l'organisateur de la Défense, et le peuple entier prit le deuil. Le jour de ses funérailles, ce fut, derrière son cercueil, une fédération de toute la France, de la France civile et de la France militaire. Il n'y eut pas une ville française qui ne fût représentée : Strasbourg, Metz et Colmar marchaient en tête du cortège. »

Au-dessus du vain bruit des partis s'élevait maintenant la voix éplorée de la France. Car la France sentait qu'en Gambetta, elle perdait le plus passionnément dévoué de ses fils, celui qui avait le plus fait pour lui conserver l'honneur et la relever. Ce bras si fort lui manquerait désormais. Et elle se demandait, angoissée, qui le remplacerait.

La nuit qui précéda les funérailles, les Alsaciens-Lorrains firent la dernière veillée.

Le corps, transporté au Père-Lachaise, le 4 janvier 1883, n'y resta que provisoirement. Par la volonté de son père, Léon Gambetta eut pour sépulture le caveau de famille où, déjà, reposaient, dans le cimetière de Nice, sa mère, à qui il devait la première éclosion de sa raison, la tante Jenny dont l'image ne s'était jamais séparée de sa pensée.

C'est dans cet asile, où rien ne vient troubler le calme et le silence entourant son tombeau, sous le ciel bleu du Midi, près de la Méditerranée bleue, dans la ville italienne devenue française, à côté de celle qui avait eu foi en sa grande destinée, qu'il a été inhumé.

XXVII

Quatorze ans, — du 14 novembre 1868 au 31 décembre 1882, — ont suffi pour épuiser cette exubérante vitalité. Il entrait à peine dans sa trente et unième année lorsqu'il entrevit le premier rayon de la gloire; il n'avait pas atteint le milieu de sa route quand la mort le surprit. Et dans ce bref espace de temps combien de généreuses aspirations, d'obstinés travaux, de terribles anxiétés, de beaux rêves, d'incessants élans vers l'idéal de la liberté, remplirent cette vie si prématurément brisée! Qui plus que lui aima la France? Qui fut plus digne d'être aimé d'elle? Quelle âme plus ardente planera jamais sur la patrie et quel nom sera jamais plus cher à la jeunesse française?

La statue de Gambetta s'élève à Paris, au cœur même de la capitale. Ceux qui l'y ont érigée ont voulu qu'elle fut placée là où est non seulement en réalité le centre de la grande cité, mais aussi symboliquement le foyer d'où la lumière et la vie rayonnent sur toute la France. La postérité saluera toujours pieusement cette image. Qui pourrait, en effet, en contemplant les traits du grand patriote, ne pas se souvenir avec reconnaissance de lui et de son œuvre ?

TABLE DES MATIÈRES

PARIS. — IMP. A. PICARD ET KAAN, 192, RUE DE TOLBIAC. — D. S. P. 698.

Paris. — Imprimerie A. PICARD & KAAN

192, Rue de Tolbiac

www.ingramcontent.com/pod-product-compliance
Ingram Content Group UK Ltd.
Pitfield, Milton Keynes, MK11 3LW, UK
UKHW021506090726
13657UKWH00001B/71